房地产企业
会计真账实操

钟晓思◎编著

全图解

FULL GRAPHICS

中国铁道出版社有限公司
CHINA RAILWAY PUBLISHING HOUSE CO., LTD.

内 容 简 介

本书是一本关于房地产开发企业会计实务的工具书，从工程项目建设、费用管理、商品房销售以及利润分配等重要环节出发阐述了相关账务处理。

全书共11章，包括房地产企业的会计基础知识、企业设立阶段账务、工程建设账务、费用核算、销售收入和成本核算、利润确认与分配、税务筹划、申报纳税以及对账、查账、结账和财务报表的编制等内容，以房地产企业会计准则的基础知识为主线，紧密结合房地产企业财务管理特点，理论联系实际，让读者将对应的账务处理理论知识落实到实际经济业务上。

本书不仅可作为会计人员，对房地产开发企业会计核算和税务处理进行学习的参考书，还能作为该行业会计人员的学习资料，或者相关会计从业者进入房地产开发企业的指导用书。

图书在版编目（CIP）数据

房地产企业会计真账实操全图解/钟晓思编著.—北京：中国铁道出版社有限公司，2019.10

ISBN 978-7-113-26082-8

Ⅰ.①房… Ⅱ.①钟… Ⅲ.①房地产企业－会计－图解 Ⅳ.①F293.33-64

中国版本图书馆CIP数据核字（2019）第164137号

书　　名：房地产企业会计真账实操全图解
作　　者：钟晓思

责任编辑：张　丹　　　　**读者热线电话：**010-63560056
责任印制：赵星辰　　　　**封面设计：**MXK DESIGN STUDIO

出版发行：中国铁道出版社有限公司（100054，北京市西城区右安门西街8号）
印　　刷：北京铭成印刷有限公司
版　　次：2019年10月第1版　　2019年10月第1次印刷
开　　本：700mm×1000mm　1/16　**印张：**18　**字数：**276千
书　　号：ISBN 978-7-113-26082-8
定　　价：55.00元

前言

房地产企业财务管理是按照国家法律、法规和政策以及房地产企业经营要求，遵循资本运营规律，对房地产企业财务活动进行组织、预测、决策、计划、控制、分析和监督等一系列管理工作的总称。在市场经济条件下，企业财务管理水平决定着企业生产经营规模和市场竞争能力，财务管理应当成为企业管理的核心。所以，加强企业财务管理，对改善企业的生存条件、提高企业的经济实力和推动企业的发展起着重大的作用。

近年来，我国企业财务通则、会计准则、审计准则、内控规范以及税务法规等发生了很大变化，再加上房地产开发企业具有核算对象众多、成本费用归集分配复杂多样和核算周期长等特点，给企业的会计核算工作带来了一定的难度，也使得房地产行业对复合型高级管理人才的需求逐渐增加。

为了满足房地产开发企业会计人员的工作需要，本书根据新的企业会计准则以及相关的税收法律法规，从专业的角度有针对性地介绍了房地产开发企业的会计政策及各项会计实务问题，帮助大家了解房地产开发企业的会计核算特点和企业会计准则在房地产开发企业中的具体运用，促进读者掌握相关会计知识和提高会计实务操作水平。

本书采用以房地产开发企业设立、获取土地、项目立项报批建设以及商品房销售等具体的业务流程为线索，以会计账务实操处理为主体内容，对房地产开发各阶段涉及的会计处理和税务事项进行了分析，重点介绍了房地产开发企业的会计账务和税务处理。

本书共 11 章，大概可以划分为七个部分。

部分	阐述
第一部分（第 1 章）	这部分概括性地介绍了房地产开发企业的概念、类型和所涉及的经济业务内容及流程，是对本书的概括性描述

续表

部分	阐述
第二部分（第2~5章）	按照房地产开发企业的业务流程，详细介绍了房地产开发企业设立阶段、获取土地阶段、开发建设阶段和销售阶段的相关会计处理。同时按照房地产企业不同的会计岗位，具体讲述对应岗位所涉及的经济业务流程和账务实操处理
第三部分（第6章）	详细讲述了房地产企业利润的构成，明确阐述了利润的分配顺序和对应的账务处理
第四部分（第7章）	介绍了房地产开发企业的税收筹划，对房地产开发企业的税收规划具有很好的指导作用
第五部分（第8章）	详细阐述了房地产开发企业各个环节涉及的税种及相关税务处理
第六部分（第9~10章）	具体讲述月度、年度结账期间具体的会计实务工作，包括查账、对账和结账的流程，以及报表的编制方法
第七部分（第11章）	通过概括12月房地产企业的实际经济业务所对应的账务实例，帮助读者重新梳理学习房地产企业取得土地、开发建设和商品房销售的账务实操

本书以房地产企业会计准则的基础知识为主线，紧密结合房地产企业财务管理的特点，体现现行房地产企业财务制度的基本精神，力求做到理论联系实际。在编写过程中，将相关账务处理的理论知识落实到对应的实际经济业务上，让读者学习到在实际的房地产企业会计工作业务中应有的会计账务实操和税务业务处理。这里说明一下，由于一个房地产项目从开始到完成会经历很长一段时间，为了让读者更真实、系统地学习不同阶段的会计处理，本书在编写时模拟了一个房地产公司——尚领房地产公司。书中案例涉及公司从成立到完成一个项目的所有环节，所以案例时间会出现前后跨度较大的情况，但是书中对新政策内容均进行了讲解，不影响读者对新知识的学习。

希望所有读者都能从本书受到启发，了解房地产企业的具体经济业务，学会各种经济业务对应的会计实务和税务处理，学会如何通过财务的方式反映房地产企业的经济业务以及从财务角度分析企业发展状况。

由于编者学识和经验有限，书中难免有疏漏和不足之处，恳请广大读者批评指正。

编　者

2019年8月

特别说明：本书所有案例均改编于真实的工作案例，但是为了方便读者学习和熟悉在2019年4月以后实施的新的增值税政策和5月以后实施的新的社保政策，因此个别案例发生时间人为设定在2019年4月及以后，账务处理中涉及计算的地方也根据新的规定做了税率调整，以帮助读者对新知识的掌握。

目录

第 1 章　房地产企业会计基础知识

第 2 章　企业设立阶段的会计核算

第 3 章　工程会计工作范围及账务处理

第 4 章 费用会计工作范围及账务处理

第 5 章 销售会计工作范围及账务处理

第 6 章 房地产企业利润及利润分配

第 7 章 房地产企业税务筹划

第 9 章　房地产企业会计对账、查账与结账

第 10 章　财务报表的编制

第 11 章　房地产公司 2018 年 12 月会计做账实例

第1章

01

房地产企业会计基础知识

近些年，市场中出现了许多房地产企业，由于房地产企业会计与一般生产性企业会计的工作内容有很大区别，因此，相关会计工作者要做好充分的准备。本章就先来了解房地产企业会计的一些基础知识。

【本章要点】

房地产开发企业类型

房地产开发经营的主要流程

房地产开发企业主要经营业务内容

房地产企业税务处理快速入门

1.1 房地产开发企业类型

所谓房地产企业，是指从事房地产开发、经营、管理和服务活动，并以营利为目的进行自主经营、独立核算的经济组织。房地产是指土地、建筑物及固着在土地、建筑物上不可分离的部分及其附带的各种权益。房地产由于其自身位置的固定性和不可移动性的特点，在经济学上又被称为不动产，主要有3种存在形态：土地、建筑物、房地合一。而房地产企业的类型可以从两个角度进行划分。

1.1.1 从经营内容和经营方式的角度划分

第一个角度是根据经营内容和经营方式划分，房地产企业主要可以划分为房地产开发企业、房地产中介服务企业和物业管理企业等。相关介绍如表1-1所示。

表1-1

类型	描述
房地产开发企业	以营利为目的，从事房地产开发和经营的企业。主要业务范围包括城镇土地开发、房屋营造、基础设施建设以及房地产营销等经营活动。这类企业又称为房地产开发经营企业
房地产中介服务企业	包括房地产咨询企业、房地产价格评估企业和房地产经纪企业等
物业管理企业	以住宅小区、商业楼宇和大中型企事业单位等大型物业管理为核心的经营服务型企业。这类企业的业务范围包括售后或租赁物业的维修保养、住宅小区的清洁绿化、治安保卫、房屋租赁、居室装修、商业服务、搬家服务以及其他经营服务等

一些大型房地产企业经营范围包括了上表中所述3种房地产企业的众多服务项目，形成“一条龙”服务模式。具体表现为：成立××集团，其下有各个子公司，包括××房地产开发有限公司、××房地产物业管理有限公

司和 ×× 装修工程有限公司等。各子公司业务独立核算，年末集团合并财务报表核算。各子公司因企业的经营范围不同，因此会计核算内容不同，核算方法也不尽相同，其中以房地产开发企业的会计核算最为复杂，也是本书着重讲解的主体内容。

1.1.2　从经营范围的广度划分

第二个角度是根据经营范围划分，房地产企业可以划分为房地产综合企业、房地产专营企业和房地产项目企业。相关介绍如表 1-2 所示。

表 1-2

类型	描述
房地产综合企业	综合从事房地产开发、经营、管理和服务的企业
房地产专营企业	长期专门从事如房地产开发、租售、中介服务以及物业管理等某一方面经营业务的企业
房地产项目企业	针对某一特定房地产开发项目而设立的企业

许多合资经营和合作经营的房地产开发公司属于房地产项目企业。项目企业是在项目可行并确立的基础上设立的，其生命期从项目开始，当项目结束时企业终了。

前面提及的大型房地产企业属于房地产综合企业，经营范围包括地产开发、经营、管理和服务。

1.2　房地产开发经营的主要流程

房地产开发经营是指房地产企业在取得国有土地使用权的土地上进行基础设施建设和房屋建设，并转让房地产开发项目或者销售、出租商品房的行为。这就要求房地产企业必须有房地产开发经营资格。通常，房地产开发经营的主要流程如图 1-1 所示。

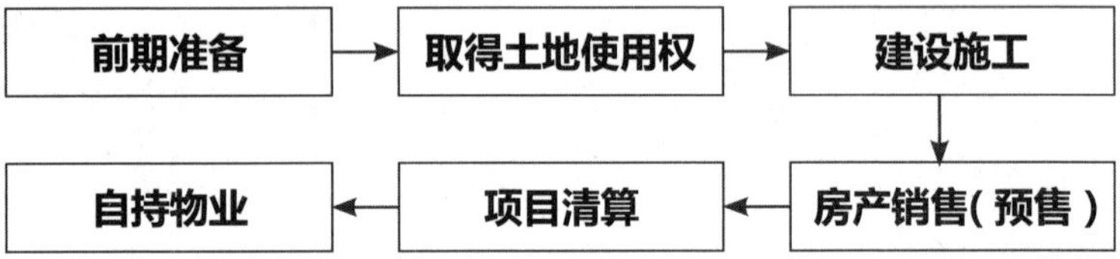

图 1-1

下面我们具体说明一下每一阶段的主要业务内容。

1.2.1 前期准备阶段

房地产开发项目经批准初步立项后进行可行性研究，可行性研究报告经集团公司董事会通过批准后正式立项，项目进入取得土地使用权阶段。在此阶段，可行性研究一般由公司开发部同事主导进行，财务部基本不参与其中工作。可行性研究的主要内容如下。

- 项目概况。
- 开发项目用地的现场调查及动迁安置。
- 市场分析和建设规模的确定。
- 规划设计影响、环境影响和环境保护。
- 资源供给及资本运作方案。
- 项目开发模式、组织机构、岗位需求和管理费用的研究。
- 开发建设节点计划。
- 项目经济及社会效益分析。
- 结论及建议。

1.2.2 取得土地使用权阶段

取得土地使用权的方式可根据获取开发土地的来源划分，具体有 3 种方式：从政府出让获得开发土地、其他企业转让获取土地以及与其他企业合作获取开发土地。每一种来源下取得土地使用权的方式都有不同的形式，具体如图 1-2 所示。

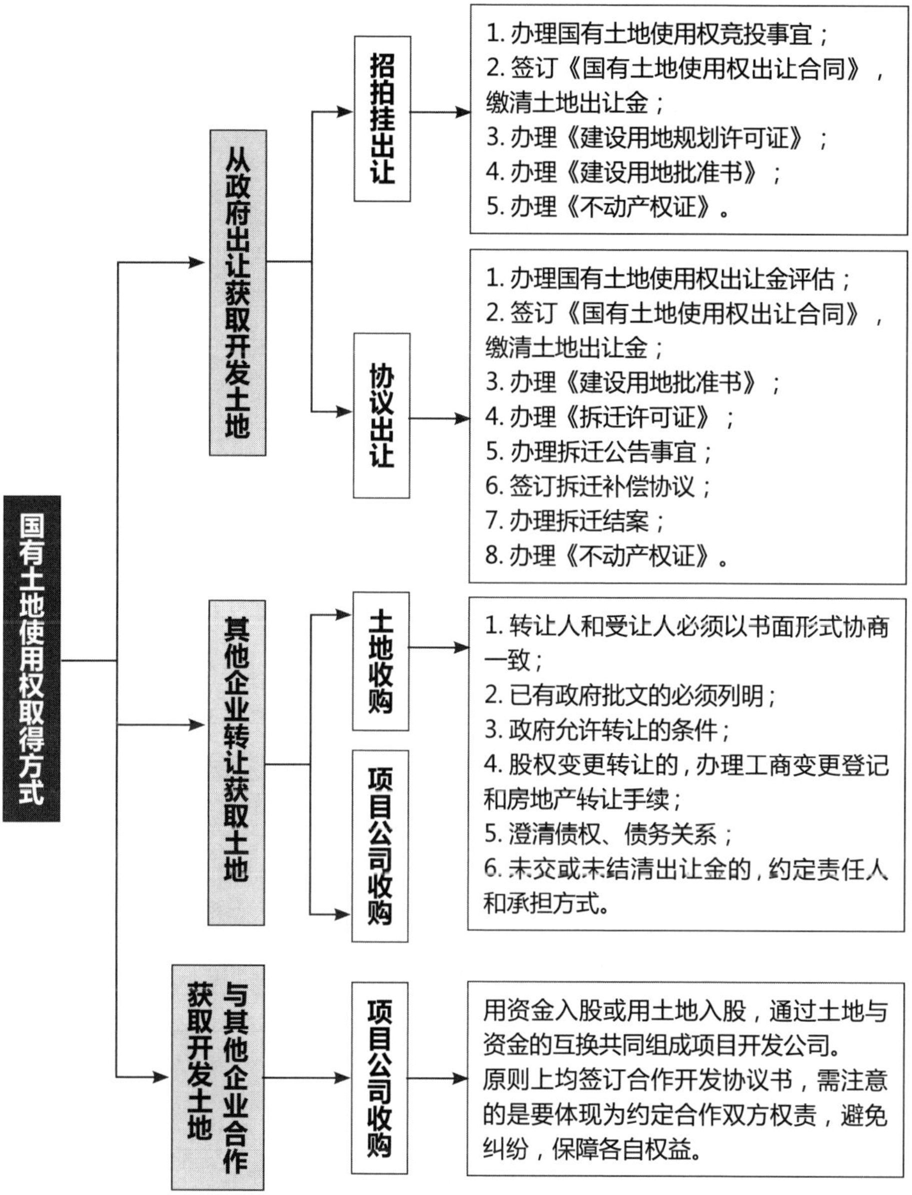

图 1-2

在这一阶段须取得《建设用地规划许可证》和《不动产权证》。房地产企业按以上方式取得土地使用权后，财务部依据《国有土地使用权出让合同》交付对应的土地出让金，并取回相关交款凭证及收据复印存档。然后将收据原件移交给开发部，开发部依法办理土地登记，领取《不动产权证》。

1.2.3 建设施工阶段

建设施工阶段分以下 3 个小阶段做具体说明。

◆ 施工前准备阶段

在项目施工前，开发部须办理项目建筑工程和配套工程的报批报建工作，包括对施工单位与监理单位的招标、施工图的审查、泥土排放、施工放线、相关合同的签订以及临时施工用水用电、临时出口和临时排水证的办理。在建设局报批报建后取得《建筑工程施工许可证》，工程方才可正式开工。

在项目施工前，开发部须提交建筑工程施工图等给规划局办理建设工程规划许可审批手续。资料审批完毕后，取得收费单据到基金办缴纳市政设施配套费，同时在规划局缴纳城市规划技术咨询服务费和建筑放线费，最后领取《建设工程规划许可证》。

◆ 项目施工阶段

施工单位和监理单位在开发土地修建房屋的同时，房地产企业开发部需对外开展小区道路命名、各期门牌和通邮的申报工作，以及供水、供电、供气、通气工程和市政设施、城市公共排水、永久出入口和交通等的报批工作。工程部需对项目施工过程进行全程把控和监督，并完成相关资料的收集和审批。

◆ 项目竣工验收阶段

房地产项目在工程竣工之后，工程部须主导项目竣工验收与移交工作，竣工验收一般分为单项工程验收和全部工程综合验收。填报《工程质量竣工核验证书》，主要检查工程质量，认定开发产品性能，办理竣工房屋测绘，进行竣工统计登记，并办理工程移交和结算。开发部在项目工程验收后办理《建设工程规划验收合格证》，并提交竣工证明材料报房地产管理部门备案。

1.2.4 房产销售（预售）阶段

房产销售（预算）阶段分 7 个小阶段，如图 1-3 所示。

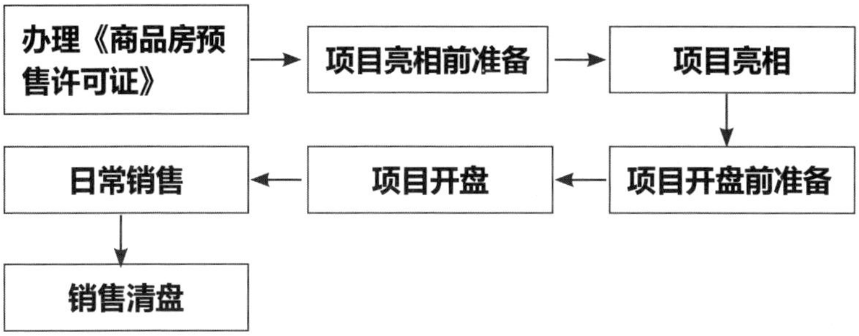

图 1-3

各阶段的具体说明如图 1-4 至图 1-10 所示。

办理《商品房预售许可证》的条件	已交付全部土地使用权出让金，取得《不动产权证》
	持有《建筑工程施工许可证》和《建设工程规划许可证》
	按提供预售的商品房计算，投入开发建设的资金达到工程建设总投资的 25% 以上，并已经确定施工进度和竣工交付日期
	向县级以上人民政府房地产管理部门办理预售登记

图 1-4

项目亮相前准备的工作内容	确定推盘策略（产品策略、价格策略、推广策略和招商策略）
	确定外部资源（广告公司、制作公司、策略公司、媒介公司和营销活动公司）
	确定项目推广定位和项目核心识别系统（如项目 Logo）
	培训项目知识系统
	设立销售分卖场（商品房销售展示中心）
	准备销售道具（现场房型手册、售楼处样板间装修装饰等）
	准备联动工作
	签约意向商家
	确定项目亮相方案

图 1-5

项目亮相工作内容	项目形象出街，媒介组合应用
	新闻媒体信息亮相
	亮相庆典活动及产品推介会的宣传和安排

图 1-6

项目开盘前准备的工作内容	准备销售的内部资料
	准备《客问户答》
	积累客户
	确定项目交工标准
	确定价格体系
	准备合同
	准备开盘前的销售道具
	提升和深化项目形象
	告知开盘信息
	签订银行协议

图 1-7

项目开盘工作内容	开盘庆典活动
	邀约接待回访客户，签订合同
	落实回款

图 1-8

日常销售工作内容	分解月度指标
	分析产品和客户，聚焦销售重点
	监控调整价格
	执行月度推广计划
	接待到访客户，完成促进交易成交的工作
	月度支付销售费用
	合同签订及审批
	落实销售回款
	考核月度指标及调整

图 1-9

销售清盘工作内容	移交清盘后项目各项资料
	项目销售、招商工作问题的总结、汇报和资料存档

图 1-10

1.2.5　项目清算阶段

项目清算阶段分以下两个小阶段具体说明。

（1）项目产权登记

在规定登记的范围内的土地和房屋的土地使用权人和房屋所有权人按照有关登记办法的规定，向房屋所在地的房地产管理机关申请产权登记。一般包括登记收件、勘丈绘图、产权审查、绘制权证和收费发证等环节。

（2）土地使用税、房产税、契税纳税人的确定

关于土地使用税、房产税、契税纳税人的确定如图 1–11 所示。

土地使用税的确定

1. 在房地产开发企业征地后，商品房在建期间占用的土地（有偿转让使用的除外），暂缓征收土地使用税（“城镇土地使用税”的简称）。
2. 对建成后的商品房占地及院落，从办理验收手续后次月起征收土地使用税。
3. 在办理验收手续以前使用或出租出借的商品房占地及院落，应按规定征收土地使用税。
4. 在商品房出售后，按土地使用权转移的归属情况划分征免。

房产税的确定

纳税人按照主管税务机关的规定，将现有房屋的坐落地、数量和价值等情况，据实向房产所在地的税务机关申报纳税。如房地产企业拥有多处房产，应分别向房产坐落地的税务机关纳税。房产税实行按年征收，分期缴纳。

契税的确定

关于契税，实行先税后证的制度，即房地产开发企业需先缴纳契税，后办理相应的产权证。

图 1–11

1.2.6　自持物业阶段

随着房地产行业转型进程的加快，众多房地产开发企业从传统的商品住

宅开发转向商业地产开发，自持物业已经成为商业地产的常态。商场、大型综合体及旅游地产等都是房地产开发企业在自持物业阶段的具体表现。这些大型商业地产项目一般都由房地产开发企业自持物业，由第三方专业运营团队或者自身组织团队负责运营。

概括来说，自持物业分为两种情况，一是自持租赁，二是自持自营。自持租赁是指由第三方专业运营团队运营，形成一种简单的租赁关系。这是主流商业地产的开发模式，即通过租金获取利润。而自持自营是指由房地产开发企业自行组织团队负责运营的状态。

自持租赁在前期建设阶段一次性投入后，可以通过租赁获得稳定的回款，风险较小，不需要过于细致的分工和专业的运营团队，也不需要过多地持续性投入人力、物力，可以将主要精力放在新项目的拓展上。

自持自营相对于自持租赁来说，要求则高得多。首先，要筹建一只强大的招商团队，进行市场调研分析、产品定位等前期工作，进而通过丰富的行业资源引进品牌进驻，而这个过程往往决定着该自营商业的最终档次和定位。更重要的是，经营是一个长期而系统的过程，如何通过后期的经营管理提高服务水平，打造品牌知名度，扩大市场占有率，从而实现最大程度的盈利，才是自持自营需要关心的重点。

1.3 房地产开发企业主要经营业务内容

从前述房地产开发经营的主要流程可以看出，房地产开发经营业务主要内容可以分为取地（资源获取）、建房（资源加工）和销售（资源流通）三部分，如图 1-12 所示。

其中，取地是房地产企业得以经营开发的前提和关键；建房是房地产企业经营开发的重要部分；销售是房地产企业实现利润的关键。下面我们简单介绍这 3 部分的业务内容和相应的特点。

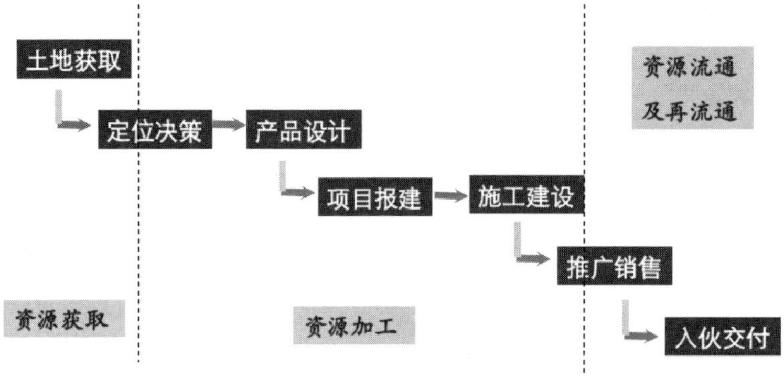

图 1-12

1.3.1　房地产企业取地业务内容

土地政策保障房地产企业平稳和决定房地产企业的高速发展，土地是房地产企业经营的根本和主要的生产资料。纵观市场上所有实力派房地产央企和品牌上市公司，它们都具有明晰的土地策略，不论时间、区域，一旦遇上符合策略或条件的土地，果断获取进行储备或者立即开发，实现不同时期、不同区域均有土地入账，有效规避高地价带来的风险，实现企业平稳、高速发展。在这一阶段，房地产企业主要参与部门是项目部 / 开发部，而工程部、销售部和财务部参与协助工作。

房地产取地业务包括如图 1-13 所示的内容。

取地业务内容	项目部 / 开发部进行土地信息收集
	项目部 / 开发部进行土地价值初判
	项目部 / 开发部主导其他部门协助进行土地价值深判
	财务部主导其他部门协助寻找合作资金
	项目部 / 开发部进行投标摘牌工作
	项目部 / 开发部主导其他部门协助进行土地出让合同签订工作
	项目部 / 开发部办理《建设用地规划许可证》
	项目部 / 开发部进行土地确权，办理《不动产权证》
	项目部 / 开发部主导其他部门协助进行区域市场调研和项目定位

图 1-13

1.3.2 房地产企业工程建设业务内容

工程建设业务主要包括：项目开工、基础开工、主体施工、工程款支付、主体验收、内外檐装修材料确定、水暖电安装和智能化、通风空调电梯安装、毛坯房竣工验收备案、成品房装修及验收备案、配套施工以及竣工结算等。在这些工程建设业务中，各部门需配合完成的工作如图 1-14 所示。

工程建设业务内容中各部门工作	项目部 / 开发部和销售部主导其他部门协助进行设计前期工作，在这一阶段主要选定商品房的设计单位或者由企业自建设计部组织设计
	设计单位或者设计部进行方案设计组织，各部门从各自的角度进行审核，确定指标，提出建议
	设计单位或者设计部进行规划设计、单体设计、施工图设计、景观设计、样板房及会所设计
	工程部进行地质初勘、详勘和基础施工
	采购部进行设计单位招标、监理单位招标、土建总包招标和工程材料设备采购
	项目部 / 开发部进行项目报建（审查建筑设计方案），办理《建设工程规划许可证》和《建筑工程施工许可证》
	采购部进行物业公司招标、分包工程及材料设备采购
	营销部组织示范区开放工作，积累客户

图 1-14

1.3.3 房地产企业销售业务内容

销售业务主要包括：办理《商品房预售许可证》、项目亮相前准备、项目亮相、项目开盘前准备、项目开盘、日常销售和项目清盘等。每项内容涉及的工作细节详见 1.2.4 节所述。实际上，房地产企业的工程建设业务和销售业务是同时进行、相互配合的。房地产企业在工程主体建设前可以进行《商品房预售许可证》的办理，在样板房建设过程中可以开展项目亮相前准备、项目亮相和项目开盘前准备等工作。

房地产销售的特点决定了房地产市场营销过程中要运用促销组合策略，而确定促销组合策略是整个市场营销的关键环节。房地产销售的特点有如

图 1-15 所示的 3 个。

房地产销售方式多样

从获得土地使用权开始，可以用卖楼盘、卖项目、卖期房和卖现房等方式进行销售。此外，房地产销售时还可以采用保值法、入股法、微利法和折扣法等方式。

房地产销售周期长

从获得土地使用权时起，直至楼房建成竣工，整个房地产建设过程中每个时间都是销售时间。销售过程的时间跨度大、周期长，是其他商品销售业务所罕见的。

房地产销售工作复杂

房地产销售涉及面广、关联因素多，在运作过程中要进行与之相关的市场调查、市场预测，确立产品策略、促销策略和价格策略，涉及有关部门的管理、政策使用等环节，较其他商品复杂得多。

图 1-15

1.4　房地产企业税务处理快速入门

1.4.1　了解各个环节涉及的主要税种

在房地产企业中，征税环节有四个，分别是土地征用环节、开发建设环节、销售环节和自持使用环节，各环节征收的税种如表 1-3 所示。具体计税方法详见第 8 章的讲解。

表 1-3

征税环节	税种
土地征用环节	契税、印花税、耕地占用税
开发建设环节	城镇土地使用税、印花税

续表

征税环节	税种
销售环节	增值税、城市维护建设税、教育费附加、地方教育附加、土地增值税、企业所得税、印花税
自持使用环节	城镇土地使用税、房产税、增值税、印花税

1.4.2 纳税申报怎么做

从上面各环节应缴纳的税种来看，房地产企业共涉及契税、印花税、耕地占用税、城镇土地使用税、房产税、增值税、城市维护建设税、教育费附加、地方教育附加、土地增值税和企业所得税这 9 个税和两个费的税费缴纳。下面具体讲述每一个税种和费用如何进行纳税申报。

（1）契税申报

在中华人民共和国境内转移土地、房屋权属，承受的单位和个人应向土地、房屋所在地税务机关办理契税申报。房地产企业取得土地使用权后，在此土地上开发建设商品房，在取得土地使用权环节就发生了契税的纳税义务，需按契税的税法规定进行申报，缴纳契税。

缴纳契税时需要报送的材料如表 1-4 所示。

表 1-4

序号	报送材料名称	数量
1	《契税纳税申报表》	2 份
2	身份证明原件及复印件	1 份
3	不动产权属转移合同	1 份
4	发票原件及复印件	1 份

享受契税优惠的，还应报送一份减免契税证明材料原件及复印件。根据人民法院、仲裁委员会的生效法律文书，发生土地、房屋权属转移，纳税人不能取得销售不动产发票的，可持人民法院执行裁定书原件及相关材料办理契税纳税申报。

（2）印花税申报

在中华人民共和国境内书立、领受印花税应税凭证的单位和个人，在合同签订、书据立据、账簿启用和证照领受时，应办理印花税申报。申报印花税时需要报送的材料如表 1-5 所示。

表 1-5

序号	报送材料名称	数量
	《印花税纳税申报（报告）表》	2 份

应税凭证包括：购销、加工承揽、建设工程承包、租赁、货物运输、仓储保管、借款、财产保险和技术等合同或者具有合同性质的凭证；产权转移书据；营业账簿；权利、许可证照；经财政部确定征税的其他凭证。印花税缴纳方式有 4 种。

- **应税凭证贴花纳税**：即由纳税人自行购花、自行粘贴、自行划销，在应税凭证上一次性贴足印花税票缴纳。粘贴在应纳税凭证上的印花税票，要在每枚税票的骑缝处盖戳注销或者划销。粘贴使用印花税票纳税的，已贴用的印花税票不得重用。在该方式下，企业需到税务局或者银行购买贴花。
- **大额税额开票征收**：纳税人印花税应纳税额较大的，可向税务机关提出申请，单笔开具缴款书缴纳。
- **频繁业务汇总申报**：同一种类应纳税凭证需频繁贴花的，纳税人可以根据实际情况自行决定是否采用按期汇总缴纳印花税的方式。汇总缴纳的期限为一个月。
- **难以计算的依法核定**：纳税人不能据实计算缴纳印花税的，税务机关根据《税收征收管理法》及相关规定核定纳税人应纳税额。实行核定征收印花税的，纳税期限为一个月，税额较小的，纳税期限可为一个季度，具体由主管税务机关确定。纳税人应当自纳税期满之日起 15 日内申报缴纳印花税。缴纳方式一经选定，一年内不得改变。

注：适用“自行购花、自行粘贴、自行划销”方式完成纳税义务的纳税人，

也应向主管税务机关报告完税情况。

（3）耕地占用税申报

占用应税土地建房或者从事非农业建设的纳税人，应按照法律法规的规定办理耕地占用税申报。房地产企业拥有具备土地使用权的土地若属耕地范畴，则产生缴纳耕地占用税的纳税义务，需按耕地占用税的税法规定进行申报，缴纳耕地占用税。缴纳耕地占用税时需要报送的材料如表 1-6 所示。

表 1-6

序号	报送材料名称	数量
1	《耕地占用税纳税申报表》	2 份
2	身份证明原件	1 份

经批准占用应税土地，还应报送一份农用地转用审批文件复印件；未经批准占用应税土地，还应报送一份实际占地的相关证明材料复印件；享受耕地占用税优惠的，还应报送一份减免耕地占用税证明材料复印件。

耕地占用税属资源税，一次性征收。经批准占用应税土地的纳税人应在收到土地管理部门通知之日起 30 日内办理耕地占用税申报。未经土地管理部门批准占用应税土地的纳税人，应在实际占地之日起 30 日内办理耕地占用税申报，与城镇土地使用税按年征收、分期缴纳不同。

（4）城镇土地使用税申报

在城市、县城、建制镇和工矿区范围内的城镇土地使用税纳税人，应当在省、自治区、直辖市人民政府规定的缴纳期限内办理城镇土地使用税申报。房地产企业取得土地使用权后产生缴纳城镇土地使用税的义务，按税法规定进行城镇土地使用税申报，缴纳城镇土地使用税。按月缴纳城镇土地使用税时需要报送的材料如表 1-7 所示。

表 1-7

序号	报送材料名称	数量
	《城镇土地使用税纳税申报表》	2 份

首次申报或土地信息发生变更时，还应报送两份《城镇土地使用税税源明细表》和一份《不动产权证》或购地合同、发票等证明土地使用权属的材料原件及复印件。存在减免税情形的，还应报送一份《城镇土地使用税减免税明细申报表》。

（5）房产税申报

房产税是以房屋为征税对象，向产权所有人征收的一种财产税。在城市、县城、建制镇和工矿区范围内的房产税纳税义务人，应当在省、自治区、直辖市人民政府规定的纳税期限内办理房产税申报。房地产企业将其拥有的房产用于自用或者出租时，需以房屋的计税余值或租金收入为计税依据办理房产税申报，缴纳房产税。

房产税由产权所有人缴纳。房屋产权属于全民所有的，由经营管理的单位缴纳；产权出典的，由承典人缴纳；产权所有人、承典人不在房产所在地的，或者产权未确定及租典纠纷未解决的，由房产代管人或者使用人缴纳。

办理房产税申报时需要报送的材料如表 1-8 所示。

表 1-8

序号	报送材料名称	数量
	《房产税纳税申报表》	2 份

自用房产情况下，应报送两份《从价计征房产税税源明细表》，其中首次申报或房产信息发生变更时需报送一份《不动产权证》或购房合同、发票等证明房地产权属的材料原件及复印件。出租房产情况下，应报送两份《从租计征房产税税源明细表》，其中首次申报或房产信息发生变更时报送一份《不动产权证》或购房合同、发票等证明房地产权属的材料以及房屋租赁合同原件和复印件。存在减免税情形的，还应报送一份《房产税减免税明细申报表》。

（6）增值税申报

按照税法规定，纳税人有下列情形之一的，应预缴税款。

◆ 纳税人（不含其他个人）跨县（市）提供建筑服务。

◆ 纳税人(不含其他个人)出租与机构所在地不在同一县(市)的不动产。

◆ 房地产开发企业预售自行开发的房地产项目。

◆ 纳税人提供建筑服务取得预收款。

◆ 纳税人(不含其他个人)转让其取得的不动产。

按上述规定，房地产企业若存在上述情形，应以一般纳税人身份按月预缴增值税。

按月预缴增值税时需要报送的材料如表1-9所示。

表1-9

序号	报送材料名称	数量
	《增值税预缴税款表》	2份

如房地产企业跨县(市、区)提供建筑服务，还应出示如下资料。

◆ 与发包方签订的建筑合同复印件(加盖纳税人公章)。

◆ 与分包方签订的分包合同复印件(加盖纳税人公章)。

◆ 从分包方取得的发票复印件(加盖纳税人公章)。

若房地产企业在当月确认部分项目的销售收入，针对该部分销售收入，增值税一般纳税人应依照法律、行政法规规定或者税务机关确定的申报期限、申报内容，办理增值税一般纳税人纳税申报。由该项目的预收款形成的预缴的增值税可以在这时候抵扣由确认的销售收入产生的增值税。

当月确认收入并进行增值税纳税申报时需要报送的材料如表1-10所示。

表1-10

序号	报送材料名称	数量
	《增值税纳税申报表(一般纳税人适用)》及其附列资料	2份

辅导期一般纳税人，还应报送一份《稽核结果比对通知书》；汇总纳税企业，还应报送一份《分支机构增值税汇总纳税信息传递单》；纳税人销售服务、不动产和无形资产，在确定服务、不动产和无形资产销售额时，按照有关规定从取得的全部价款和价外费用中扣除价款的，还应报送符合法律、

行政法规和国家税务总局规定的有效凭证及清单，主要包括如下这些。

- 支付给境内单位或者个人的款项，以发票为合法有效凭证。
- 支付给境外单位或者个人的款项，以该单位或者个人的签收单据为合法有效凭证，税务机关对签收单据有疑义的，可以要求其提供境外公证机构的确认证明。
- 缴纳的税款，以完税凭证为合法有效凭证。
- 扣除的政府性基金、行政事业性收费或者向政府支付的土地价款，以省级以上（含省级）财政部门监（印）制的财政票据为合法有效凭证。

（7）城市维护建设税、教育费附加和地方教育附加申报

在中华人民共和国境内缴纳增值税、消费税的单位和个人，应向税务机关办理城市维护建设税、教育费附加和地方教育附加的申报。房地产企业也会由于缴纳增值税而产生城市维护建设税、教育费附加和地方教育附加的申报纳税义务。申报城市维护建设税、教育费附加和地方教育附加时需要报送的材料如表 1–11 所示。

表 1–11

序号	报送材料名称	数量
	《城市维护建设税、教育费附加、地方教育附加税（费）申报表》	2 份

增值税小规模纳税人随增值税、消费税附征的城市维护建设税，原则上实行按季申报。纳税人要求不实行按季申报的，由主管税务机关根据其应纳税额大小核定纳税期限。

（8）土地增值税申报

从事房地产开发并转让的土地增值税纳税人，依照法律法规的规定向主管税务机关办理土地增值税预征申报。纳税人需到主管税务机关办税服务厅提交齐全、符合法定形式且填写内容完整的资料，税务机关受理后即时办结。

需要报送的材料如表 1–12 所示。

表 1-12

序号	报送材料名称	数量
1	《土地增值税项目报告表（从事房地产开发的纳税人适用）》	3 份
2	《土地增值税纳税申报表（一）（从事房地产开发的纳税人预征适用）》	2 份

从事房地产开发的纳税人有下列情形之一的，应办理土地增值税清算申报：①房地产开发项目全部竣工、完成销售的；②整体转让未竣工决算房地产开发项目的；③直接转让土地使用权的。在办理清算申报时，房地产企业可采用查账征收和核定征收两种方法进行清算，其中查账征收清算方式下需要报送的材料如表 1-13 所示。

表 1-13

序号	报送材料名称	数量
1	《土地增值税纳税申报表（二）（从事房地产开发的纳税人清算适用）》	2 份
2	房地产开发项目清算说明，包括房地产开发项目立项、用地、开发、销售、关联方交易、融资、税款缴纳等基本情况及主管税务机关需要了解的其他情况	1 份
3	项目竣工决算报表、取得土地使用权所支付的地价款凭证、国有土地使用权出让合同、银行贷款利息结算通知单、项目工程合同结算单、商品房购销合同统计表、销售明细表、预售许可证等与转让房地产的收入、成本和费用有关的证明资料	1 份

如果是主管税务机关需要其提供相应项目记账凭证的纳税人，还应报送记账凭证复印件一份；如果是享受土地增值税优惠的纳税人，还应报送一份减免土地增值税证明材料原件及复印件。

核定征收清算方式下需要报送的材料如表 1-14 所示。

表 1-14

序号	报送材料名称	数量
1	《土地增值税纳税申报表（五）（从事房地产开发的纳税人清算方式为核定征收适用）》	2 份
2	税务机关出具的核定文书	1 份

（9）企业所得税申报

一般实行查账征收方式的居民企业，应当就其来源于中国境内、境外的所得，在季度或月份终了后 15 日内向主管税务机关办理企业所得税月（季）度预缴申报。而房地产企业一般实行查账征收方式。

预缴申报月（季）度企业所得税时需要报送的材料如表 1-15 所示。

表 1-15

序号	报送材料名称	数量
	《中华人民共和国企业所得税月（季）度预缴纳税申报表（A 类）》	2 份

跨省、自治区、直辖市和计划单列市设立的，实行汇总纳税办法的居民企业还应报送一份企业当期财务报表；按照“3.21 财务会计报告报送”的有关规定，报送一份各分支机构上一年度的年度财务报表（或年度财务状况和营业收支情况），由总机构在预缴申报时报送，在一个纳税年度内，原则上只需要报送一次；分支机构报送一份经总机构所在地主管税务机关受理的《企业所得税汇总纳税分支机构所得税分配表》。跨省、自治区、直辖市和计划单列市经营的建筑企业，总机构还应报送一份直接管理的跨地区经营项目部就地预缴税款的完税证明。在同一省、自治区、直辖市和计划单列市内跨地、市（区、县）设立的，实行汇总纳税办法的居民企业，还应报送一份各省税务机关规定的相关资料。

实行查账征收企业所得税的纳税人，依照税收法律法规及相关规定确定的申报内容，向税务机关申报年度企业所得税，并办理汇算清缴，结清应缴、应退税款。

申报年度企业所得税时需要报送的材料如表 1-16 所示。

表 1-16

序号	报送材料名称	数量
	《中华人民共和国企业所得税年度纳税申报表（A 类，2018 年版）》	2 份

房地产开发经营企业还应报送一份房地产开发产品实际毛利额与预计毛

利额之间差异调整情况的报告和一份依据计税成本对象的确定原则确定的已完工开发产品成本对象，确定原则、依据，共同成本分配原则、方法，以及开发项目基本情况、开发计划等的专项报告。

税前扣除手续费及佣金支出的还应报送一份当年手续费及佣金计算分配表和其他相关资料。

申报抵免境外所得税收（取得境外分支机构的营业利润所得），还应报送一份与境外所得相关的完税证明或纳税凭证（原件或复印件）。

备案资料使用非中文的，企业应同时提交中文译本复印件。

上述资料已向税务机关提供的，可不再提供；上述资料若有变更的，须重新提供；复印件须注明与原件一致，译本须注明与原本无异议，并加盖企业公章。

第2章

02

企业设立阶段的会计核算

要从事房地产开发经营，设立房地产开发企业是前提。在设立阶段，需要符合相关法律法规的规定。那么，房地产开发企业成立时需符合哪些法律法规的规定？在设立阶段会计应该如何建账？设立哪些科目？如何进行会计核算呢？本章将针对这些问题进行详细讲解。

【本章要点】

企业设立阶段业务简介

企业设立阶段的会计核算

2.1 企业设立阶段业务简介

在从事房地产开发经营之前，必须先成立房地产开发企业。成立创业团队须对照相关法律法规对设立房地产开发公司的要求，提交资料办理工商登记，领取营业执照后 30 日内到登记机关所在地的县级以上地方人民政府房地产开发主管部门备案，办理资质审批，最后进行税务登记，这样才可正常开展业务。

房地产开发主管部门须于备案后 30 日内向符合资格的房地产开发商核发《暂定资质证书》，在办理工商营业执照之前，股东需进行出资，使公司资本达到法定资本最低限度。创业团队需充实财务人员进行建账等财务基础工作，对出资情况和开办费进行会计核算。下面具体讲解设立房地产企业的条件。

- 符合《公司法》规定的设立有限责任公司和股份有限公司的条件，如表 2-1 所示。

表 2-1

公司类型	设立条件
有限责任公司	1. 股东符合法定人数（50 名股东以下）； 2. 有符合公司章程规定的全体股东认缴的出资额； 3. 股东共同制定公司章程； 4. 有公司名称，建立符合有限责任公司要求的组织机构； 5. 有公司住所
股份有限公司	1. 发起人符合法定的资格（股份有限公司的发起人可以是自然人，也可以是法人，但发起人中须有过半数的人在中国境内有住所），且达到法定的人数（2 人以上 200 人以下）； 2. 有符合公司章程规定的全体发起人认购的股本总额或者募集的实收股本总额；采取发起方式设立的，注册资本为在公司登记机关登记的全体发起人认购的股本总额，采取募集方式设立的，注册资本为在公司登记机关登记的实收股本总额； 3. 股份发行、筹办事项符合法律规定（以发起方式设立股份有限公司的，发起人以书面认定公司章程规定及发行的股份后，应立即缴纳全部股款。以募集方式设立股份有限公司的，发起人认购的股份不得少于公司股份总数的 35%，其余应当向社会公开募集。发起人向社会公开募集股份时，必须依法经国务院证券管理部门批准，并

续表

公司类型	设立条件
股份有限公司	公告招股说明书，制作认股书，由依法批准设立的证券经营机构承销，签订承销协议，同银行签订代收股款协议，由银行代收和保存股款，向认股人出具收款单据。）； 4. 发起人制订公司章程，采用募集方式设立的经创立大会通过； 5. 有公司名称，建立符合公司要求的组织机构； 6. 有公司住所

◆ 符合《城市房地产管理法》和《城市房地产开发经营管理条例》规定的条件，如表 2-2 所示。

表 2-2

类型	条件
《城市房地产管理法》的条件	1. 有自己的名称和组织机构； 2. 有固定的经营场所； 3. 有符合国务院规定的注册资本； 4. 有足够的专业技术人员； 5. 法律、行政法规规定的其他条件
《城市房地产开发经营管理条例》的条件	1. 注册资本在 100 万元以上； 2. 有 4 名以上持有资格证书的房地产专业、建筑工程专业的专职技术人员，2 名以上持有资格证书的专职会计人员

2.2　企业设立阶段的会计核算

房地产企业成立后，应成立财务团队，制定财务制度和策略，建立账簿，设立科目，对设立阶段的收支状况进行审批，并进行会计核算。下面具体说明设立阶段房地产会计对接受投资者出资和开办费的会计核算。

2.2.1　设置“实收资本”和“资本公积”科目

房地产开发企业在设立阶段建立账簿时应设置“实收资本”（有限责任

公司）或者“股本”（股份有限公司）和“资本公积”等科目。

实收资本指企业实际收到的投资人投入的资本。按投资主体可分为国家资本、集体资本、法人资本、个人资本、港澳台资本和外商资本等。

实收资本是投资者作为资本投入企业的各种财产，是企业注册登记的法定资本总额的来源，它表明所有者对企业的基本产权关系。实收资本的构成比例是企业据以向投资者进行利润或股利分配的主要依据。《中华人民共和国企业法人登记管理条例》规定，除国家另有规定外，企业的实收资本应当与注册资本一致。企业实收资本比原注册资本数额增减超过20%时，应持资金使用证明或验资证明，向原登记主管机关申请变更登记。

资本公积是指企业在经营过程中由于接受捐赠、股本溢价以及法定财产重估增值等所形成的公积金。资本公积是与企业收益无关而与资本相关的贷项。资本公积是投资者或者他人投入到企业、所有权归属于投资者且在投入金额上超过法定资本部分的资本。

资本溢价主要来自公司成立后，再加入的新股东为持有某一比例资本而比成立时加入的股东持有同样比例资本多支付的投入额，因为成立后再加入的新股东承担较少的资金风险。股本溢价主要来自股票面值和股票发行价之间的差额。接受捐赠主要来自公司以外的非股东成员对公司的投入。

2.2.2 新设立公司的会计核算

新设立公司的会计核算是指在公司设立时登记股东出资情况，根据不同出资金额和出资方式做具体的会计核算。《公司法》规定，投资者可以用货币出资，也可以用实物、知识产权、土地使用权等可以用货币估价并可以依法转让的非货币财产作价出资。

下面对房地产企业设立时投资者以货币出资和非货币出资两种情况下企业应注意的问题和对应的会计核算进行说明。

（1）以货币出资

在公司名称核准后，需要先开设公司临时验资账户。投资者按自主约定认缴初始出资额投入到临时账户。房地产企业需请会计师事务所进行验资并出具验资报告，然后办理营业执照。在办理营业执照和刻章业务后，到银行办理基本存款账户，在投入资金转入基本存款账户后方能使用。

在投资者转入约定全部认缴额后，依据银行加盖受理章的《现金缴款单》或者银行《进账单回单》和认缴文书等做凭证附件，借记“银行存款”科目，贷记“实收资本 / 股本”科目。

投资者转入约定部分认缴额，其余部分以后补交，按已转入金额借记“银行存款”科目，按约定认缴但未投入金额借记“其他应收款——资本——× × 个人”科目，贷记“实收资本 / 股本”科目。

下面根据第二种情况进行举例说明。

【实账处理】——公司收到部分约定认缴额的账务处理

尚领房地产公司于 2012 年 12 月 1 日设立临时验资账户，一共收到 6 000 万元人民币的投入资金，另有 2 000 万元人民币投入资金按约定于 2013 年 12 月 31 日前缴齐。在 2012 年 12 月 30 日领取到营业执照。在 2013 年 1 月 10 日办理银行基本存款账户。1 月 11 日将临时验资账户中的 6 000 万元人民币转入基本存款账户。

2012 年 12 月 1 日公司应在财务账簿中记录公司收到 6 000 万元人民币的进账业务，并记录投入的股东姓名和出资金额。财务人员依据临时验资账户进账单回单和股东的现金缴款单做如下会计分录登记入账。

借：银行存款——临时验资账户　　60 000 000

　　其他应收款——资本——× × 个人 / 公司　　20 000 000

　　贷：实收资本　　80 000 000

2013 年 1 月 11 日财务人员依据基本存款账户进账单回单做如下会计分录登记入账。

借：银行存款——基本存款账户　　60 000 000

　　贷：银行存款——临时验资账户　　60 000 000

（2）以非货币出资

投资者以非货币出资的，在办理营业执照前需完成财产转移手续。在办理财产转移手续时应按照评估确认的价值或者合同、协议或公司章程约定的价值来确认资产的入账价值。

对于动产，原则上以交付为转移，对于不动产、机动车，由于我国一般实行登记制度，则需要进行相应的过户登记，对于法律法规规定需要办理过户登记才能算为财产权转移的，如违反规定未及时办理过户登记，即使非货币财产已实际交付给公司使用，仍将视为投资方未履行相应的出资义务。

按照规定，要先办理财产转移手续才能验资，但因为设立时法律主体尚未产生，无法办理财产转移手续。所以实践中一般是按分期出资的方式，先以货币资金或者动产出资成立公司，之后在短期内办理土地使用权、房产等非货币资产财产转移手续，然后办理验资手续，再做增加注册资本处理。

下面举例说明以动产进行出资的情况。

【实账处理】——公司收到长期股权投资出资的账务处理

尚领房地产公司于2012年12月15日收到股东甲公司关于A公司的股权转让文书，转让的是甲公司对A公司的长期股权投资，账面价值为10 000 000元，按照A公司股票的市价，经考虑相关调整因素后，在投资合同上约定该项长期股权投资作价8 000 000元。

投资者投入的长期股权投资应当按照投资合同或协议约定的价值作为初始投资成本，但合同或协议约定的价值不公允的除外。根据上述资料，在办理完股权交割后，尚领房地产公司应做以下账务处理。

借：长期股权投资——A公司　　8 000 000

　　贷：实收资本——甲公司　　8 000 000

2.2.3　公司增加注册资本的核算

房地产企业在下面两种情况下会增加公司的注册资本。

第一种情况，在房地产企业成立之后，由于战略需要，引入新投资者资本或者原投资者在公司成立后完成财产过户，新投入的资本或者财产作价出资会增加公司的注册资本。

第二种情况，由于公司战略需要和改变企业投入资本结构的需要，用资本公积或者盈余公司转增资本。公司将盈余公积转增资本时，必须经股东会决议批准。在实际将盈余公积和资本公积转增资本时，要按股东原有持股比例结转。盈余公积转增资本时，转增后留存的盈余公积的数额不得少于注册资本的 25%。

房地产企业在增加注册资本时按照增加注册资本的不同方式，进行不同的会计处理。下面分情况进行具体说明。

（1）所有者（包括原企业所有者和新投资者）投入

所有者（包括原企业所有者和新投资者）接受投资者投入的资本，借记“银行存款”“固定资产”和“长期股权投资”等科目，按约定比例计算的在注册资本中所占的份额部分，贷记“实收资本”或者“股本”科目。其中，新介入的投资者因少承担设立阶段至投入时的企业风险而多支付的出资额（比占有同样注册资本份额的原所有者多支付的部分）应作为资本公积，计入“资本公积——资本溢价”科目。

【实账处理】——公司收到土地使用权出资的账务处理

尚领房地产公司在 2012 年 12 月 30 日成立并领取到营业执照。原注册资本为 88 000 000 元。其中，原企业所有者乙公司于 2012 年 12 月 3 日以 500 万元货币资产出资入股尚领房地产公司，持股比例为 5.7%。

在 2013 年 5 月 10 日乙公司再以土地使用权出资增加其认缴的注册资本份额并完成财产转移手续。土地使用权公允价值为 13 000 000 元。经协商，注册资本增加为 100 000 000 元，乙公司的持股比例为 17%。尚领房地产公司将土地使用权用作商品房开发。

根据财产转移清单和评估确认价值证明文件，尚领房地产公司应做以下账务处理。

新增乙公司的持有实收资本 =100 000 000×17%−5 000 000
=12 000 000（元）

借：开发成本 13 000 000
　贷：实收资本——乙公司 12 000 000
　资本公积——资本溢价 1 000 000

（2）将资本公积转为实收资本

资本溢价、资本折算差额、按正确会计准则计入“资本公积——其他资本公积”都属于资本公积范畴。形成资本公积的途径不同，能转为实收资本的时间和能不能转为实收资本的规定就不同。财务人员必须严格按照会计准则等条例规定，在资本公积可转为实收资本的条件下，依据股东大会决议，办理转增手续。借记“资本公积——资本溢价”或者“资本公积——股本溢价”科目，贷记“实收资本”或者“股本”科目。

【实账处理】——公司将资本公积转为实收资本的账务处理

某房地产公司由甲乙丙公司共同出资设立。注册资本为1亿元人民币。其中甲、乙、丙出资分别是5 000万元、2 000万元和3 000万元。

为了扩大经营规模和调整投资结构，经股东大会决议批准，尚领房地产公司按照出资比例将资本公积500万元转增资本。

根据股东大会转增资本决议，尚领房地产公司应做以下账务处理。

借：资本公积 5 000 000
　贷：实收资本——甲公司 2 500 000
　　——乙公司 1 000 000
　　——丙公司 1 500 000

（3）将盈余公积转为实收资本

盈余公积是指企业按照规定从净利润中提取的各种积累资金。盈余公积一般分为两种：一是法定盈余公积金。公司的法定盈余公积金按照税后利润的10% 提取，法定盈余公积金累计额已达注册资本的 50% 时可以不再提取。二是任意盈余公积金 。任意盈余公积金主要是公司按照股东大会的决议比例提取。

盈余公积的作用主要包括以下几种：①弥补亏损；②扩大公司生产经营；③增加公司资本。值得注意的是，法定盈余公积金转增资本时，所留存的该项公积金不得少于转增前公司注册资本的 25%。

财务人员必须严格按照会计准则等条例规定，在盈余公积可转为实收资本的条件下，依据股东大会决议，办理转增手续。借记“盈余公积”科目，贷记“实收资本”或者“股本”科目。

【实账处理】——公司将盈余公积转为实收资本的账务处理

某房地产公司由甲乙丙公司共同出资设立。注册资本为 1 亿元人民币。其中甲、乙、丙出资分别是 5 000 万元、2 000 万元和 3 000 万元。盈余公积 3 000 万元，为了扩大经营规模和调整投资结构，经股东大会决议批准，尚领房地产公司按照出资比例将盈余公积 500 万元转增资本。

根据股东大会转增资本决议，尚领房地产公司应做以下账务处理。

借：盈余公积	5 000 000	
贷：实收资本——甲公司		2 500 000
——乙公司		1 000 000
——丙公司		1 500 000

2.2.4　公司实收资本减少的核算

房地产企业发生实收资本减少的原因一般是下面两种，一是资本过剩，指因企业利润率过低或利润率下降使资本追逐利润的条件不利而显得“多余”，即“过剩”。它是相对于获得较高利润率而言。企业因资本过剩而减资，一般要发还股款。二是企业发生重大亏损，用公司的实收资本弥补亏损。

我国企业法人登记管理条例规定，除国家另有规定外，企业的实收资本应当与注册资本一致。企业实收资本比原注册资本数额增减超过 20% 时，应持资金使用证明或验资证明，向原登记主管机关申请变更登记。公司减少注册资本，应当符合《公司法》规定的程序。

有限责任公司减少实收资本的会计处理比较简单，按法定程序报经批准减少注册资本的，按照股东大会批准文件，借记“实收资本”科目，贷记“银行存款”或“利润分配——未分配利润”等科目。

【实账处理】——尚领房地产有限责任公司减少注册资本的账务处理

2016 年，尚领房地产公司由于发展需要，公司战略进行了调整，发生 2 000 万元重大亏损。经股东大会决议，做出减少注册资本 2 000 万元的决定，用于弥补亏损。2016 年 9 月 30 日所有手续办理完毕。

根据股东大会减少注册资本的决议和各股东出资比例的情况，尚领房地产公司应做以下账务处理。

借：实收资本——甲公司	10 000 000
——乙公司	4 000 000
——丙公司	6 000 000
贷：利润分配——未分配利润	20 000 000

股份有限公司因减少实收资本而回购本公司股份的，应按实际支付的金额，借记“库存股”科目，贷记“银行存款”等科目。注销库存股时，应按股票面值和注销股数计算的股票面值总额，借记“股本”科目，按注销库存股的账面余额，贷记“库存股”科目，按其差额冲减股票发行时原计入资本公积的溢价部分，借记“资本公积——股本溢价”科目。

如果回购价格超过上述冲减“股本”及“资本公积——股本溢价”科目的部分，应依次借记“盈余公积”和“利润分配——未分配利润”等科目。如果回购价格低于回购股份所对应的股本面额，所注销库存股的账面余额与所冲减股本的差额应作为增加股本溢价处理，按回购股份所对应的股本面值，借记“股本”科目，按注销库存股的账面余额，贷记“库存股”科目，按其差额，贷记“资本公积——股本溢价”科目。

【实账处理】——某房地产股份有限公司减少注册资本的账务处理

某房地产股份有限公司，截至 2017 年 9 月 30 日，共发行了股票有 50 000 000 股，股票面值为 1 元，资本公积（股本溢价）30 000 000 元，盈余公积 20 000 000 元。经股东大会批准，该房地产公司以现金回购本公司股票 10 000 000 股并注销。假定该房地产公司按照每股 5 元回购股票，不考虑其他因素，该公司应做以下账务处理。

库存股的成本 =10 000 000 × 5=50 000 000（元）

①回购股份时

借：库存股	50 000 000	
贷：银行存款		50 000 000

②注销股份时

借：股本	10 000 000	
资本公积——股本溢价	30 000 000	
盈余公积	10 000 000	
贷：库存股		50 000 000

假定该房地产公司按照每股 0.8 元回购股票，不考虑其他因素，公司应做以下账务处理。

库存股的成本 =10 000 000 × 0.8=8 000 000（元）

①回购股份时

借：库存股	8 000 000	
贷：银行存款		8 000 000

②注销股份时

借：股本	10 000 000	
贷：库存股		8 000 000
资本公积——股本溢价		2 000 000

2.2.5 开办费的核算

房地产开发企业的开办费是指企业在筹建期间实际发生的费用，包括筹办人员的职工薪酬、办公费、培训费、差旅费、印刷费、注册登记费以及不计入固定资产价值的借款费用等。筹建期间指从企业被批准筹建之日起至开业之日（即企业取得的营业执照上标明的设立日期）。允许计入开办费的支出如图 2-1 所示。

开办费支出明细	筹建人员开支的费用，包括筹建人员的职工薪酬、差旅费和董事会费等
	企业登记、公证的费用，包括企业的工商登记费、验资费、评估费和公证费等
	筹措资本的费用，主要是指筹资支付的手续费以及不计入固定资产和无形资产的汇兑损益和利息等
	人员培训费，主要包括引进设备和技术需要消化吸收，选派一些职工在筹建期间外出进修学习的费用和聘请专家进行技术指导和培训的劳务费及相关费用
	企业资产的摊销、报废和毁损
	其他费用，如筹建期间发生的办公费、广告费、业务招待费、印花税、车船税、经投资人确认由企业负担的进行可行性研究所发生的费用和其他与筹建有关的费用，例如资讯调查费、诉讼费、文件印刷费、通信费以及庆典礼品费等

图 2-1

开办费在实际发生时，依据相关原始凭证，借记“管理费用——开办费”科目，贷记“银行存款”等科目。

【实账处理】——尚领房地产有限责任公司开办费的账务处理

尚领房地产公司于 2012 年 3 月 1 日被批准筹建，截至 2012 年 12 月 30 日领取到营业执照，营业执照上设立日期为 2012 年 12 月 30 日。在筹建期间，公司共发生筹建人员工资支出 800 000 元，差旅费 100 000 元，业务招待费 200 000 元，广告费 100 000 元。根据相关原始凭证，尚领房地产公司应做以下账务处理。

借：管理费用——开办费——工资	800 000	
——差旅费	100 000	
——业务招待费	200 000	
——广告费	100 000	
贷：银行存款		1 200 000

第3章

03

工程会计工作范围及账务处理

中国房地产业的发展现已步入新阶段，房地产市场规模不断扩大，房地产企业之间的竞争异常激烈。面对新的形势，企业如何搞好工程管理是企业生存的根本，是提升核心竞争力的关键。本章从工程会计对接的工程业务入手，了解工程会计在不同的工程业务中所做的会计账务处理。

【本章要点】

工程会计日常工作

取得开发用土地使用权的会计处理

开发建设阶段不同承包方式的会计处理

开发成本的归集、分配与结转

土地开发成本的核算

3.1 工程会计日常工作

房地产企业在一个项目上一般至少会有一个与工程相关的财务岗位，一般称为工程会计。该工程会计对接房地产企业在获取土地阶段和开发建设阶段的支出的会计核算处理。在这两个阶段中，房地产企业一般未结转收入，但会涉及销售会计核算的预售收入。销售会计的会计核算方法在第五章具体讲解。下面我们只具体讲解工程会计在获取土地阶段和开发建设阶段对接的业务内容和对应的会计核算方法。

3.1.1 工程会计对接的企业经营业务

工程会计对接的业务主要集中在房地产企业的两个阶段，分别是获取土地阶段和开发建设阶段。下面分别具体讲解这两个阶段企业的主要业务。

（1）第一阶段，获取土地阶段

房地产企业获取土地有 5 种方式，如表 3-1 所示。

表 3-1

获取方式	具体描述
以出让方式取得土地使用权	企业按照招拍挂出让制度获取出让土地，签订土地出让合同，支付土地出让金，按照合同约定的动工开发日期满一年内动工。如需改变土地用途，必须取得出让方和市、县人民政府城市规划行政主管部门的同意，签订土地使用权出让合同变更协议或者重新签订土地使用权出让合同，相应调整土地使用权出让金
以划拨方式取得土地使用权	国家机关用地和军事用地、城市基础设施用地和公益事业用地、国家重点扶持的能源、交通、水利等项目用地和法律、行政法规规定的其他用地可以由县级以上人民政府依法批准划拨。以此方式取得土地使用权的，除另有规定外，一般没有使用期限的限制。划拨的土地使用权一般不得转让、出租和抵押。若房地产企业要在划拨土地上进行房地产开发，需补交土地出让金，将划拨土地转为出让土地，即常说的“土地变性”。房地产开发企业较少有划拨取得土地使用权的情况

续表

获取方式	具体描述
以转让方式取得土地使用权	是指房地产企业从土地使用者将土地使用权再转移行为中获取土地使用权，包括购买、交换和被赠予。土地使用权转让时，土地使用权出让合同和登记文件中所载明的权利、义务随之转移。土地使用者通过转让方式取得的土地使用权，其使用年限为土地使用权出让合同规定的使用年限减去原土地使用者已使用年限后的剩余年限
投资者投入土地使用权	在房地产开发企业成立时，投资人以土地使用权作价出资投入至房地产开发企业，按照投资比例或约定比例进行利润分成
其他方式获取土地使用权	房地产开发企业可以通过收购、兼并等方式取得被收购方或被兼并方拥有的土地使用权

房地产企业一般都是通过以上第一或第五种方式获取土地，其中工程会计一般对接的是第一种获取土地方式。如图 3-1 所示是政府土地出让获取土地使用权的一般流程。

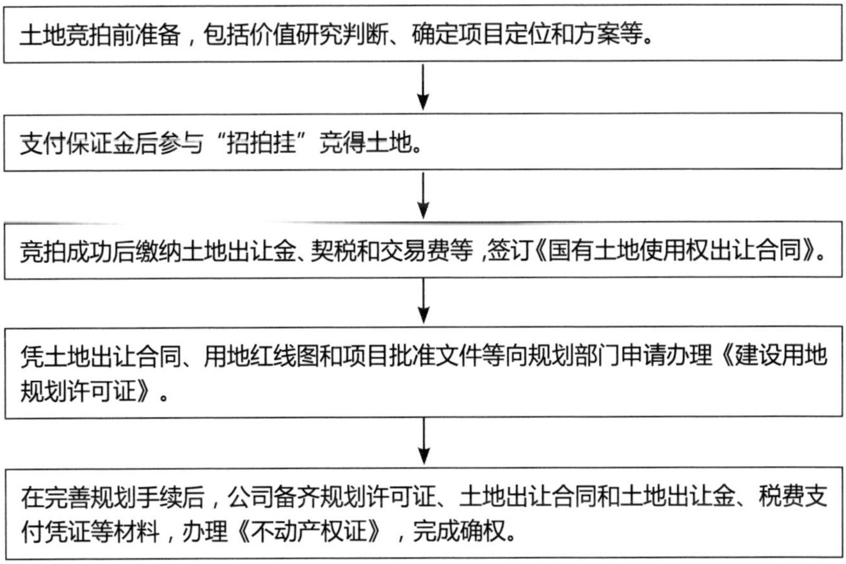

图 3-1

竞买保证金方面，一般情况下土地出让保证金不低于标的金额的 20%，但是目前多地调控政策中提高了保证金比例（例如武汉、南昌已提高至 60%），并缩短了土地出让金缴款期限，对企业资金实力提出了更高要求。

（2）第二阶段，开发建设阶段

开发建设阶段主要是两方面工作，一方面是为取得项目开工建设许可而办理一系列报批报建手续，另一方面是要组织项目的施工和施工完成后的竣工验收及备案。

报批报建手续一般在项目开工前办理。在这一过程中主要是取得“五证”，包括《建设用地规划许可证》《建设工程规划许可证》《建筑工程施工许可证》《不动产权证》和《商品房预售许可证》。报批报建手续一般由房地产开发企业开发部开展完成，财务部在这一过程中对接的业务主要是业务费、办证费等的报销工作。

房地产企业对于开发产品的开发建设可采用发包或自营两种模式，但房地产企业一般不直接从事项目施工建设，而是委托有施工资质的施工单位进行项目施工。在此阶段，财务部对接的业务包括材料及设备供应、工程发包、工程分包、建筑和安装施工等核算工作。针对该阶段的种种支出，工程会计需根据具体业务产生的支出，确定开发产品成本的种类，完成工程预付款、进度款和结算款支付流程。

工程预付款、进度款和结算款支付流程如下：由工程对接部门（工程部、开发部或设计部）在 ERP 系统发起工程款、维保款或设计款支付， 在系统里发起申请时需按情况导入对应的合同、工程量清单和发票等有关单据。在 ERP 审批流里各项目可根据需要进行调整，但一般要求必经流程包括主责部门、成本管理部和财务部。

工程预付款、进度款和结算款需经 ERP 系统审批后方能导入 NC 财务系统，NC 财务系统审批流一般由公司统一设置，不会因项目不同而不同。

3.1.2　工程会计审核原始单据注意事项

在获取土地阶段，工程会计主要审核为获取土地而进行一系列准备工作所支付的费用支出和签订土地出让合同所支付的土地出让金，具体如表 3-2 所示。

表 3-2

情况	具体描述
为获取土地而进行一系列准备工作所支付的费用支出	为获取土地，前期进行的调查费、设计费、办公费和业务费等，先由办理部门的员工在 NC 财务系统提出报销申请，提供发票、收据和其他辅助性资料。会计人员需认真比对发票的真伪，核实业务的真实性，审核 NC 财务系统的报销申请流程是否符合审批流程，是否具有相关负责人的审核
签订土地出让合同所支付的土地出让金	为进行土地招标支付的保证金、定金和签订土地出让合同支付的土地出让金。由于支付保证金、定金时无法取得有关土地合同，可由工程部在 ERP 中发起无合同付款申请，提供对应的证明材料，如投标文件、中标通知书。会计人员需认真核实业务的真实性，审核 ERP 审批流程是否符合规定且具有相关负责人的审核。支付土地出让金时，工程部需在 ERP 系统中建项录入合同，并发起有合同付款流程。会计人员需认真核实业务的真实性，审核 ERP 审批流程是否符合规定且具有相关负责人的审核。支付款项后，会计人员需后续跟进并取回由收款单位开具的收据证明材料

在开发建设阶段，工程会计主要审核为取得项目开工建设许可而办理一系列报批报建手续的费用支出和项目施工过程中涉及的各项工程费用，具体如表 3-3 所示。

表 3-3

情况	具体描述
关于取得项目开工建设许可而办理一系列报批报建手续的费用支出	为取得项目开工建设许可而办理一系列报批报建手续的费用支出先由办理部门的员工在 NC 财务系统提出报销申请，提供发票、收据和其他辅助性材料。会计人员需认真比对发票的真伪，核实业务的真实性，审核 NC 财务系统的报销申请流程是否符合审批流程且具有相关负责人的审核
关于项目施工过程中涉及的各项工程费用	会计人员收取工程部提交的工程款付款资料，包括《工程进度款支付申请表》、工程进度验收材料和发票等，打印出工程进度款支付的 ERP 的流程和施工合同，审核《工程进度款支付申请表》、工程进度验收材料、发票和工程进度款支付的 ERP 流程。会计人员需审核发票的真伪，《工程进度款支付申请表》、工程进度验收材料和工程进度款支付的 ERP 流程是否完整齐全，是否有对应的部门负责人和监理公司的相关人员的审批签字

3.2 取得开发用土地使用权的会计处理

房地产开发企业取得的土地使用权，根据其用途不同计入不同的会计科目。用于自建用房的建设，土地使用权应计入“无形资产——土地使用权”科目；但改变土地使用权用途，用于赚取租金的，土地使用权应计入“投资性房地产——土地使用权”科目；将取得的土地使用权用于商品性土地开发，土地使用权应计入“开发成本——土地开发”科目；将取得的土地使用权用于建造对外出售的房屋建筑物，土地使用权应计入“开发成本——房屋开发”科目。

下面对不同的土地获取方式进行具体会计处理方法的讲述，包括通过竞拍、接受投资、在建项目收购和自用土地使用权的会计处理方法。因以划拨方式取得土地使用权在房地产企业一般不存在，本书不做具体描述。

3.2.1 通过竞拍取得土地使用权的会计处理

房地产开发企业通过竞拍取得的土地使用权，根据用途不同借记不同的会计科目。一般在竞拍过程中需支付保证金，在支付保证金时，借记“其他应收款——竞买保证金”科目，贷记“银行存款”科目。

以招拍挂出让方式确定中标人或竞得人后，中标人或竞得人支付的投标竞买保证金转作受让地块定金。房地产开发企业获取中标通知书后，应将该竞买保证金转为定金，借记“预付账款——××地块定金”科目，贷记“其他应收款——竞买保证金”科目。在支付土地出让金时，借记“开发成本——土地开发成本——土地征用及拆迁补偿费”“开发成本——房屋开发成本——土地征用及拆迁补偿费”“投资性房地产——土地使用权”或者“无形资产——土地使用权”等科目，贷记“预付账款——××地块定金”和“银行存款”等科目。

以支付出让金方式取得的土地使用权，应当以支付的土地出让金、相关税费以及直接归属于使该项资产达到预定用途所发生的其他支出的总和，作为土地使用权的成本。

【实账处理】——尚领房地产公司竞拍取得土地使用权的会计处理

尚领房地产公司于2017年11月参加当地土地主管部门"招拍挂"，于12月初支付竞拍保证金6 000万元，在12月底尚领房地产公司收到中标通知书，于2018年1月30日前支付完剩余的土地出让金24 000万元。尚领房地产公司决定将该土地用于建造对外出售的房屋建筑物。根据有关合同、中标通知书和银行单据，编制会计分录如下。

①支付竞拍保证金时

借：其他应收款——竞买保证金　　60 000 000

　　贷：银行存款　　60 000 000

②在2017年12月底收到中标通知书时

借：预付账款——×× 地块定金　　60 000 000

　　贷：其他应收款——竞买保证金　　60 000 000

③在2018年1月30日支付剩余的土地出让金时

借：开发成本——房屋开发成本——土地征用及拆迁补偿费　　300 000 000

　　贷：预付账款——×× 地块定金　　60 000 000

　　　　银行存款　　240 000 000

房地产开发企业取得的土地使用权用于建造对外出售的房屋建筑物，应当将土地使用权、土地征用费、耕地占用税、契税及有关地上、地下物拆迁补偿费等成本计入所建造的房屋建筑物成本。取得的土地使用权所缴纳的印花税直接计入"税金及附加"科目核算。

3.2.2 接受投资取得土地使用权的会计处理

投资者可以用其所有的房屋、建筑物、土地使用权或者连同土地一同购入的房屋、建筑物作价出资入股房地产开发企业。如果房地产开发企业取得的土地使用权和房屋、建筑物是合并在一起的，无论任何企业，在账务处理上都计入固定资产的房屋、建筑物。具体的账务处理为：借记"固定资产——

房屋/建筑物”科目，贷记“实收资本”科目（投资者投入时）。如果投资者单独以土地使用权作价出资入股，则根据用途不同借记不同的会计科目。在完成投资者财产转移手续时借记“开发成本——土地开发成本——土地征用及拆迁补偿费”“开发成本——房屋开发成本——土地征用及拆迁补偿费”“投资性房地产——土地使用权”或者“无形资产——土地使用权”等科目，贷记“实收资本”科目（投资者投入时）。

公司章程约定股东以土地使用权出资的，股东应当按照约定全面履行出资义务，办理土地使用权转移手续，将土地使用权变更登记至公司名下。土地使用权入账金额按照公司章程约定的金额确定。

【实账处理】——尚领房地产公司接受投资取得土地使用权的账务处理

尚领房地产公司在2012年12月30日成立并领取到营业执照。原注册资本为10 000万元。于2014年5月引进新战略合作伙伴，新战略合作伙伴以一块评估价值6 000万元的土地使用权入股尚领房地产公司。在投资协议中，尚领房地产公司和新战略合作伙伴约定该土地使用权作价5 000万元，增加注册资本后的金额为15 000万元。新战略合作伙伴的持股比例为33.33%。尚领房地产公司将土地使用权用作出租赚取租金。

根据财产转移清单和投资协议文件，公司应做以下账务处理。

借：投资性房地产——土地使用权	60 000 000	
贷：实收资本		50 000 000
资本公积——资本溢价		10 000 000

3.2.3 在建项目收购的会计处理

在建项目是指已经办理用地、规划手续，项目开工后，因开发商无力继续投资建设或陷入债务纠纷，停工一年以上的房地产项目，通常是指政府对房地产项目审批缺乏实际审核、项目资金缺乏、未能完工的房地产项目和因产权发生纠纷、工程质量不合格等原因而停工的项目，也被视为烂尾楼。烂尾楼形成的原因较多，如在建楼盘的开发商破产、缺乏建设资金、项目涉及经济纠纷和开发商违法违规而导致工程停工等。其中大多是因为资金链条断裂，市场定位不准，债权债务纠纷，工程未完工，开发商已经拿不出钱，银行也不愿继续贷款，而项目又无法转让给其他投资人，工程被迫停工。在房地产行业持续升温的情况下，越来越多的房地产企业开始接触到烂尾楼。烂尾楼往往都具有无可比拟的地段优势，尽管此类楼盘因为客观原因闲置多年，但长期积淀形成的优势使其存在身价翻倍的可能，也吸引着越来越多房地产企业将烂尾楼盘活成新盘进行销售。

房地产开发企业取得的在建项目一般包括土地使用权及附属的未完工房屋建筑物，按为取得该在建项目支付的对价计入成本。按用途不同借记不同的会计科目。在完成在建项目财产转移手续时借记“开发成本——土地开发成本——土地征用及拆迁补偿费”“开发成本——房屋开发成本——土地征用及拆迁补偿费”“投资性房地产”“无形资产——土地使用权”和“固定资产——房屋建筑物”等科目，贷记“银行存款”（投资者投入时）“预付账款”或者“应付账款”等科目。

【实账处理】——尚领房地产公司收购在建项目的账务处理

尚领房地产公司2017年10月30日签订购买协议，购买当地郊区一个在建项目，在协议中约定预付500万元定金，在办理财产转移手续后支付1 500万元，剩余3 000万元在接下来3年每年按1 000万元支付。尚领房地产公司在取得该在建工程后用于建造对外出售的房屋建筑物。尚领房地产公司根据有关凭证编制会计分录如下。

①支付预付定金时

借：预付账款——定金　　5 000 000

　　贷：银行存款　　5 000 000

②办理完成财产转移手续时

借：开发成本——房屋开发成本——土地征用及拆迁补偿费　　50 000 000

　　贷：预付账款定金　　5 000 000

　　　　银行存款　　15 000 000

　　　　应付账款　　30 000 000

3.2.4 自用土地使用权的会计处理

房地产开发企业取得的土地使用权用于自建用房等地上建筑物时，土地使用权的取得成本直接计入“无形资产”账户，且土地使用权的账面价值不与地上建筑物合并计算成本，而作为无形资产进行核算，土地使用权与地上建筑物分别进行无形资产摊销和固定资产提取折旧。作为无形资产核算的土地使用权按规定的期限自取得当月起在预计使用年限内分期平均摊销，计入损益；作为固定资产核算的地上建筑物按规定的期限自验收竣工次月起在预计使用年限内分期平均折旧，计入损益。

【实账处理】——尚领房地产公司关于自用土地使用权的账务处理

尚领房地产公司2018年1月将一块当月对外出租的土地收回，并在该块土地上自行建造一栋办公楼自用。该土地在用于对外出租时作为投资性房地产以公允价值入账。收回时该土地的账面价值为5 000万元。在完成办公楼自建工程后共发生建筑工程支出2 000万元，该办公楼已经完工并达到预定可使用状态。假定土地使用权的剩余使用年限为50年，无净残值，办公楼的使用年限为30年，预计净残值100万元，都采用直线法进行摊销和计提折旧。

尚领房地产公司根据有关原始凭证，编制会计分录如下。

①收回对外出租的土地自用时

借：无形资产——土地使用权　　50 000 000

　　贷：投资性房地产　　50 000 000

②在土地上自行建造办公楼，发生建筑工程支出时

借：在建工程　　20 000 000

　　贷：银行存款　　20 000 000

③办公楼达到预定可使用状态时

借：固定资产——办公楼　　20 000 000

　　贷：在建工程　　20 000 000

④每月分摊土地使用权和对办公楼计提折旧时

月计提的土地摊销 =50 000 000÷50÷12=83 333.33（元）

月计提的办公楼折旧 =（20 000 000−1 000 000）÷30÷12

=52 777.78（元）

借：管理费用　　136 111.11

　贷：累计折旧　　52 777.78

　　累计摊销　　83 333.33

3.3　开发建设阶段不同承包方式的会计处理

房地产建设工程的发包一般有直接发包和招标发包这两种方式。直接发包指由发包方直接选定特定的承包商，与其进行一对一的协商谈判，就双方的权利义务达成协议后，与其签订建筑工程承包合同的发包方式。这种方式简便易行，节省发包费用，但缺乏竞争带来的优越性，在市场经济中，这种发包方式只适用于少数不适用于采用招标方式发包的特殊建筑工程。

3.3.1　开发建设阶段各种承包方式和内容

随着房地产的扩张，建筑业得到迅猛发展。为了进一步规范建筑业的市场秩序和公平原则，施工单位需要通过投标来获得施工的权利，在此过程中就产生了承包方和发包方。按工程承包范围或承包内容划分，有建设全过程承包、阶段承包、专项承包和“建造—经营—转让”承包这 4 种承包方式。

（1）建设全过程承包

建设全过程承包一般又被称为“交钥匙承包”，是指建设工程任务的总承包，即发包人将建设工程的勘察、设计和施工等工程建设的全部任务一并发包给一个具备相应的总承包资质条件的承包人，由该承包人对工程建设的全过程向发包人负责，直至工程竣工，向发包人交付经验收合格符合发包人要求的建设工程的承包方式。

采用这种承包方式，建设单位一般只要提出使用要求和竣工期限，承包单位即可对项目建议书、可行性研究、勘察设计、设备询价与选购、材料订货、工程施工、生产职工培训直至竣工投产，实行全过程、全面的总承包，并负责对各项分包任务进行综合管理、协调和监督。

为了有利于建设和生产的衔接，必要时也可以吸收建设单位的部分力量，在承包单位的统一组织下，参加工程建设的有关工作。这种承包方式要求承发包双方密切配合，涉及决策性质的重大问题仍应由建设单位或其上级主管部门做最后的决定。这种承包方式主要适用于各种大中型建设项目。它的好处是可以积累建设经验和充分利用已有的经验，节约投资，缩短建设周期并保证建设的质量，提高经济效益。

当然，该方式也要求承包单位必须具有雄厚的技术经济实力和丰富的组织管理经验。为适应这种要求，国外某些大承包商往往和勘察设计单位组成一体化的承包公司，或更进一步扩大到若干专业承包商和器材生产供应厂商，形成横向的经济联合体，这是近几十年来建筑业的一种新发展趋势。改革开放后，我国各部门和地方建立的建设工程总承包公司就是该性质的承包单位。

（2）阶段承包

阶段承包的内容是建设过程中某一阶段或某些阶段的工作，例如可行性研究、勘察设计和建筑安装施工等。在施工阶段，还可依承包内容的不同，细分 3 种方式，如表 3-4 所示。

表 3-4

方式	具体描述
包工包料	即承包工程施工所用的全部人工和材料。这是国际上采用较为普遍的施工承包方式
包工不包料	即承包人仅提供劳务而不承担供应任何材料的义务。在国内外的建筑工程中都存在这种承包方式

续表

方式	具体描述
包工、部分包料	即承包者只负责提供施工的全部人工和一部分材料，其余部分则由建设单位或总包单位负责供应。我国改革开放前曾实行多年的施工单位承包全部用工和一部分材料，建设单位负责供应统配和部管材料以及某些特殊材料，就属于这种承包方式。改革开放后已逐步过渡到包工包料方式为主

（3）专项承包

专项承包的内容是某一建设阶段中的某一专门项目，由于专业性较强，多由有关的专业承包单位承包，故称专业承包。例如可行性研究中的辅助研究项目，勘察设计阶段的工程地质勘察、供水水源勘察、基础或结构工程设计、工艺设计、供电系统、空调系统及防灾系统的设计，建设准备过程中的设备选购和生产技术人员培训，以及施工阶段的基础施工、金属结构制作和安装、通风设备和电梯安装等。

（4）“建造－经营－转让”承包

国际上通称 BOT 方式，即建造－经营－转让（Build–Operate–Transfer）的英文缩写。BOT 实质上是基础设施投资、建设和经营的一种方式，以政府和私人机构之间达成协议为前提，由政府向私人机构颁布特许，允许其在一定时期内筹集资金建设某一基础设施并管理和经营该设施及其相应的产品与服务。这些项目一般是大型公共工程和基础设施，如隧道、港口、高速公路和电厂等。

政府对该机构提供的公共产品或服务的数量和价格可以有所限制，但保证私人资本具有获取利润的机会。整个过程中的风险由政府和私人机构共同分担。当特许期限结束时，私人机构按约定将该设施移交给政府部门，转由政府指定部门经营和管理。

以上所述是狭义的 BOT 概念。BOT 经历了数百年的发展，为了适应不同的条件，衍生出许多变种，例如 BOOT（Build–Own–Operate–Transfer）、

BOO（Build-Own-Operate）、BLT（Build-Lease-Transfer）、TOT（Transfer-Operate-Transfer）和 BT（Build-Transfer）等。广义的 BOT 概念包括这些衍生品种在内，人们通常所说的 BOT 应该是广义的 BOT 概念。各种形式只涉及 BOT 操作方式的不同，其基本特点是一致的，即项目公司必须得到有关部门授予的特许经营权。

3.3.2 BOT 项目工程承包方式下的会计处理

BOT 代表着完整的项目融资的概念。典型的 BOT 形式是：政府同私营部门的项目公司签订合同，由该项目公司负责设计、筹资和承建某项基础设施，项目公司在协议期内拥有运营和维护这项设施，并通过收取使用费或服务费，回收投资并取得合理利润的权利。协议期满后，这项设施的所有权无偿移交给所在国政府。

BOT 方式是近年兴起的一种能够有效解决大型投资项目资金短缺问题的投资方式，积极引入国际 BOT 方式应用于我国长期缺乏资金的房地产业具有现实的必要性和紧迫性。国际 BOT 方式可以在特大型住宅区开发项目、大面积旧城改造以及其他收益性较强的大型房地产综合项目中发挥积极作用。与传统的融资方式相比，BOT 方式具有减轻政府直接的财政负担、能够提高项目的运作效率和降低项目的投资风险等诸多优点。

一般而言，BOT 模式至少包括政府的特许权、投资者、项目公司、可靠的收益来源、筹资渠道和移交六大要素。BOT 涉及的一般是投资规模大、经营周期长、风险大的基础设施。

房地产开发公司所承建的 BOT 项目，对于房地产公司来讲不属于主要经营业务，相应的收入和成本费用应计入“其他业务收入”和“其他业务成本”科目核算，并按税收法规的规定纳税。

房地产开发公司承建的 BOT 项目，可以在“开发成本 -BOT 开发成本”科目核算，核算方法按照一般的开发项目进行，待工程竣工验收之后转入“无形资产 -BOT 特许权”科目核算。BOT 项目的经济形态属于无形资产，而其实物形态则属于固定资产。BOT 项目在运营期间可能会发生更新改造支出、修理费用等。对后续支出的处理原则是：符合无形资产确认条件的，应当计入无形资产成本，同时将被替换的部分的账面价值扣除；不符合无形资产确认条件的，应当计入当期损益。BOT 项目摊销时应考虑实际情况和投入资金的全部收回。摊销年限应以特许权经营期为限，一般“无形资产”的摊销期限应当等于特许权经营期限。由于“无形资产”的摊销不留净残值，所以，特许经营期满将 BOT 项目无偿移交时，该项“无形资产”科目的账面价值应等于“累计摊销”科目的合计数。

由于房地产企业在 BOT 项目经营期已经将列入“无形资产”的全部开发成本分期摊销，所以在该项目移交时应将“无形资产”的账面价值与“累计摊销”合计数对冲。但是，万一当地政府由于特殊需要而提前收回该项基础设施，则将 “无形资产”账面价值与“累计摊销”科目的差额一次转入到“其他业务成本”科目。

3.3.3　BT 项目工程承包方式下的会计处理

BT 是英文 Build（建设）和 Transfer（移交）缩写形式，意即“建设－移交”，是政府利用非政府资金来进行非经营性基础设施建设项目的一种融资模式。BT 模式是 BOT 模式的一种变形，指一个项目的运作通过项目公司总承包，融资、建设验收合格后移交给业主，业主向投资方支付项目总投资加上合理回报的过程。目前采用 BT 模式筹集建设资金成了项目融资的一种新模式。

由于一线城市土地资源稀缺，房地产企业想获取核心地区开发项目愈加困难，且获取成本越来越高，政府越来越力推 BT 模式进行核心地区开发项目的建设。在该情形下，房地产要想获取核心地区开发项目，需接受仅能以 BT 模式运作的开发项目。运作 BT 模式的开发项目对房地产企业提出了更高的要求，如要求企业资产规模大、融资能力强、有合适的融资平台和有防范风险的能力。BT 模式对房地产企业来说，有利于锁定未来开发的土地成本，降低资金风险，具有稳定的投资回报，为项目的远期开发积累社会资源。

根据房地产企业是否提供建造服务，企业会计准则对 BOT 业务有不同的会计处理方式。

（1）房地产企业提供建造服务模式下的会计处理

建造期间，房地产企业若同时提供建造服务的，对于其所提供的建造服务，应按企业会计准则确认相关收入和费用。建造合同收入应当按照收取或应收对价的公允价值计量，即合同总收入要包括合同价、资本成本及投资回报等其他应收价格的公允价值，按完工进度计算各期应确定的收入。具体的会计处理如下。

①发生建造费用开支时。

借：工程成本

　　贷：银行存款／应付工资／应付账款等

②资产负债表日，房地产企业确定建造合同的结果能够可靠估计的，根据完工进度百分比法确定合同收入和合同费用。

借：其他业务成本

　　工程成本——合同毛利

　　贷：其他业务收入

③建设期满，基本确定很可能收回合同价款的。

借：应收账款

　　贷：工程结算

④回购期满，房地产企业收回全部价款，对冲工程成本和工程结算。

借：工程结算

　　贷：工程成本

（2）房地产企业不提供建造服务模式下的会计处理

在这种模式下，房地产企业将实际的建造工作进行发包，由另外的建设单位进行建造，房地产企业作为建造期间的“业主”进行项目管理。房地产企业一般采取此模式，采用此模式的房地产企业不应确认建造服务收入，而应当按照建造过程中支付的工程价款确认金融资产。按照金融资产的分类标准和确认原则，在项目建设的不同阶段应在不同科目中进行核算。

项目建造过程中，由于项目建设周期长，大多都超过一年，且在项目完工并进入回购期前，项目公司是不能收到项目建设的相关款项的，且回购基数在完工审计前是不确定的，为此，实际发生的成本和资本化的借款利息（即实际投资额）在建设期内应通过“长期应收款”科目核算。

在项目完工回购前的每一会计期间，暂不确认损益。在项目建设完工并审价后，由于最终收回的回购款的到期日固定、回收金额固定，且房地产企业有明确意图和能力持有至到期（即最后的回购款支付日），符合金融资产中“持有至到期投资”的定义，此时应将“长期应收款”转入“持有至到期投资”科目，两者之间的差额则一次性计入“其他业务收入”科目中。

在项目回购的持续期内，每期房地产企业应按照收到的回购款占全部回购款的比例计算应冲减的持有至到期投资，差额部分计入“投资收益”科目。具体的会计处理如下。

①BT 项目公司支付工程成本、资本化利息以及其他费用（如项目规划费、招标费等）时。

借：长期应收款——回购资金——预付工程款——总包单位 / 资本化利息 / 其他

　　贷：银行存款 / 应付账款等

②项目建设完工并审价后，以审计确定的回购基数计入“持有至到期投资”科目，与“长期应收款”科目的差额计入“其他业务收入”科目。

借：持有至到期投资——其他债权投资——项目

　　贷：长期应收款——回购资金——项目成本

　　　　其他业务收入——项目

③工程竣工后，按照回购协议分期收到回购资金，按照收到的回购款占全部回购款的比例计算应冲减的持有至到期投资的差额，计入投资收益。

借：银行存款

　　贷：持有至到期投资——其他债权投资——项目

　　　　投资收益

3.4 开发成本的归集、分配与结转

房地产开发成本是指房地产企业为开发一定数量的产品所支出的全部成本费用，主要包括土地成本、前期费用、建筑安装成本、基础设施配套费用、公共配套费用以及开发间接费用等。为了有效地将各项成本费用在各成本核算对象之间进行合理的归集与分配，首先应确定整个开发项目的成本核算对象。开发产品成本核算对象是指在开发产品成本的计算中，为了归集和分配开发成本费用而确定的费用承担者。

成本核算对象的确定应遵循 5 个主要的原则，如图 3-2 所示。

开发产品能否对外销售的原则

开发产品能够对外销售的，须作为单独的成本核算对象；不能对外销售的产品，首先要作为过渡性成本对象归集和分配成本费用，然后再将其相关的成本按一定的方法在能够对外销售的成本核算对象中进行分配。

分类进行归集的原则

对于同一开发地点、开工与竣工时间相近、产品结构类型相近的开发产品，应作为一个成本核算对象进行成本归集与分配。

区分不同开发产品功能的原则

开发项目内的开发产品，若具有不同的功能、不同的用途，须作为独立的成本核算对象进行成本核算。

区分开发产品成本差异的原则

开发项目内的开发产品，其成本存在较大差异的，应作为不同的成本核算对象进行成本核算。

区分开发产品的权益主体差异的原则

属于受托代建或多方合作开发的项目，确定成本核算对象时要区分不同的权益主体。

图 3-2

开发成本费用归集与分配的总原则为：直接成本费用可以直接计算进入各成本核算对象的开发成本中，按照成本对象受益的原则和会计配比原则进行分配。分不清成本核算对象导致无法直接计入明确的成本核算对象的，应先将其支出通过“生产成本——房屋开发成本——待分摊成本——× × 费”账户进行归集，会计期末再按照一定的分配标准分配给各受益对象。

开发成本按其用途可以分为如表 3–5 所示的 4 类，同时可以分为 6 类成本核算项目。按用途分成的 4 类开发成本一般作为“开发成本”科目的二级明细，对应的 6 类成本核算项目一般作为“开发成本”科目的三级明细科目。

表 3–5

开发成本类别	开发成本内容	对应的开发成本核算项目
土地开发成本	开发土地所发生的各项费用支出	土地征用及拆迁补偿费；前期工程费；开发间接费用
房屋开发成本	开发各种房屋（商品房、代建房和周转房等）所发生的各种费用支出	建筑安装工程费；开发间接费用
配套设施开发成本	开发能有偿转让的大配套设施及不能有偿转让、不能直接计入开发产品成本的公共配套设施所发生的各种费用支出	公共配套设施费；基础设施费；开发间接费用
代建工程开发成本	接受委托单位的委托代为开发除土地、房屋以外的其他工程所发生的各种费用支出	前期工程费；建筑安装工程费；公共配套设施费；基础设施费；开发间接费用

本节主要讲解房地产企业最核心、成本比例最重的房屋开发成本。

房屋开发是房屋开发和房屋再开发的统称，是房地产开发企业的主要经济业务。房屋开发是指城市各种房屋建设从可行性研究、规划设计、建筑安装工程施工到房屋建成竣工验收的全过程。房屋再开发是指对旧城区成片地进行更新改造，拆除原有的房屋建筑物，按规划设计要求重新建造各种房屋。

房地产开发企业在房屋开发过程中发生的各项支出包括土地征用及拆迁补偿费、前期工程费、建筑安装工程费、基础设施费、通过分配进入房屋开发成本的开发间接费用、营利性公共配套设施费和非营利性公共配套设施费等。下面对每一项支出做具体讲解。

3.4.1 土地征用及拆迁补偿费的归集与分配

土地征用及拆迁补偿费是指为取得土地开发使用权（或开发权）而发生的各种费用，主要包括土地买价或出让金、大市政配套费、契税、耕地占用税、土地使用费、土地闲置费、土地变更用途和超面积补交的地价及相关税费、拆迁补偿支出、安置及动迁支出、回迁房建造支出、农作物补偿费和危房补偿费等。

房地产项目开发过程中发生的土地征用及拆迁补偿费，能分清成本核算对象的，应直接计入有关“生产成本——房屋开发成本——某成本对象——土地征用及拆迁补偿费”账户的借方；分不清成本核算对象的，应将其支出先通过“生产成本——房屋开发成本——待分摊成本——土地征用及拆迁补偿费”账户进行归集，会计期末再按照一定的分配标准分配给各受益对象。

应由开发产品受益的，将其分配计入有关成本核算对象，并计入“生产成本——房屋开发成本（或配套设施开发成本）——某成本对象——土地征用及拆迁补偿费”账户的借方；应由投资性房地产或固定资产收益的，将其分配计入“在建工程”“固定资产”或者“投资性房地产”账户的借方。

（1）土地价款支付的特殊处理

房地产企业在支付土地价款时，不同情况采取账务处理方法如下。

- 支付全部或部分土地价款但尚未取得土地的，由于不符合资产定义，所付款项在“预付账款”中核算，不能确认土地资产。
- 凡已签订土地出让合同，确认了土地价款并已取得土地的，未全部支付的土地价款作为负债挂账。
- 凡已取得土地，未取得土地使用证的，要在会计报告附注的其他重要事项或存货中披露。

【实账处理】——尚领地产关于取得土地支付土地价款的账务处理

尚领房地产公司华南区域某项目于2014年12月通过竞拍取得了A、

B两个地块，其中A地块支付全额地价款4亿元，但至今未实际取得土地。B地块地价款总额为5亿元，尚领公司已支付3亿元，并已实际取得了该地块。尚领房地产公司根据有关原始凭证，编制会计分录如下。

①A地块

借：预付账款　400 000 000

　贷：银行存款　400 000 000

②B地块

借：生产成本——房屋开发成本——某项目——土地征用及拆迁补偿费　500 000 000

　贷：银行存款　300 000 000

　　应付账款　200 000 000

（2）土地成本分摊的一般方法

按照税法的有关规定，土地成本一般按占地面积法进行分配。如果确需结合其他方法进行分配的，应经税务机关同意。

房地产企业在会计核算上，如果成本对象的占地面积可以取得，原则上房地产企业应该按占地面积进行分摊。房地产企业取得成本对象占地面积的途径有两个：一是政府规划审批部门在项目规划中测定的占地面积，二是房地产企业根据项目规划自行测定的占地面积。

但在实际项目运作时，并不是所有的成本对象都可以单独取得其占地面积的。垂直排列的成本对象就无法取得各自的占地面积，如有的项目的开发产品，1～3层裙房为购物中心，3层以上是写字楼，作为成本对象，购物中心和写字楼的占地面积是重合的，因此，这种情况下就不能按占地面积分摊土地价款。

对于无法按占地面积进行土地价款分摊的，从目前可以采用的分摊方法来看，最合理的方法是建筑面积法。

【实账处理】——尚领房地产公司关于土地价款分摊的账务处理

尚领房地产公司华南区域某项目于2014年12月通过竞拍取得了A、B两个地块，其中A地块支付全额地价款4亿元，但至今未实际取得土地。B地块地价款总额为5亿元，尚领公司已支付3亿元，并已实际取得了该地块。其中B地块占地面积10万平方米，总建筑面积30万平方米。整体项目分为商业区、住宅区和别墅区3个区域，规划指标如下。

1. 商业区：总占地面积2万平方米，开发产品为3层裙房和20层写字楼，总建筑面积15万平方米，其中：裙房建筑面积5万平方米，写字楼建筑面积10万平方米。

2. 住宅区：占地面积3万平方米，建筑面积12万平方米。

3. 别墅区：占地面积5万平方米，建筑面积3万平方米。

尚领房地产企业根据B地块有关原始凭证，编制会计分录如下。

①土地价款的归集

借：生产成本——房屋开发成本——待分摊成本——土地征用及拆迁补偿费　500 000 000

　贷：银行存款　300 000 000

　　应付账款　200 000 000

②土地价款的分摊

根据项目实际情况，尚领房地产公司确定成本对象分别为：裙房、写字楼、住宅和别墅。各成本对象分摊的土地成本如下。

商业区、住宅和别墅的土地成本按占地面积法进行分摊，裙房和写字楼的土地成本按建筑面积法进行分摊。

商业区的土地成本=50 000×2÷10=10 000（万元）

裙房的土地成本=10 000×5÷15=3 333（万元）

写字楼的土地成本=10 000×10÷15=6 667（万元）

住宅区的土地成本=50 000×3÷10=15 000（万元）

别墅区的土地成本=50 000×5÷10=25 000（万元）

会计分录如下。

借：生产成本——房屋开发成本——裙房——土地征用及拆迁补偿费 33 330 000
生产成本——房屋开发成本——写字楼——土地征用
及拆迁补偿费 66 670 000
生产成本——房屋开发成本——住宅——土地征用及拆迁补偿费 150 000 000
生产成本——房屋开发成本——别墅——土地征用及拆迁补偿费 250 000 000
贷：生产成本——房屋开发成本——待分摊成本——土地征用
及拆迁补偿费 500 000 000

（3）土地成本分摊的特殊处理

在进行土地成本分摊时，如果属于单独建造的，具有独立使用功能的地下建筑物，应分摊土地成本；如果属于为建造地上建筑物而形成的、不具有独立使用功能的地下基础设施，不分摊土地成本。回迁房成本如果作为拆迁补偿费，不分摊土地成本。单独建造应该由开发产品承担的配套设施，应分摊土地成本。

3.4.2　前期工程费的归集与分配

房地产开发企业在项目的开发经营过程中发生的规划设计费、可行性研究费、工程水文地质及工程地质勘察费、测绘费及“三通一平”等支出，能够分清成本计算对象的，应直接计入有关开发项目成本，计入“开发成本”账户所属明细账的“前期工程费”成本项目，即计入“生产成本——房屋开发成本——某成本对象——前期工程费”账户的借方。

分不清成本核算对象的，应由两个以上成本计算对象负担的，应先将其支出通过“生产成本——房屋开发成本——待分摊成本——前期工程费”账户进行归集。会计期末可按一定标准分配计入各开发项目成本。应由开发产品受益的，将其分配计入有关成本核算对象，计入“生产成本——房屋开发成本——某成本对象——前期工程费”账户的借方。应由投资性房地产或固定资产受益的，将其分配计入“在建工程”账户的借方。分配标准可按具体费用细目分别确定，如勘察费、绘费及“三通一平”费等可按各开发项目的占地面积比例分配，而设计费、可行性研究费可按概算比例或建筑面积比例分配。也可将具体费用细目均按概算比例进行分配。

前期工程费能够分清成本核算对象的，可直接计入各个成本核算对象的成本；应由两个或两个以上的成本对象负担的，可先进行归集，再按建筑面积（包括在建及未建面积）分配计入各成本核算对象，将各项前期工程费在其受益的成本核算对象内进行分配，计算公式为：各个成本核算对象应分摊的前期工程费 = 各项前期工程费 ÷ 该项费用受益范围内各个成本核算对象的建筑面积总和 × 各个成本核算对象的建筑面积。

【实账处理】——尚领地产关于前期工程款归集和分摊的账务处理

尚领房地产公司华南区域某项目于2014年12月通过竞拍取得了A、B两个地块，其中A地块支付全额地价款4亿元，但至今未实际取得土地。B地地价款总额为5亿元，尚领公司已支付3亿元，并已实际取得了该地块。其中B地块用于建设占地面积10万平方米，总建筑面积30万平方米的项目。整体项目分为商业区、住宅区和别墅区3个区域，其中商业区总占地面积2万平方米，开发产品为3层裙房和20层写字楼，总建筑面积15万平方米，裙房建筑面积5万平方米，写字楼建筑面积10万平方米。为设计该商业区，前期发生的设计费、可行性研究费等前期工程费用200万元。

尚领房地产公司根据B地块有关原始凭证，编制会计分录如下。

①前期工程费的归集

借：生产成本——房屋开发成本——待分摊成本——前期工程费　　2 000 000

　贷：银行存款　　2 000 000

②前期工程费的分摊

按照项目公司财务制度确定前期工程费按建筑面积法进行分摊。

裙房的前期工程费 =200×5÷15=67（万元）

写字楼的前期工程费 =200×10÷15=133（万元）

会计分录如下。

借：生产成本——房屋开发成本——裙房——前期工程费　　670 000

生产成本——房屋开发成本——写字楼——前期工程费　　1 330 000

贷：生产成本——房屋开发成本——待分摊成本——前期工程费　　2 000 000

3.4.3　建筑安装工程费的归集与分配

建筑安装工程费是指房地产开发项目在开发过程中按建筑安装工程施工图施工所发生的各项建筑安装工程的总成本费用，主要包括工程合同款、非合同建筑安装工程费支出、甲供材料款和工程水电费等。其受益对象为直接受益的各个成本核算对象。

建筑安装工程费的大部分项目为直接性费用，能够区分成本核算对象的，直接根据工程决算将成本在收益的成本核算对象中归集。而对于各个成本核算对象共同收益的建筑安装工程费，比如几个工程一并招标出包的，应在工程完工结算时，按收益的每个成本核算对象的建筑面积进行分配。建筑安装工程费按照各个成本核算单位的收益情况，直接计入各成本核算对象的开发成本。

房地产开发企业的项目开发建设一般采用发包和自营两种模式。两种模式下的项目开发过程中发生的建筑安装工程费支出采用不同的核算方法。下面就这两种模式做具体讲解。

（1）采用发包方式的核算

采用发包方式的建筑安装工程施工的开发项目，发生的建筑安装工程支出根据企业承付的已完工工程价款确定，直接计入有关开发成本核算对象的“建筑安装工程费”成本项目，计入“生产成本——房屋开发成本——某成本对象——建筑安装工程费”账户的借方和“应付账款——应付工程款”等账户的贷方。

房地产开发企业与施工企业有关发包工程款和预付备料款、工程款的核算，应在“应付账款——应付工程款”和“预付账款——预付承包单位款”两个账户进行核算，“应付账款”和“预付账款”科目均应按客户单位名称设置明细科目。

房地产开发企业按照规定预付给承包施工企业的备料款和工程款，应计入“预付账款——预付承包单位款”账户的借方；按照工程价款结算账单应付给承包施工企业的工程款，应计入“生产成本——房屋开发成本——某成本对象——建筑安装工程费”账户的借方，同时抵减预付款贷记“预付账款——预付承包单位款”，按应结算的工程款抵减预付款后的工程款计入“应付账款——应付工程款”账户的贷方。如有扣回的预付备料款和预付工程款，应在工程价款结算账单上扣减应付工程款，按扣减后的应付工程款计入生产成本。

工程款按工程承包合同中规定的工程价款进行结算，结算方式有表 3-6 所示的 3 种。

表 3-6

结算方式	具体描述
按月结算	月初或月中预付工程款，月末按照各工程当月实际完成工作量扣除月中预付款后进行结算
分段结算	将工程按进度分为几个阶段，如基础、结构、装饰和竣工等。按完工阶段分段验收并结算工程价款
竣工一次结算	开发项目或单项工程施工工期在 12 个月以内，或工程承包合同价值较小的，可以采用竣工后一次结算

不论采用何种结算办法，施工期间结算的工程价款一般都不能超过承包工程合同价值的 95%。尾款应专户存入银行，待工程竣工验收后清算。但如果承包施工企业已向开发企业出具履约保函或有其他保证的，可以不留工程尾款。

非合同建筑安装工程费支出需要通过“应付账款”科目转入“生产成本——房屋开发成本——某成本对象——建筑安装工程费”科目，具体为：在“应付账款”科目下按成本项目设置明细，发生支出时借记“应付账款”科目，贷记“银行存款”科目；在会计期末，按支出情况借记“生产成本——房屋开发成本——某成本对象——建筑安装工程费”科目，贷记“应付账款”科目。

房地产企业为了保证开发产品的质量，在重要材料上由房地产企业提供，再交付给承包商，这部分材料叫作甲供材料。甲供材料的价款一般由房地产企业支付，最后抵减房地产企业应付给承包商的工程款。在支付甲供材料款时，应借记“应付账款——甲供材料”科目，贷记“银行存款”科目。房地产企业支付承包单位工程款时需扣除领用的甲供材料款，借记“应付账款——施工单位”科目，贷记“应付账款——甲供材料”和“银行存款”科目。

工程款结算期间，应决算承包施工单位的甲供材料，按承包施工单位实际领用的甲供材料款减去之前已领用扣减的甲供材料款后的余额借记“应付账款——施工单位”科目，按“应付账款——甲供材料”科目借方余额贷记“应付账款——甲供材料”科目，差额为不能退货的甲供材料，借记“原材料”科目。

施工期间工程临时水电费一般由房地产开发企业直接支付，承包施工合同中会约定房地产开发企业和施工单位分摊比例。实际支付时，应该由房地产开发企业承担的部分借记“生产成本——房屋开发成本——某成本对象——工程水电费”科目；应该由施工单位承担的部分借记“应付账款——施工单位”科目，按支付的水电费总额贷记“银行存款”科目。如发生水电费支出时不能确认房地产开发企业和施工单位各自承担金额，可通过“其他应收款”科目进行归集。

建筑安装工程费若能准确归集到每一个单项开发项目，则直接计入“生产成本——房屋开发成本——某成本对象——建筑安装工程费”账户的借方；如果房地产开发企业将几个项目工程合并招标发包，建筑安装工程费不能归集到每一个单项开发项目，则涉及建筑安装工程费分配至具体项目成本对象问题。应由开发产品受益的，将其分配计入有关成本核算对象，计入“生产成本——房屋开发成本——某成本对象——基础设施费”账户的借方；应由投资性房地产或固定资产受益的，将其分配计入“在建工程”账户的借方。在发生建筑安装工程费支出时，先将支出计入“生产成本——房屋开发成本——待分摊成本——建筑安装工程费”账户进行归集，会计期末再按照各项工程的预算造价的比例分配给各受益对象。某项工程实际建筑安装工程费 = 工程标价 × 该项工程预算造价 ÷ 各项工程预算造价合计。

【实账处理】——关于发包建筑安装工程款归集和分摊的账务处理

尚领房地产公司华南区域某项目于2014年12月通过竞拍取得了A、B两个地块，其中A地块支付全额地价款4亿元，但至今未实际取得土地。B地块地价款总额为5亿元，尚领公司已支付3亿元，并已实际取得了该地块。其中B地块用于建设占地面积10万平方米，总建筑面积30万平方米的项目。

整体项目分为商业区、住宅区和别墅区3个区域，其中商业区总占地面积2万平方米，开发产品为3层裙房和20层写字楼，总建筑面积15万平方米，裙房建筑面积5万平方米，写字楼建筑面积10万平方米。为建设住宅区和别墅区，2015年4月尚领房地产公司合并招标，由实明建筑公司中标，签订发包工程年度合同总值为30 000万元。其中住宅区的预算造价为18 000万元，别墅区的预算造价为12 000万元。

按照合同规定，5月开工前应付预付备料款8 000万元，用银行存款支付。8月初，根据施工企业当月施工计划所列工作量预付250万元工程款。另工程合同里约定8月由尚领房地产企业购买一批甲供石材，支付货款200万元，当月领用石材150万元，从当月结算工程款中扣除。8月发生工程水电费20万元，其中由施工单位承担10万元，尚领公司承担10万元。9月初根据施工企业提出的8月份工程价款结算账单中已完工工程价值为600万元，减去应扣回预付备料款150万元、甲供材料款150万元、工程水电费和预付工程款，尚应支付工程款40万元。2015年甲供材料结算时，实明公司共领用的石材为190万元，另10万元的石材存在破损，无法退回厂家。

尚领房地产企业根据住宅区和别墅区建筑安装工程费有关原始凭证，编制会计分录如下。

①5月支付预付备料款时

借：预付账款——预付承包单位款——实明公司　　80 000 000

　　贷：银行存款　　80 000 000

②8月预付工程款时

借：预付账款——预付承包单位款——实明公司　2 500 000

　贷：银行存款　2 500 000

③ 8 月支付石材款时

借：应付账款——甲供材料　2 000 000

　贷：银行存款　2 000 000

④ 8 月支付工程水电费时

借：生产成本——房屋开发成本——待分摊成本——建筑安装工程费　100 000

　应付账款——应付工程款——实明公司　100 000

　贷：银行存款　200 000

⑤工程价款结算和支付应付工程款时

借：生产成本——房屋开发成本——待分摊成本——建筑安装工程费　6 000 000

　贷：预付账款——预付承包单位款——实明公司　4 000 000

　　应付账款——甲供材料　1 500 000

　　应付账款——应付工程款——实明公司　100 000

　　银行存款　400 000

⑥与实明公司进行石材结算时

借：应付账款——应付工程款——实明公司　400 000

　原材料　100 000

　贷：应付账款——甲供材料　500 000

尚领房地产公司采用按月结算工程款，8 月按预算造价比例分别结算住宅区和别墅区的实际建筑安装工程费。

待分摊成本 =100 000+6 000 000=6 100 000（元）

各项工程预算造价合计 =18 000+12 000=30 000（万元）

住宅区的建筑安装工程费 =610×18 000÷30 000=366（万元）

别墅区的建筑安装工程费 =610×12 000÷30 000=244（万元）

会计分录如下。

借：生产成本——房屋开发成本——住宅——建筑安装工程费　3 660 000

生产成本——房屋开发成本——别墅——建筑安装工程费　2 440 000

贷：生产成本——房屋开发成本——待分摊成本——建筑安装工程费　6 100 000

（2）采用自营方式的核算

采用自营方式进行建筑安装工程施工的开发项目，其发生的各项建筑安装工程支出，一般可直接计入有关开发成本核算对象的“建筑安装工程费”成本项目，即计入“生产成本——房屋开发成本——某成本对象——建筑安装工程费”账户的借方和“库存材料”“应付职工薪酬”及“银行存款”等账户的贷方。如果房地产开发企业自行施工大型建筑安装工程，可以先把实际支出归集入“工程施工”和“施工间接费用”等账户，用来核算和归集各项建筑安装工程支出，月末再将其实际支出转入“生产成本——房屋开发成本——某成本对象——建筑安装工程费”账户的借方。

【实账处理】——关于自营建筑安装工程款归集和分摊的账务处理

尚领房地产公司华南区域某项目于2014年12月通过竞拍取得了A、B两个地块，其中A地块支付全额地价款4亿元，但至今未实际取得土地。B地地价款总额为5亿元，尚领公司已支付3亿元，并已实际取得了该地块。其中B地块用于建设占地面积10万平方米，总建筑面积30万平方米的项目。整体项目分为商业区、住宅区和别墅区3个区域，商业区总占地面积2万平方米，开发产品为3层裙房和20层写字楼，总建筑面积15万平方米，裙房建筑面积5万平方米，写字楼建筑面积10万平方米。

为了保证建设商业区裙楼的质量，尚领房地产企业自行组建工程团队，开展建筑安装工程。在施工阶段，8月尚领房地产公司发生职工薪酬支出100万元，出库使用施工材料300万元，各项工程设备500万元和银行存款支出150万元。

尚领房地产企业根据裙楼建筑安装工程费有关原始凭证进行归集分摊，编制会计分录如下。

借：生产成本——房屋开发成本——裙楼——建筑安装工程费　　10 500 000

　贷：应付职工薪酬　　1 000 000

　　库存材料　　3 000 000

　　工程物资　　5 000 000

　　固定资产　　1 500 000

3.4.4　基础设施费的归集与分配

基础设施费是指房地产项目开发过程中发生的小区内、建筑安装工程施工图预算项目之外的道路、供电、供水、供气、供热、排污、排洪、通信、照明和绿化等基础设施工程费用。

在确定基础设施配套费的受益对象时，应逐项分析每一项基础配套费的属性、计费依据和受益范围，确定每一项费用的受益对象。

能分清成本核算对象的，应直接计入有关房屋开发成本核算对象的“基础设施费”成本项目，即计入“生产成本——房屋开发成本——某成本对象——基础设施费”账户的借方。分不清成本核算对象的，应先将其支出通过“生产成本——房屋开发成本——待分摊成本——基础设施费”账户进行归集，会计期末再按照一定的分配标准分配给各受益对象。应由开发产品受益的，将其分配计入有关成本核算对象，计入“生产成本——房屋开发成本——某成本对象——基础设施费”账户的借方。

应由投资性房地产或固定资产受益的，将其分配计入“在建工程”账户的借方。基础设施费的分配方法包括占地面积法、建筑面积法、直接成本法和预算造价法。房地产企业在分配时，可以自行选择其中的一种方法。对于基础设施费中的具体支出项目，需要具体分析并采用不同的分配方法。

【实账处理】——尚领地产关于基础设施费的归集与分配的账务处理

尚领房地产公司华南区域某项目于2014年12月通过竞拍取得了A、B两个地块，其中A地块支付全额地价款4亿元，但至今未实际取得土地。B地块地价款总额为5亿元，尚领公司已支付3亿元，并已实际取得了该地块。其中B地块用于建设占地面积10万平方米，总建筑面积30万平方米的项目。

整体项目分为商业区、住宅区和别墅区3个区域，其中商业区总占地面积2万平方米，开发产品为3层裙房和20层写字楼，总建筑面积15万平方米，裙房建筑面积5万平方米，写字楼建筑面积10万平方米。为建设住宅区和别墅区开发产品，2015年4月尚领房地产公司合并招标，由实明建筑公司中标，签订发包工程年度合同总值为30 000万元。其中住宅区的预算造价为18 000万元，别墅区的预算造价为12 000万元。

尚领房地产企业将住宅区和别墅区的供电基础设施工程单独外包给供电公司，外包的供电工程价款为3 000万元。外包的工程价款由住宅区和别墅区分摊，按预算造价法进行分摊。

尚领房地产公司8月按预算造价比例分别结算住宅区和别墅区的实际基础设施费。

住宅区的基础设施费 =3 000×18 000÷30 000=1 800（万元）

别墅区的基础设施费 =3 000×12 000÷30 000=1 200（万元）

会计分录如下。

借：生产成本——房屋开发成本——住宅——基础设施费	18 000 000
生产成本——房屋开发成本——别墅——基础设施费	12 000 000
贷：应付账款——供电公司	30 000 000

3.4.5 开发间接费用的归集与分配

开发间接费用指企业为直接组织和管理开发项目所发生的，且不能将其归属于特定成本对象的成本费用性支出，主要包括管理人员工资、职工福利费、折旧费、修理费、办公费、水电费、劳动保护费、工程管理费、周转房摊销以及项目营销设施建造费等。其受益对象为开发项内的各个成本核算对象，包括土地开发成本、房屋开发成本等。

为房屋开发所产生的开发间接费用应通过建筑面积法进行分配，直接将开发间接费用在其受益的成本核算对象内进行分配，计算公式为：各个成本核算对象应分摊的开发间接费用 = 各项开发间接费用总和 ÷ 项目建筑面积总和 × 各个成本核算对象的建筑面积。

开发间接费用通过“生产成本——房屋开发成本——待分摊成本——开发间接费用”账户进行归集，会计期末再按照一定的分配标准计入有关开发成本对象，即计入“生产成本——房屋开发成本——某成本对象——开发间接费用”账户的借方。

【实账处理】——尚领地产关于开发间接费用的归集与分配的账务处理

尚领房地产公司华南区域某项目于 2014 年 12 月通过竞拍取得了 A、B 两个地块，其中 A 地块支付全额地价款 4 亿元，但至今未实际取得土地。B 地块地价款总额为 5 亿元，尚领公司已支付 3 亿元，并已实际取得了该地块。其中 B 地块用于建设占地面积 10 万平方米，总建筑面积 30 万平方米的项目。

整体项目分为商业区、住宅区和别墅区 3 个区域，其中住宅区占地面积 3 万平方米，建筑面积 12 万平方米；别墅区占地面积 5 万平方米，建筑面积 3 万平方米；商业区占地面积 2 万平方米，开发产品为 3 层裙房和 20 层写字楼，总建筑面积 15 万平方米，裙房建筑面积 5 万平方米，写字楼建筑面积 10 万平方米。

为建设住宅区和别墅区开发产品，2015 年 4 月尚领房地产公司合并招标，由实明建筑公司中标，签订发包工程年度合同总值为 30 000 万元。其中住宅区的预算造价为 18 000 万元，别墅区的预算造价为 12 000 万元。

尚领房地产企业为建设住宅区和别墅区，5 月发生开发间接费用 600 万元，其中包括职工薪酬 150 万元，以银行存款支付办公费 200 万元和工程管理费 250 万元。月末按建筑面积法在住宅区和别墅区分摊。

尚领房地产公司5月按建筑面积比例分别结算住宅区和别墅区的实际开发间接费用。

住宅区的开发间接费用 =600×12÷15=480（万元）

别墅区的开发间接费用 =600×3÷15=120（万元）

会计分录如下。

①发生支出时

借：生产成本——房屋开发成本——待分摊成本——开发间接费用　6 000 000

　贷：应付职工薪酬——应付工资　1 500 000

　　银行存款　4 500 000

②月末分摊时

借：生产成本——房屋开发成本——住宅——开发间接费用　4 800 000

　生产成本——房屋开发成本——别墅——开发间接费用　1 200 000

　贷：生产成本——房屋开发成本——待分摊成本——开发间接费用　6 000 000

3.4.6　营利性公共配套设施费的归集与分配

营利性公共配套设施是指能有偿转让的城市规划中规定的大配套设施项目以及属于营利性的，或产权归企业所有的，或未明确产权归属的，或无偿赠与地方政府、公用事业单位以外其他单位的公共配套设施。营利性公共配套设施一般包括开发小区内营业性公共配套设施，如商店、银行、邮局、中小学、文化站和医院等。

一般来说，营利性的大配套设施项目应以各配套设施项目作为成本核算对象，以正确计算各配套设施的开发成本。单独作为过渡性成本对象核算的公共配套设施开发成本，通过“生产成本——配套设施开发成本——配套设施成本对象”科目进行归集，会计期末按照建筑面积法分配给各成本核算对象，包括土地开发成本和房屋开发成本。

除企业自用应按建造固定资产进行处理外，均按开发产品进行处理。应由开发产品受益的，将其分配计入有关成本核算对象，即计入“生产成本——房屋开发成本——某成本对象——配套设施费”账户的借方。对于企业自用的作为固定资产的，将其分配计入“在建工程”账户的借方。

对于只为一个单体开发项目服务的，应摊入开发项目成本且造价较低的配套设施，发生的开发费用直接计入单体开发项目的成本。借记“生产成本——房屋开发成本——某成本对象——配套设施费”账户，贷记“银行存款”“应付账款”等科目。

【实账处理】——关于营利性公共配套设施费的归集与分配的账务处理

尚领房地产公司华南区域某项目于 2014 年 12 月通过竞拍取得了 A、B 两个地块，其中 A 地块支付全额地价款 4 亿元，但至今未实际取得土地。B 地块地价款总额为 5 亿元，尚领公司已支付 3 亿元，并已实际取得了该地块。其中 B 地块用于建设占地面积 10 万平方米，总建筑面积 30 万平方米的项目。

整体项目分为商业区、住宅区和别墅区 3 个区域，其中住宅区占地面积 3 万平方米，建筑面积 12 万平方米；别墅区占地面积 5 万平方米，建筑面积 3 万平方米；商业区占地面积 2 万平方米，开发产品为 3 层裙房和 20 层写字楼，总建筑面积 15 万平方米，裙房建筑面积 5 万平方米，写字楼建筑面积 10 万平方米。

为建设住宅区和别墅区开发产品，2015 年 4 月尚领房地产公司合并招标，由实明建筑公司中标，签订发包工程年度合同总值为 30 000 万元。其中住宅区的预算造价为 18 000 万元，别墅区的预算造价为 12 000 万元。

尚领房地产企业为配套住宅区和别墅区的设施，10 月开始建设商铺街，为住宅区和别墅区服务。该商铺街 10 月发生的开发成本 150 万元，月末按建筑面积法在住宅区和别墅区分摊。

尚领房地产公司 10 月按建筑面积比例分别结算住宅区和别墅区的营利性公共配套设施费。

住宅区的营利性公共配套设施费 =150 × 12 ÷ 15=120（万元）

别墅区的营利性公共配套设施费 =150 × 3 ÷ 15=30（万元）

会计分录如下。

①发生支出时

借：生产成本——配套设施开发成本——商铺街　1 500 000

　贷：银行存款　1 500 000

②月末分摊时

借：生产成本——房屋开发成本——住宅——配套设施费　1 200 000

　生产成本——房屋开发成本——别墅——配套设施费　300 000

　贷：生产成本——配套设施开发成本——商铺街　1 500 000

3.4.7　非营利性公共配套设施费的归集与分配

非营利性公共配套设施是指房屋开发过程中，根据有关法规，其产权及收益权不属于开发商，开发商不能有偿转让也不能转作自留固定资产的公共配套设施。具体核算内容可区别出如图 3-3 所示的情况。

1. 在开发小区内发生的不会产生经营收入的公共配套设施支出，如建造消防、水泵房、水塔、锅炉房、变电所、居委所、派出所、岗亭、儿童乐园、自行车棚、景观、环廊、街心公园和凉亭等设施的支出。
2. 在开发小区内发生的根据法规或经营惯例，其经营收入归经营者或业委会的可经营性公共配套设施的支出，如建造幼托所、邮局和图书馆等设施。
3. 开发小区内城市规划中规定的大配套设施项目不能有偿转让和取得经营收益权时，发生的没有投资来源的费用。
4. 对于产权、收入归属情况较为复杂的地下室、车位等设施，应根据当地政府法规、开发商的销售承诺等具体情况确定是否摊入成本项目。如开发商通过补交地价或人防工程费等措施，得到政府部门认可，取得了该配套设施的产权，则应作为经营性项目独立核算。

图 3-3

对于非营利性公共配套设施，如果工程规模较大，可以将各配套设施作为成本核算对象。在“生产成本——配套设施开发成本”科目下按各项配套设施设立明细科目，如物业服务用房、业主会所、幼儿园、学校、儿童游乐设施、环卫设施、运动设施和超市（配套商业设施）等。

如果工程规模不大，与其他项目建设地点较近，且开竣工时间相差不多，并由同一施工单位施工的，也可考虑将它们合并作为一个成本核算对象。对于只为一个单体开发项目服务的，应摊入开发项目成本，且造价较低的配套设施，可以不作为配套设施开发成本的核算对象，发生的开发费用直接计入单体开发项目的成本。

为了正确核算和反映企业开发建设中各种非营利性配套设施所发生的支出，对非营利性公共配套设施支出的核算可分为以下两种。

（1）配套设施单独作为过渡性成本对象核算

单独作为过渡性成本对象核算的公共配套设施开发成本，通过“生产成本——配套设施开发成本——配套设施成本对象”科目进行归集，会计期末再按照建筑面积法分配给各成本核算对象，包括土地开发成本和房屋开发成本。

非营利性公共配套设施单独作为过渡性成本对象核算的，其账务处理与营利性公共配套设施费的账务处理类似，具体可参考 3.4.6 节的内容。只不过，分配计入“在建工程”账户借方的不是企业自用的固定资产，而是由投资性房地产或由固定资产受益的对象。

（2）不作为成本对象的核算

对于只为一个单体开发项目服务的，其账务处理也与营利性公共配套设施费的相关处理相同，具体参考 3.4.6 节最后一个自然段的内容。

【实账处理】——关于非营利性公共配套设施费归集与分配的账务处理

尚领房地产公司华南区域某项目于 2014 年 12 月通过竞拍取得了 A、B 两个地块，其中 A 地块支付全额地价款 4 亿元，但至今未实际取得土地。B 地块地价款总额为 5 亿元，尚领公司已支付 3 亿元，并已实际取得了该地块。其中B地块用于建设占地面积10万平方米，总建筑面积30万平方米的项目。

整体项目分为商业区、住宅区和别墅区3个区域，其中住宅区占地面积3万平方米，建筑面积12万平方米；别墅区占地面积5万平方米，建筑面积3万平方米；商业区占地面积2万平方米，开发产品为3层裙房和20层写字楼，总建筑面积15万平方米，裙房建筑面积5万平方米，写字楼建筑面积10万平方米。

为建设住宅区和别墅区开发产品，2015年4月尚领房地产公司合并招标，由实明建筑公司中标，签订发包工程年度合同总值为30 000万元。其中住宅区的预算造价为18 000万元，别墅区的预算造价为12 000万元。

尚领房地产企业为配套住宅区和别墅区的设施，11月开始建设儿童乐园，为住宅区和别墅区服务。该儿童乐园11月发生的开发成本600万元。月末按建筑面积法在住宅区和别墅区分摊。

尚领房地产公司11月按建筑面积比例分别结算住宅区和别墅区的非营利性公共配套设施费。

住宅区的非营利性公共配套设施费 $=600\times12\div15=480$（万元）

别墅区的非营利性公共配套设施费 $=600\times3\div15=120$（万元）

会计分录如下。

①发生支出时

借：生产成本——配套设施开发成本——儿童乐园　　6 000 000

　　贷：银行存款　　6 000 000

②月末分摊时

借：生产成本——房屋开发成本——住宅——配套设施费　　4 800 000

　　生产成本——房屋开发成本——别墅——配套设施费　　1 200 000

　　贷：生产成本——配套设施开发成本——儿童乐园　　6 000 000

3.4.8　房屋开发成本的结转

房地产开发企业对开发过程已完工的商品房、周转房及投资性房地产，应在竣工验收以后将其开发房屋成本结转至“开发产品”账户。会计人员应根据房屋开发成本明细分类账记录的完工房屋实际成本，计入“开发产品——房屋”账户的借方和“开发成本——房屋开发成本”账户的贷方。

【实账处理】——尚领房地产公司关于房屋开发成本结转的账务处理

尚领房地产公司华南区域某项目于 2014 年 12 月通过竞拍取得了 A、B 两个地块，其中 A 地块支付全额地价款 4 亿元，但至今未实际取得土地。B 地块地价款总额为 5 亿元，尚领公司已支付 3 亿元，并已实际取得了该地块。其中 B 地块占地面积 10 万平方米，总建筑面积 30 万平方米。整体项目分为商业区、住宅区和别墅区 3 个区域，规划指标如下。

（1）商业区：总占地面积 2 万平方米，开发产品为 3 层裙房和 20 层写字楼，总建筑面积 15 万平方米，其中，裙房建筑面积 5 万平方米，写字楼建筑面积 10 万平方米。

（2）住宅区：占地面积 3 万平方米，建筑面积 12 万平方米。

（3）别墅区：占地面积 5 万平方米，建筑面积 3 万平方米。

截至 2016 年 6 月，各成本项目共发生如表 3–7 所示的房屋开发支出。

表 3–7　　　　单位：元

成本项目	住宅区	别墅区	裙房	写字楼
土地征用及拆迁补偿费	150 000 000	250 000 000	33 330 000	66 670 000
分摊的前期工程费	–	–	670 000	1 330 000
建筑安装工程费	30 000 000	20 000 000	10 500 000	–
基础设施费	18 000 000	12 000 000	–	–
开发间接费用	9 000 000	6 000 000	–	–
营利性公共配套设施	900 000	600 000	–	–

续表

成本项目	住宅区	别墅区	裙房	写字楼
非营利性公共配套设施	3 600 000	2 400 000	–	–
合计	211 500 000	291 000 000	44 500 000	68 000 000

尚领房地产公司2016年6月住宅区和别墅区的商品房已完成验收，依据以上开发产品结转明细表，应将已完工验收的住宅区和别墅区的商品房的开发成本结转至“开发产品”账户的借方，会计分录如下。

借：开发产品——住宅商品房 211 500 000

开发产品——别墅房 291 000 000

贷：生产成本——房屋开发成本——住宅 211 500 000

生产成本——房屋开发成本——别墅 291 000 000

3.5 土地开发成本的核算

土地开发成本是指房地产开发企业开发土地（即建设场地）所发生的各种费用支出。房地产开发企业开发的土地，按其用途可分成如下两种。

- 一种是为了转让、出租而开发的商品性土地，是企业的最终开发产品，其费用支出构成土地的开发成本。
- 另一种是为开发商品房、出租房等房屋而开发的自用土地，其费用支出应计入商品房、出租房等有关房屋的开发成本。

因第二种用途的土地开发支出计入有关房屋开发成本，所以现行会计制度设置“土地成本——土地开发成本”科目核算的金额不等于企业实际发生的土地开发支出，仅等于第一种用途下企业开发各种商业性土地所发生的支出。

3.5.1　土地开发成本核算对象的确定

为了既有利于土地开发支出的归集，又有利于土地开发成本的结转，对需要单独核算土地开发成本的开发项目，可按下列原则确定土地开发成本的核算对象。

- 对开发面积不大、开发工期较短的土地，可以每一块独立的开发项目为成本核算对象。
- 对开发面积较大、开发工期较长、分区域开发的土地，可以一定区域作为土地开发成本核算对象。

成本核算对象应在开工之前确定，一经确定就不能随意改变，更不能相互混淆。

如果一开始确认该土地开发是为了某一项目的房屋开发而开发，且能分清每个房屋开发成本计算对象应负担的土地开发成本，则应将土地开发成本和房屋开发成本合并设置为房屋开发成本计算对象，不再单独计算土地开发成本。

3.5.2　土地开发成本项目的设置

土地开发成本核算对象一经确定，就应按其设置土地开发成本明细账，并在土地开发明细账中按成本项目设置专栏，归集土地开发实际发生的成本支出。土地开发成本作为开发产品成本的一部分，其成本项目具有与上一节房屋开发成本项目相同的内容，具体如表 3-8 所示。

表 3-8

成本项目	成本项目内容
土地征用及拆迁补偿费	直接与购置土地有关的费用，包括受让费用、拆迁费用、填海造地费及其他有关手续费和税费支出等
前期工程费	土地开发项目前期工程发生的费用，包括规划、设计费，项目可行性研究费，水文、地质勘探、测绘费以及场地凭证费等

续表

成本项目	成本项目内容
基础设施费	一般情况下，是指达到预期使用功能的熟地状态所投入的线性建设费用，主要包括通电、通路、供水、通信、排水（上下）和土地平整费用等
公共配套设施费	一般指水、电、大市政和公建配套的建筑物建设费用，如学校、邮电、银行、供电的开闭所及公厕等
开发间接费用	是指企业所属单位直接组织、管理开发项目所发生的费用，主要包括工资、福利费、劳动保护费及办公费等。如某房地产开发企业的地产分公司所发生的间接费用应计入土地开发成本

企业开发的土地，因为其设计要求不同，开发的层次、程度和内容也都不相同，有的只是进行场地的清理平整，如原有建筑物、障碍物的拆除和土地的平整；有的除了场地平整之外，还要进行地下各种管线的铺设、地面道路的建设等。因此，就各个具体的土地开发项目来说，它的开发支出内容是不完全相同的。

企业要根据所开发土地的具体情况和会计制度规定的成本项目，设置和使用土地开发项目的成本项目。对于会计制度规定的而企业没有发生支出内容的成本项目，可不必设置相应的土地开发项目的成本项目。

3.5.3 土地开发成本归集和分配

房地产开发企业在土地开发过程中发生的各项支出，除可将直接计入房屋开发成本的土地开发支出在“开发成本——房屋开发成本”账户核算外，其他土地开发成本均应通过“开发成本——土地开发成本”账户进行核算。

为了分清转让、出租用土地开发成本和不能确定负担对象的用于商品房、出租房建设的土地开发成本，根据土地开发项目的类别的不同，分别对应设置“自用土地开发成本”和“商品房土地开发成本”两个二级账户，并按成本核算对象和成本项目设置明细分类账户。

对于发生的土地征用及拆迁补偿费、前期工程费和基础设施费等土地开发支出，可直接计入各土地开发成本明细分类账，并计入“开发成本——自用土地开发成本”或“开发成本——商品房土地开发成本”账户的借方和“银行存款”及“应付账款——应付工程款”等账户的贷方。

对于发生的开发间接费用，应在“开发间接费用”账户进行归集，于月末按一定的分配标准，计入有关开发成本核算对象，计入“开发成本——自用土地开发成本”“开发成本——商品房土地开发成本”账户的借方和“开发间接费用”账户的贷方。

对于发生土地开发支出但未能确定开发土地用途的情况，将其实际支出计入“开发成本——土地开发成本”账户的借方，在土地开发工程完工时，从“开发成本——土地开发成本”账户的贷方按照土地的具体用途通过占地面积法进行结转。

【实账处理】——尚领房地产公司关于土地开发成本核算的账务处理

2016 年 6 月，尚领房地产公司通过投标方式支付土地出让金 12 000 万元获得一块占地面积 60 000 平方米的 C 地块，取得时暂未确定其用途。

同年 7 月开始对土地进行初步开发，发生勘探设计费 150 万元，支付某施工企业承包的土地平整费用和通路费用 600 万元，支付拆迁补偿费 1 200 万元。

该土地开发工程于 2016 年 9 月底完工验收，尚领房地产公司将其中的 30 000 平方米对外转让，其余的 30 000 平方米自行开发商品房，且此时“开发成本——土地开发成本——C 地”账户共归集的开发总成本为 19 200 万元。

尚领房地产公司根据有关土地支出原始凭证，应编制如下会计分录，并登记入账。

①发生土地出让金支出时

借：开发成本——土地开发成本——C 地——土地征用及拆迁补偿费 120 000 000

　　贷：银行存款　　120 000 000

②发生拆迁补偿费支出时

借：开发成本——土地开发成本——C 地——土地征用及拆迁补偿费　12 000 000

　　贷：银行存款　12 000 000

③发生勘探设计费支出时

借：开发成本——土地开发成本——C 地——前期工程费　1 500 000

　　贷：银行存款　1 500 000

④发生某施工企业承包的土地平整费用和通路费用支出时

借：开发成本——土地开发成本——C 地——基础设施费　6 000 000

　　贷：银行存款　6 000 000

⑤ 9 月末土地开发工程完工时

单位土地开发成本 =192 000 000 ÷ 60 000=3 200（元 / 平方米）

商品性土地开发成本 =3 200 × 30 000=96 000 000（元）

自用土地开发成本 =3 200 × 30 000=96 000 000（元）

借：开发成本——自用土地开发成本——C 地　96 000 000

　　开发成本——商品房土地开发成本——C 地　96 000 000

　　贷：开发成本——土地开发成本——A 地　192 000 000

3.5.4 土地开发成本的结转

在会计期末，土地开发成本应该根据完工程度对已完工的土地进行土地开发成本结转。实际账务处理时，根据已完工的开发土地的不同用途，采用不同的成本结转方法。

（1）转让、出租而开发的商品性土地开发成本结转

在开发完工并验收后，应将其实际成本从“开发成本——商品房土地开发成本”和“开发成本——土地开发成本”账户的贷方转入“开发产品——土地”账户的借方。

（2）企业房屋开发用的土地开发成本结转

在开发完工并把土地投入使用时，应将土地开发的实际成本从“开发成本——自用土地开发成本”和“开发成本——土地开发成本”账户的贷方结转计入“开发成本——房屋开发成本”账户的借方。

具体的结转方法有如表 3-9 所示的分项平行结转法和归类集中结转法这两种。

表 3-9

结转方法	成本项目内容
分项平行结转法	指将土地开发支出的各项费用按成本项目分别平行转入有关房屋开发成本的对应成本项目
归类集中结转法	指土地开发支出归类合并为“土地征用及拆迁补偿费”和“基础设施费”两个费用项目，然后转入有关房屋开发成本的“土地征用及拆迁补偿费”和“基础设施费”两个成本项目

土地开发中凡与土地征用及拆迁补偿费有关的费用，均转入有关房屋开发成本的“土地征用及拆迁补偿费”项目，对于其他土地开发支出，包括前期工程费、基础设施费等，则合并转入有关房屋开发成本的 “基础设施费”项目。

如果企业房屋开发用的土地在开发完成后，还不能确定房屋和配套设施等项目的用地，则应先将其成本结转至“开发产品——自用土地”账户的借方，于自用土地投入使用时，再从“开发产品——自用土地”账户的贷方将其开发成本转入“开发成本——房屋开发成本”账户的借方。

（3）房地产开发企业综合开发土地的成本结转

房地产开发企业综合开发的土地包括转让、出租而开发的商品性土地和为企业房屋开发用的土地。

在开发产品投入使用时，应按照一定的标准分配房屋建筑物和商品性建设场地应负担的土地开发成本，借记“开发成本——房屋开发成本”和“开发产品——土地”账户，贷记“开发成本——土地开发成本”账户。

【实账处理】——尚领房地产公司关于土地开发成本核算的账务处理

尚领房地产公司于2016年6月通过投标方式支付土地出让金12 000万元获得一块占地面积60000平方米的C地块，取得时暂未确定其用途。

7月开始对土地进行初步开发，发生勘探设计费150万元，支付某施工企业承包的土地平整费用和通路费用600万元，支付拆迁补偿费1 200万元。

该土地开发工程于2016年9月底完工验收，尚领房地产公司将其中的30 000平方米对外转让，其余的30 000平方米自行开发商品房。

此时“开发成本——土地开发成本——C地”账户共归集的开发总成本为19200万元。10月A地块进行竣工验收开始投入使用。

相关计算结果直接引用3.5.3节的案例中第⑤步的计算结果。

尚领房地产公司根据有关验收报告和竣工备案，应做如下分录入账。

进行土地开发成本结转时

借：开发产品——土地　　96 000 000

　　开发成本——房屋开发成本　　96 000 000

　　贷：开发成本——自用土地开发成本——C地　　96 000 000

　　　　开发成本——商品房土地开发成本——C地　　96 000 000

第4章

04

费用会计工作范围及账务处理

房地产开发经营企业不仅要管理好工程项目，日常管理工作也不能忽视，因此，除了需要工程会计，费用会计也不能少。那么，费用会计的日常工作有哪些呢？涉及的账务处理又是怎样的呢？本章就来认真学习房地产企业的费用会计工作范围和账务处理。

【本章要点】

费用会计日常工作

房地产企业费用的会计账务处理

4.1 费用会计日常工作

费用会计日常工作包括熟悉企业的经营业务中发生的各项费用，按照会计准则确认费用，审核费用支出的原始单据，根据费用支出原始单据做对应的账务处理。

下面对费用会计所对接的企业经营业务，由业务产生的费用确认应遵循的原则和方法，以及在审核费用时应注意的事项等做具体说明。

4.1.1 费用会计对接的企业经营业务

费用会计，顾名思义就是管理、控制企业费用这一块，涉及的工作事项多且繁杂。费用会计对接的是按照会计准则应列入期间费用的各项开支，不包括各项成本支出。

费用会计对接的企业经营业务实际上是发生的期间费用对应的业务，例如产生管理费用或销售费用的公司业务，负责了解业务的来龙去脉和所涉及的人员，对业务的真实性进行审核。

下面我们了解一下期间费用所包括的三大费用，即管理费用、销售费用和财务费用。相关介绍如表 4-1 所示。

表 4-1

费用类型	具体描述
管理费用	指房地产开发企业的行政管理部门为管理和组织房地产开发经营活动而发生的各项费用，包括公司经费、工会经费、职工教育经费、劳动保险费、待业保险费、董事会费、咨询费、审计费、诉讼费、排污费、绿化费、税金、技术转让费、技术开发费、无形资产摊销、开办费摊销、业务招待费、坏账损失、存货盘亏及毁损和报废（减盘盈）损失，以及其他管理费用。其中，公司经费包括公司总部管理人员工资、奖金、职工福利费、差旅费、办公费、折旧费、修理费、物料消耗、低值易耗品摊销以及其他公司经费

续表

费用类型	具体描述
销售费用	指房地产开发企业销售商品和材料、提供劳务的过程中发生的各种费用，包括在销售商品过程中发生的保险费、包装费、展览费和广告费、商品维修费、预计产品质量保证损失、运输费和装卸费等，以及为销售本企业商品而专设的销售机构（含销售网点、售后服务网点等）的职工薪酬、业务费和折旧费等经营费用。企业发生的与专设销售机构相关的固定资产修理费用等后续支出也属于销售费用。房地产公司销售费用主要包括销售前期费、业务宣传费、广告费、策划代理费、办证费和其他费用
财务费用	指房地产开发企业为筹集生产经营所需资金发生的费用，具体有：利息净支出（利息支出减利息收入后的差额）、汇兑净损失（汇兑损失减汇兑收益的差额）、金融机构手续费以及筹集生产经营资金发生的其他费用等。其中利息支出需区分是否是为开发项目专门借款产生的利息费用。凡是为开发项目专门借款产生的利息费用，应计入“开发成本”科目；项目完工后产生的利息费用，计入“财务费用”科目。不是为开发项目专门借款所产生的利息费用，也应计入“财务费用”科目

4.1.2　费用确认的原则、方法和内容

费用确认是费用应当按照权责发生制原则，在确认有关收入的那一期间予以确认。即费用已经发生应由当期负担，尚未实际支付的，应预提计入当期费用；虽然当期支付但应由当期和以后各期成本负担的费用，应按一定的标准（受益程度）分配计入当期和以后各期成本。

确认费用应遵循配比原则、划分收益性支出与资本性支出原则和权责发生制原则，相关介绍如表 4-2 所示。

表 4-2

原则	具体描述
配比原则	按照配比原则，为产生当期收入所发生的费用，应当确认为该期的费用。配比原则的基本含义在于，当收入已经实现时，某些资产（如物料用品）已被消耗，或已被出售（如商品），以及劳务已经提供（如专设的销售部门人员提供的劳务），已被耗用的这些资产和劳务的成本，应当在确认有关收入的期间予以确认。如果收入要到未来期间实现，相应的费用应递延分配至未来的实际受益期间。因此，费用的确认，要根据费用与收入的相关程度，确定哪些资产耗费或负债的增加应从本期收入中扣减

续表

原则	具体描述
划分收益性支出与资本性支出原则	按划分收益性支出与资本性支出原则，某项支出的效益涉及几个会计年度（或几个营业周期），该项支出应予以资本化，不能作为当期的费用；如果某项支出在一个会计期间内，确认为费用。这一原则为费用的确认给定了一个时间上的总体界限。正确地区分收益性支出与资本性支出，保证了正确地计量资产的价值和正确地计算各期的产品成本、期间费用及损益
权责发生制原则	划分收益性支出与资本性支出原则，只是为费用的确认做出时间上的大致区分，而权责发生制原则规定了具体在什么时点上确认费用。企业会计制度规定，凡是当期已经发生或应当负担的费用，不论款项是否收付，都应作为当期的费用；凡是不属于当期的费用，即使款项已在当期支付，也不应当作为当期的费用

根据上述费用确认原则，在确认费用时，一般有以下 3 个方法。

◆ 按费用与收入的直接联系（或称因果关系）加以确认

凡是与本期收入有直接因果关系的耗费，就应当确认为该期间的费用。这种因果关系具体表现在以下两个方面：一是经济性质上的因果性，即应予以确认的费用与期间收入项目具有必然的因果关系，也就是有所得必有所费，不同收入的取得是由于发生了不同的费用；二是时间上的一致性，即应予以确认的费用与某项收入同时或结合起来加以确认，这一过程也就是收入与费用配比的过程。

例如，若企业销售出去的商品是直接与所产生的营业收入相联系的，则该项销售商品的成本就可以随同本期实现的销售收入而作为该期的费用；如果企业采用分期收款方式销售商品，应按合同约定的收款日期分期确认收入，在这种情况下，按商品全部销售成本与全部销售收入的比率，计算出本期应结转的营业成本，并与本期所确认的营业收入相配比。

◆ 直接作为当期费用确认

在企业中，有些支出不能提供明确的未来经济利益，并且，如果对这些支出加以分摊也没有意义，这时，这些费用就应采用这一标准，直接作为当期费用予以确认，例如固定资产日常修理费。这种费用虽然与跨期收入有联系，但由于不确定性因素的存在，往往不能肯定地预计其收益所涉及的期间，因而就直接列作当期的费用。

◆ 按系统、合理的分摊方式确认

如果费用的经济效益有望在若干个会计期间发生，并且只能大致和间接地确定其与收益的联系，该项费用就应当按照合理的分配程序，在利润表中确认为一项费用，如固定资产的折旧和无形资产的摊销都属于这一情况。一般地，我们将这类费用称为折旧或摊销。

费用是通过所使用或所耗用的商品或劳务的价值来计量的，通常的费用计量标准是实际成本。企业会计制度规定，企业在生产经营过程中所发生的其他各项费用，应当以实际发生数计入成本、费用。

费用是资产的一种转化形式。有些资产将会使几个会计期间受益，这样一来，在计量通过系统、合理的分摊方式确认并形成的费用时，是以其资产取得成本的实际数进行计量的。例如，固定资产的折旧要按固定资产原始价值和规定使用年限来计算。无形资产的摊销、长期待摊费用的摊销也都属于这种情况。

有些费用可以立即确认，这时，可以按其实际发生额进行计量。总之，企业应按实际成本来计量费用，不得以估计成本或计划成本代替实际成本。

4.1.3　费用会计审核原始单据注意事项

费用会计审核原始单据应注意事项包括以下几个方面。

◆ 看利用制度制定上的缺陷是否存在费用重复申请。费用会计必须严格把关费用报销的发票情况，发票日期是否与实际业务的日期对应，翻找已报销业务单据，是否存在重复报销的状况。根据部门经理审核情况向部门负责人再核实业务的真实性。例如存在相当多的对于本单位已直接付款给会议组织方相关会议费用，其中已包含食宿的参会人员在参会结束后又向公司报请食宿补贴的情况和对于陪同公司领导一起出差已由公司领导支付食宿费用的回公司后又申请出差食宿补助的情况。

◆ 看利用制度执行上的缺陷，是否存在虚增金额费用的报销，如费用会计对报账人员所贴发票数合计额计算有误却未能发现、补贴天数计算有误和汇总金额有误等情况。

◆ 注意是否存在报账人员由于欠缺涉税风险知识导致不合理费用的报销存在，如存在报账人员在报账单上填列支付海外员工工资的情况说明以及报账用代开的大额运输发票不附相应的运输合同的情况。

4.2 房地产企业费用的会计账务处理

上一小节我们认识了房地产企业的费用会计所负责的日常工作内容和相关费用项目，本节将对三大费用的具体核算与归集做详细介绍。

4.2.1 房地产企业管理费用的核算及归集

企业应通过“管理费用”科目核算管理费用的发生和结转情况。企业发生的管理费用在“管理费用”科目中核算，并按费用项目设置明细账进行明细核算。企业发生各项管理费用时借记“管理费用”科目，贷记“库存现金”“银行存款”“原材料”“应付职工薪酬”“待摊费用”“无形资产”“累计折旧”“应交税费”“应付福利费”“坏账准备”“其他应付款”和“存货跌价准备”等科目；期末，将“管理费用”科目借方归集的管理费用全部由本科目的贷方转入“本年利润”科目的借方，计入当期损益。结转管理费用后，“管理费用”科目期末无余额。管理费用属于期间费用，在发生的当期就计入当期的损失或是利益。

管理费用具体包括的项目有表 4-1 提及的相关费用和矿产资源补偿费、研究与开发经费、存货盘亏或盘盈（不包括应计入营业外支出的存货损失）、计提的坏账准备以及存货跌价准备等。

根据费用权责发生制和配比原则，管理费用的项目因付款时间和费用受益时间的不同，区分如图 4-1 所示的两种账务处理方式。

① 直接支付费用，属于直接支付费用的主要业务有招待费、审计费和诉讼费等。企业发生的该项管理费用借记“管理费用”科目，贷记“库存现金”“银行存款”“应付职工薪酬”“应交税费”和“应付账款”等科目。

② 资产类摊销费用和预付待摊费用，这部分费用都属于先支付费用购买资产或服务，资产收益期间和享用服务期间超过一个会计年度。因此需将该部分费用按系统、合理的分摊方式确认。

图 4-1

其中，会计准则和税法制度都对固定资产的折旧年限有如表 4-3 所示的一些规定。

表 4-3

固定资产项目	折旧年限
房屋、建筑物	20 年
飞机、火车、轮船、机器、机械和其他生产设备	10 年
与生产经营活动有关的器具、工具、家具等	5 年
飞机、火车、轮船以外的运输工具	4 年
电子设备	3 年

购买资产或服务时，按实际支付的金额借记“固定资产”或“预付账款”等科目，贷记“银行存款”“应交税费”“应付账款”和“其他应付款”等科目；按照系统、合理的分摊方式计算收益期每月应承担的费用，月末进行分摊记账，按应分摊金额借记“管理费用”科目，贷记“累计折旧”或“预付账款”科目。

【实账处理】——尚领房地产公司 2016 年管理费用的账务处理

尚领房地产公司于 2016 年发生主营业务商品房销售和其他业务如土地和商品房开发等，均产生对应的营业收入、营业成本、税金及附加和期间费用等。

2016 年发生管理费用的项目对应的金额和发生日期如表 4–4 所示，请根据以下项目的管理费用的项目内容做出对应的账务处理。

表 4–4

管理费用项目	金额（万元）	发生日期
固定资产－开发工具	300	2016.11.25
业务招待费	16	2016.12.10
诉讼费	20	2016.12.14
咨询费	100	2016.12.15
工资	150	2016.12.20
中介费	180	2016.12.25
合计	766	

① 2016 年 11 月购置固定资产时

借：固定资产——开发工具　　3 000 000

　贷：银行存款　　3 000 000

② 2016 年 12 月计提折旧时

假设公司按照平均年限法按 5 年对该开发工具进行折旧，且该开发工具无残值。

每月折旧金额 =3 000 000 ÷ 5 ÷ 12=50 000（元）

借：管理费用——折旧　　50 000

　贷：累计折旧——开发工具　　50 000

③ 2016 年 12 月 10 日支付业务招待费时

借：管理费用——业务招待费　　160 000

　贷：银行存款　　160 000

④ 2016 年 12 月 14 日支付诉讼费时

借：管理费用——诉讼费　　200 000

　贷：银行存款　　200 000

⑤ 2016 年 12 月 15 日支付咨询费时

借：管理费用——咨询费　　1 000 000

　　贷：银行存款　　1 000 000

⑥ 2016 年 12 月 20 日支付工资时

借：管理费用——工资　　1 500 000

　　贷：应付职工薪酬——工资　　1 500 000

⑦ 2016 年 12 月 25 日支付中介服务费时

借：管理费用——服务费　　1 800 000

　　贷：银行存款　　1 800 000

⑧ 2016 年 12 月月末对本月发生的管理费用进行结转

借：本年利润　　7 660 000

　　贷：管理费用　　7 660 000

4.2.2　房地产企业销售费用的核算及归集

销售费用是与企业销售商品活动有关的费用，但不包括销售商品本身的成本和劳务成本，这两类成本属于主营业务成本。企业应通过“销售费用”科目核算销售费用的发生和结转情况。该科目借方登记企业所发生的各项销售费用，贷方登记期末转入“本年利润”科目的销售费用，结转后，“销售费用”科目应无余额。“销售费用”科目应按销售费用的费用项目进行明细核算，核算企业因销售商品和材料、提供劳务而发生的各种期间费用。

除了表 4-1 中提及的一些销售费用外，企业发生的与销售商品和材料、提供劳务以及专设销售机构相关的不满足固定资产准则规定的固定资产确认条件的日常修理费用和大修理费用等固定资产后续支出，也在本科目核算。作为房地产企业，销售费用占企业三大期间费用的绝大部分。房地产企业根据其经营业务内容，一般会设置以下销售费用二级明细科目，如表 4-5 所示。

表 4-5

销售费用二级明细科目名称	核算内容
工资、职工福利费、工会及教育经费	专设销售机构人员的职工薪酬
办公费	专设销售机构人员的办公费用
业务招待费	在企业销售商品活动中所产生的业务招待费
车辆使用费	在企业销售商品活动中所产生的车辆使用费
广告费	销售部门对外宣传企业开发商品所产生的广告费
销售前期费	核算与销售相关的一些前期费用，主要包括不能出售的样板房装饰费用（包括硬装饰和软装饰）、售楼处建造与装饰费用和其他。其中，售楼处建造与装饰费用分为两部分，售楼处建造部分指的是临时搭建的，在房屋销售完毕后要拆除的那种售楼处所需花费的建造费用，如果利用会所、商场或住宅暂做售楼处用的，其建造费用在开发成本中反映，不在此处反映。售楼处装饰部分为售楼处的内部装修工程费用。其他为和房屋销售相关的一些其他前期费用，如样板房、售楼处的物业维护费等
业务宣传费	是与销售相关的媒体广告费、广告制作费、展位费及展台搭建费、户外发布费、围墙彩绘费、宣传费、灯箱制作费、展板制作费和楼书印刷费、促销费、业务宣传品的制作费和购买宣传品的费用，以及其他在业务宣传活动中发生的各项费用
策划代理费	房地产开发公司委托代理公司进行销售所支付的佣金，一般开发商均和所指定的代理公司签订相关代理协议，根据合同有关条款支付销售代理费，该科目核算按代理合同计算的应付代理费，包括已付和已计提但尚未支付的部分
办证费	销售过程中发生交易费用，包括交易服务费、合同工本费、产权登记费、预售合同或出售合同交易时开发公司所需交纳的交易手续费用，而非代收代付客户部分的交易费不计入办证费，但付给交易中心的网上服务备案费应计入办证费
折旧费	专设销售机构相关的满足固定资产准则规定的固定资产折旧费用
其他	其他与销售业务相关的但无法归于以上类别的费用

销售费用的主要账务处理如下。

企业在销售商品过程中发生的办公费、业务招待费、策划代理费、业务宣传费和办证费等费用，借记“销售费用”科目，贷记“库存现金”或“银行存款”等科目。

企业发生的为销售本企业商品而专设的销售机构的职工薪酬、固定资产折旧费等经营费用，借记“销售费用”科目，贷记“应付职工薪酬”“银行存款”或“累计折旧”等科目。

期末，应将本科目余额转入“本年利润”科目，结转后本科目应无余额。

【实账处理】——尚领房地产公司 2016 年销售费用的账务处理

尚领房地产公司于 2016 年发生主营业务商品房销售和其他业务，如土地和商品房开发等，均产生对应的营业收入、营业成本、税金及附加和期间费用等。

2016 年发生的销售费用的项目对应的金额和发生日期如表 4-6 所示，请根据以下项目的销售费用的项目内容做出对应的账务处理。

表 4-6

销售费用项目	金额（万元）	发生日期
固定资产－办公工具	100	2016.11.30
业务招待费	50	2016.12.10
办公费	20	2016.12.14
广告费	400	2016.12.15
工资	150	2016.12.20
业务宣传费	250	2016.12.20
策划代理费	180	2016.12.25
合计	1 150	

① 2016 年 11 月购置固定资产时

借：固定资产——办公工具　　1 000 000

　　贷：银行存款　　1 000 000

② 2016 年 12 月计提折旧时

假设公司按照平均年限法按 3 年对该办公工具进行折旧，且该办公工具无残值。

每月折旧金额 =1 000 000 ÷ 3 ÷ 12=27 777.78 元

借：销售费用——折旧　　27 777.78

　　贷：累计折旧——办公工具　　27 777.78

③ 2016 年 12 月 10 日支付业务招待费时

借：销售费用——业务招待费　　500 000

　　贷：银行存款　　500 000

④ 2016 年 12 月 14 日支付办公费时

借：销售费用——办公费　　200 000

　　贷：银行存款　　200 000

⑤ 2016 年 12 月 15 日支付广告费时

借：销售费用——广告费　　4 000 000

　　贷：银行存款　　4 000 000

⑥ 2016 年 12 月 20 日支付工资时

借：销售费用——工资　　1 500 000

　　贷：应付职工薪酬——工资　　1 500 000

⑦ 2016 年 12 月 20 日支付业务宣传费时

借：销售费用——业务宣传费　　2 500 000

　　贷：银行存款　　2 500 000

⑧ 2016 年 12 月 25 日支付策划代理费时

借：销售费用——策划代理费　　1 800 000

　　贷：银行存款　　1 800 000

⑨ 2016 年 12 月月末对本月发生的销售费用进行结转

借：本年利润　　　　11 500 000

　贷：销售费用　　　　11 500 000

4.2.3　房地产企业财务费用的核算及归集

企业发生的财务费用在“财务费用”科目中核算，并按具体的费用项目设置明细科目进行明细核算。企业发生的各项财务费用借记“财务费用”科目，贷记“银行存款”或“预提费用”等科目；企业发生利息收入、汇兑收益，冲减财务费用的借方。月终，将借方归集的财务费用全部由“财务费用”科目的贷方转入“本年利润”科目的借方，计入当期损益。结转当期财务费用后，“财务费用”科目期末无余额。在利润表中，单设“财务费用”项目反映企业发生的财务费用，并根据“财务费用”科目的发生额和期末结转的余额分析填列。

企业发生的财务费用一般会设置以下二级明细科目，如表 4-7 所示。

表 4-7

财务费用二级明细科目名称	核算内容
利息支出	企业短期借款利息、长期借款利息、应付票据利息、票据贴现利息、应付债券利息、长期应付引进国外设备款利息等利息支出（资本化的利息除外）减去银行存款等的利息收入后的净额
汇兑损失	企业因向银行结售或购入外汇而产生的银行买入、卖出价与记账所采用的汇率之间的差额，以及月度（季度、年度）终了，各种外币账户的外币期末余额按照期末规定汇率折合的记账人民币金额与原账面人民币金额之间的差额等
手续费	发行债券所需支付的手续费（需资本化的手续费除外）、开出汇票的银行手续费以及调剂外汇手续费等，但不包括发行股票所支付的手续费
其他	如融资租入固定资产发生的融资租赁费用等

【实账处理】——尚领房地产公司 2016 年财务费用的账务处理

尚领房地产公司于 2016 年发生主营业务商品房销售和其他业务，如土地和商品房开发等，均产生对应的营业收入、营业成本、税金及附加和期间费用等。2016 年发生的财务费用的项目对应的金额和发生日期如表 4-8 所示，请根据以下项目的财务费用的项目内容做出对应的账务处理。

表 4-8

财务费用项目	金额（万元）	发生日期
手续费	5	2016.12.10
其他	8	2016.12.15
利息支出	10	2016.12.20
利息收入	20	2016.12.20
合计	43	

① 2016 年 12 月 10 日支付手续费时

借：财务费用——手续费　　50 000

　　贷：银行存款　　50 000

② 2016 年 12 月 15 日支付其他有关财务费用时

借：财务费用——其他　　80 000

　　贷：银行存款　　80 000

③ 2016 年 12 月 20 日支付利息支出时

借：财务费用——利息支出　　100 000

　　贷：银行存款　　100 000

④ 2016 年 12 月 20 日收到利息收入时

借：银行存款　　200 000

　　贷：财务费用——利息收入　　200 000

第5章

05

销售会计工作范围及账务处理

对于房地产企业而言，商品房销售是其主营业务，是其重要的收入来源。做好与销售相关的财务工作是房地产会计工作的重中之重。在本章内，我们主要详述作为房地产企业收入会计所接触的业务类型范围和具体会计账务处理。

【本章要点】

房地产销售会计工作范围

销售阶段业务的会计核算

商品房销售收入的会计核算

商品房销售成本的结转与核算

房地产持有物业会计账务处理

5.1 房地产销售会计工作范围

房地产企业在一个项目上一般至少会安排两个与销售相关的财务岗位。一位是销售收银岗，属于初级销售会计，主要在销售现场负责销售收银工作；另一位是销售会计，主要负责销售收入的财务账务处理，审核销售收银员的工作。下面我们从这两个与销售相关的财务岗位对接的业务范围开始，先了解岗位所需接触的具体业务内容，再根据业务内容介绍两个财务岗位具体的工作和要求。

5.1.1 销售收银员日常工作

简单来说，销售收银员属于财务部在销售现场的办事员，参与到销售现场一部分工作中的具体环节里。他需要具备财务基本技能，如财务人员对数字的敏感度和仔细度，同时须兼备现场应变处理能力。销售收银员不仅要做好销售现场的工作，对销售现场主管或经理负责，同时对财务部负责，与财务部建立良好的工作沟通和反馈，其具体的工作职责如图 5-1 所示。

1. 在楼盘销售现场收款，负责售楼部日常款项的收取工作，确保资金、票据安全无误。
2. 及时将售楼部当日所收现金及支票存入银行，保证售楼部的现金日清月结，不留现金过夜。
3. 每天编制销售日报表，工作结束后认真结账，核对当日现金、支票、POS 机所收金额与日报表是否一致，无误后报送会计入账。
4. 定期与会计核对房款收入，与税控机核对开票金额，确保账实相符。
5. 协助销售部催收房款，为客户办理换房和退房手续。
6. 整理销售合同以及销售票据，并定期归档保存。

图 5-1

从大方向看，销售现场工作主要包括定购、交付销售定金和签订销售合同，各方面的具体内容如下。

（1）定购

定购是指房地产企业在取得政府行政主管部门核发的《商品房预售许可证》之前，出于了解市场需求和提前了解销售情况而提前举行的销售预热活动。在活动中，购买者可根据销售意向，提前交一定的诚意金确定自己的购买意愿，而诚意金最终基于房地产企业自身信用情况会退还给客户或转作购房款。

按照国家关于商品房预售的有关规定，商品房认购协议书要在房地产企业取得政府行政主管部门核发的《商品房预售许可证》以后才能与客户签订，也就是说，房地产企业收取的诚意金是在企业预售之前收取的款项。这部分款项因为没有预售证的支撑，其约束性很低，购房者可随时收回此款项。该定购流程被广泛使用，但种类名称各不一样（如会员费），但都发生在房地产公司取得《商品房预售许可证》之前。

下面统一用定购流程的诚意金说明。也有部分企业不收取此类款项，而在取得商品房预售许可证之后开售并收取销售定金。下面介绍定购的具体流程，如图 5-2 所示。

【第一步】置业顾问填写定购意向书（一式三份）后交予客户签字。

↓

【第二步】销售秘书审核定购意向书并签字，同时根据定购意向书在销售系统（明源）中录入相关房间信息（如定购房源、客户姓名、有效证件号码、单价、面积和总价等）。

↓

【第三步】现场内勤再次审核定购意向书，同时审核销售系统的相关信息（如定购房源、客户姓名、有效证件号码、单价、面积和总价等）。

↓

【第四步】销售收银员收取全额或部分诚意金，在销售系统中录入相应收款金额，开具诚意金收条，将定金收据（客户联）和定购意向书（客户联）一并交给客户，再把定购意向书（销售联）交给置业顾问。

图 5-2

在定购工作中，销售收银员的工作内容是在第四步体现。

【提示】定购流程中，诚意金在原则上按定购意向书约定的金额收取，如遇到特殊情况，客户不能及时全额交款的，须现场销售经理签字同意才予以办理，且定购协议暂时留存在财务部，仅开具相应交款的诚意金收据。待定金全额交付时方可将定购意向书（客户联）交给客户。

（2）交付销售定金

定金是在签订商品房销售（预售）合同之前，签订商品房认购协议书时向有买房意愿的人收取的款项，在销售合同签订后转作购房款，如果客户在认购协议规定的期限内不签订购房合同，一般情况下，房地产企业将不再退还客户已经缴纳的定金。交付销售定金的具体流程如图 5-3 所示。

【第一步】置业顾问根据客户定购协议及相关折扣，计算客户实际成交房价或首付款及定金和相关代收税费，填写《缴费清单》；如客户已交纳诚意金，持有定购意向书，则收回诚意金收据和定购意向书，客户享受折扣和诚意金抵消部分定金，计算实际成交房价。

↓

【第二步】销售秘书审核《缴费清单》，同时在销售系统（明源）中录入相关房间信息，并在《缴费清单》中的秘书审核栏签名。

↓

【第三步】现场内勤再次审核《缴费清单》，同时核对销售系统，确认无误后，在《缴费清单》财务复核栏签字，交由收银员收款。

↓

【第四步】销售收银员根据《缴费清单》列明的定金金额协助客户刷卡或者支付现金，对于刷卡的客户，要求持卡人本人在 POS 机银联刷卡单上签名，若非持卡人本人刷卡的，要求签写刷卡人的姓名及身份证号码。收取的现金要求在验钞机中正反两面都过机验钞。收齐款项后，将刷卡回单或开具的现金收入凭单及《缴费清单》一同交由内勤开具正式发票。

↓

【第五步】现场内勤根据《缴费清单》上的定金金额开具相关增值税发票，发票上注明定金金额，并核对钱票一致。其中增值税发票的存根联要求客户核对相关发票信息以后，在身份证右侧签名确认，同时在销售系统（明源）中录入发票和收据的号码，进行换票。

图 5-3

在交付销售定金工作中，销售收银员的具体工作内容也是在第四步体现。

（3）签订销售合同

客户在交付首付房款或全款后与房地产企业签订销售合同，即《房屋买卖合同》。销售合同签订的具体流程如图 5-4 所示。

【第一步】在销售合同签订前，销售收银员根据《缴费清单》列明的预售款金额刷卡或者收取现金，对于刷卡的客户，要求持卡人本人在 POS 机银联刷卡单上签名，若非持卡人本人刷卡的，要求签写刷卡人的姓名及身份证号码。收取的现金要求在验钞机中正反两面都过机验钞。收齐款项后，将刷卡回单、开具的现金收入凭单及《缴费清单》一同交由内勤开具正式发票。

↓

【第二步】现场内勤根据《缴费清单》上的预售款金额开具相关增值税发票及《代收费用发票》，并核对钱票一致。其中增值税发票的存根联要求客户核对相关发票信息以后，在身份证右侧签名确认，同时在销售系统（明源）中录入发票和收据的号码，进行换票。置业顾问将已经签字审核的《缴费清单》复印两份交内勤保管。内勤将两份《缴费清单》分别粘贴进入原始凭证及存档。

↓

【第三步】置业顾问在确定客户已交齐首付款 /（一次性购房客户交齐楼款）及代收税费后，复印首付款（楼款）发票，交由销售秘书打印《房屋买卖合同》，《房屋买卖合同》一式四份（一次性购房合同为一式三份），置业顾问核对合同信息，装订成册后，负责将合同交给房屋买受人及共有人本人亲笔签名，签名必须为正楷。

↓

【第四步】合同签字确认后，置业顾问将合同交由现场内勤审核确认，并加盖合同专用章及法人章。同时在销售系统（明源）中录入更新合同办理流程。

图 5-4

在签订销售合同工作中，销售收银员的工作内容是在第一步体现。

5.1.2　销售会计日常工作

销售会计的工作职责有如下一些。

◆ 与销售收银员对接现场票据并进行复核，根据现场票据、协议和合同等编制与收入相关的会计分录，填制销售收款凭证。根据销售活动产生费用的业务情况编制费用类凭证。

- 对案场日常业务进行复核，负责销售台账、销售系统的录入与核对，完善销售数据，复核销售收银员提交的销售日报表，并在此基础上汇总编制项目销售日报表、销售月报表等。
- 定期核对房款收入，与税控机核对开票金额，确保账实相符。
- 对项目销售发票进行日常管理并登记发票使用台账，对已使用的发票装订成册，归档保存。
- 整理凭证、销售票据、合同副本和建立的台账等，并定期归档。
- 根据合同执行情况，准确掌握货款回收率，督促营销部催回货款。
- 定期去银行拿回银行对账单和银行回单。
- 进行按揭保证金的解押工作和个贷保证金的解除工作。
- 核对公司内外部单位往来账务，核对公司现金、银行存款等货币资金，做到账账、账实相符，抽查盘点出纳保管的库存现金、编制的现金盘点表和银行存款余额调节表。
- 按时按要求完成领导交办的其他工作，积极配合其他同事工作。

5.2 销售阶段业务的会计核算

商品房的销售 / 预售阶段即指商品房收入确认前的这段时间，在这个阶段会涉及诚意金、销售定金、按揭保证金、预售房款、销售更名、退房、换房和代收款项的会计核算，下面具体讲解这些业务发生时的会计处理。

5.2.1 诚意金的会计处理

诚意金是在签订《商品房认购协议书》之前收取的款项，最终会退还给客户或转作购房款。由于诚意金的非约束性，不能将其作为预收款项处理，因而应作为企业的应付款处理。诚意金在“其他应付款”科目下核算，房地产企业可根据实际情况设置明细科目进行辅助核算，以满足管理的需要。该科目贷方核算收到的上述款项，借方核算退还的款项或转入“预收账款”等科目的款项。下面来看一个房地产公司收取诚意金的账务处理案例。

【实账处理】——尚领房地产公司收取诚意金的账务处理

尚领房地产公司在华南区域开发了一个新楼盘，预计在 2017 年 10 月能够取得《商品房预售许可证》，并计划取得该证后马上开盘销售。

公司为了做好销售开盘前的准备，于 2017 年 9 月 5 日开始收取有购买意向客户的诚意金，诚意金为每套商品房 2 万元，当日共收取诚意金 100 万元。尚领房地产公司根据有关收据，编制如下会计分录，并登记入账。

借：银行存款	800 000
库存现金	200 000
贷：其他应付款　　诚意金	1 000 000

房地产企业在取得《商品房预售许可证》之前收取的各种款项，同属诚意金的性质，只是换上不同的名号，如会员费等，所以具体业务根据具体名号在其他应付款下设置对应二级科目。

5.2.2　销售定金的会计处理

房地产企业收取的定金，是在企业已取得《商品房预售许可证》并已与客户签订《商品房认购协议》基础上收取的款项，从实质上讲，它属于销售款的一部分。因此，定金应视同收取购房款，在“预收账款”科目核算。

房地产企业收取销售定金时，借记“银行存款”科目，贷记“预收账款——销售定金”科目。房地产企业与客户正式签订商品房预售合同时，按转出销售定金的金额，借记“预收账款——销售定金”科目，贷记“预收账款——销售款”科目；如果客户违反认购协议的规定，未能最终签订商品房预售合同，按不再退还的定金金额，借记“预收账款——销售定金”科目，贷记“营业外收入”科目。下面来看一个房地产公司关于销售定金账务如何处理的案例。

【实账处理】——关于销售定金的账务处理

尚领房地产公司于10月15日共收取销售定金160万元，按照双方认购协议的规定，10月30日与其中部分客户正式签订了商品房预售合同，这部分客户已交付的销售定金是120万元。另外40万元销售定金由于客户违反认购协议的规定，不再退还给客户。

尚领公司根据有关发票和认购协议，编制会计分录如下。

①收取销售定金时

借：银行存款　　1 600 000

　　贷：预收账款——销售定金　　1 600 000

②签订商品房预售合同时

借：预收账款——销售定金　　1 200 000

　　贷：预收账款——销售款　　1 200 000

③确定不再退还销售定金时

借：预收账款——销售定金　　400 000

　　贷：营业外收入　　400 000

房地产企业在收取定金之前，必须和客户签订《商品房认购协议书》，在协议中要明确约定超过一定期限后定金不予退还的条款。收取定金时，视同收取购房款，开具票据（增值税发票），但票据上要明确注明收取定金字样。

5.2.3　按揭保证金的会计核算

按揭贷款保证金是银行在按揭贷款过程中按照贷款总额的一定比例向开发商收取的钱，并承担按揭贷款的连带保证责任，直至《不动产权证》办理好并完成抵押登记后，银行才将按揭贷款保证金退回开发商。

当购房借款人取得《不动产权证》，并办妥以银行为抵押权人的抵押登记手续后，银行将保证金账户中的对应保证金退还给开发商。在此期间，若购房借款人未按合同约定按期还本付息，由开发商代为偿还的，银行有权直接从保证金账户中扣划相关款项。

房地产企业支付按揭贷款保证金时，借记“其他应收款——贷款保证金”科目，贷记“银行存款”科目。收回时做相反分录。剩余未收回的保证金继续挂账，收回时再做减少其他应收款的账务处理。

【实账处理】——关于按揭保证金的账务处理

尚领房地产公司于 2017 年 11 月 15 日向合作银行缴纳 1 000 万元按揭保证金，并在 2018 年 4 月 1 日收取了购房者支付的 500 万元按揭保证金。公司根据有关合同和银行单据，编制会计分录如下。

①支付按揭保证金时

借：其他应收款——贷款保证金　　10 000 000

　　贷：银行存款　　10 000 000

②在 2018 年 4 月 1 日收入 500 万元按揭保证金

借：银行存款　　5 000 000

　　贷：其他应收款——贷款保证金　　5 000 000

5.2.4　预售房款的会计核算

预售款即预售房款，是指房地产企业在所售房屋未竣工前收取的商品房销售款，属于预收性质的款项。而相对应的，销售款是指房地产企业在所售房屋已经竣工后收取的商品房销售款。这里所说的预售款和销售款均包括银行发放的按揭贷款。

对所售房屋未竣工前收取的预售款，房地产企业应开具商品房预售款发票。对在竣工后收取的销售款，房地产企业应开具商品房销售结算发票。

虽然预售款和销售款收取的时间不同，但所有房屋销售款项，包括预售款和销售款，都必须先通过“预收账款”科目进行核算，以保证销售过程中收入数据的完整。

“预收账款”科目核算按销售合同约定应收取的售房款，销售过程中收取的其他款项，不管是什么性质，以及税收如何处理，都不在此科目下核算。该科目按照不同的项目、分期、业态、楼栋和房号等设置核算项目。

该科目贷方核算实际收到的售房款、工程款抵房款转入的房款以及因换房从其他房源转入的房款等，也包括银行发放的按揭贷款；借方核算结转的销售收入。销售退款、更名和换房等统一在贷方核算。

房地产企业在进行账务处理时，要注意相关资料的完整性，包括银行进账单、POS 机小票、发票记账联、各种与交款方式相关的证明文件、销售换房审批表、销售退房审批表以及销售更名审批表等。

【实账处理】——关于预售款的账务处理

尚领房地产公司 10 月 30 日从销售定金转入预售款 120 万元，另外收取客户预售款 800 万元。该项目于 2017 年 12 月竣工，公司当月结转收入 5 000 万元。尚领房地产公司根据有关原始凭证，编制会计分录如下。

①销售定金转入时

借：预收账款——销售定金　　1 200 000

　贷：预收账款——销售款　　1 200 000

②收到预售款时

借：银行存款　　8 000 000

　贷：预收账款——销售款　　8 000 000

③竣工入住时

借：预收账款　　50 000 000

　贷：主营业务收入　　50 000 000

房地产企业在对预售款进行管理时，应重点做到以下几点。

- 在收取房款前，必须签订《商品房销售（预售）合同》，不能收取无合同房款。

◆ 设立销售台账，在签订合同和收取房款等环节详细登记相关房源信息、客户信息和交款过程信息。

5.2.5　销售更名、销售退房、销售换房的会计核算

房地产企业在销售过程中，可能会存在销售更名、销售退房和销售换房等业务，这部分业务的会计处理也是房地产企业销售核算的重要内容之一。

（1）销售更名的核算

销售更名是指在商品房预售阶段，原购买人将所购买的商品房转让给新的购买人的行为。

这里需要说明的是，只有在商品房预售阶段才存在销售更名的问题，因为预售阶段商品房还未竣工交付，也就是我们通常所说的期房，对房地产企业来讲，还未确认为销售收入，因此，可以进行销售更名的操作。如果商品房已经交付，就不能采用更名的方式，而应该进行商品房转让，原购买人与新购买人之间进行转让，与房地产企业是不相关的。

按照规定，房地产企业应收取更名费，并应按收到的更名费借记“银行存款”和“库存现金”等科目，贷记“营业外收入”科目。同时，发生销售更名时，应单独编制会计分录反映，按已交房款，在“预收账款”科目贷方做相反登记，直接从原客户“预收账款”科目贷方红字转入新客户“预收账款”科目贷方，摘要注明“× × × 更名为 × × ×”字样。

【实账处理】——关于销售更名的账务处理

尚领房地产公司 10 月 30 日销售某小区一套房给李某，李某在签订销售合同时已预付 60 万元房款，11 月 30 日李某申请将房子移交至王某名下，尚领房地产公司协助办理合同变更，收取更名费 3 000 元，公司根据有关凭证编制会计分录如下。

销售更名时，分录摘要注明“李某更名为王某，收取更名费 3 000 元”。

借：银行存款	3 000
贷：营业外收入	3 000
贷：预收账款——销售款	600 000
贷：预收账款——销售款——（红字冲销）	600 000

在《商品房销售（预售）合同》备案之后，原则上不能办理销售更名，确需办理的，必须在政府相关部门更名手续办妥之后才能办理。房屋交付入住后不能办理更名手续。如果更名时按揭贷款已经发放，必须在按揭事项处理完毕后办理更名手续。

（2）销售退房的核算

销售退房和销售更名一样，只是局限于商品房预售阶段的业务。商品房已经竣工并交付给购房人后发生的退房业务不属于这里所说的销售退房。

购房者在商品房预售阶段发生退房时，按购房者原交付的房款金额，登记“预收账款”的贷方红字，按收取的罚款等金额，贷记“营业外收入”科目，按实际退回的销售款，贷记“银行存款”和“库存现金”等科目。

在办理销售退房业务时，应认真审核房号、姓名、面积和实收房款等信息是否与账面记载一致，审核按协议或合同约定是否应当收取违约金等。

销售合同已经备案的，必须完成撤销备案手续方可办理退房手续。

实际支付退房款时，应将客户手中的合同、协议和发票等全部收回。

【实账处理】——关于销售退房的账务处理

尚领房地产公司10月30日销售某小区一套房给李某，李某在签订销售合同时已预付60万元房款，11月30日李某申请退房，尚领房地产公司协助办理退房，并收取罚款50 000元。

销售退房时，公司根据有关凭证编制会计分录如下。

贷：预收账款——销售款——（红字冲销）　　600 000

　　贷：营业外收入　　50 000

　　　　银行存款　　550 000

（3）销售换房的核算

销售换房是指在商品房预售阶段发生的，购买人将其原购买的商品房更换为新的商品房，并相应结算销售差价的行为。若购买人所购商品房已经竣工交付，所发生的销售换房就成为购买人的行为，属于先退房，再从房地产企业买房的行为。这里讲的销售换房，仅指商品房预售阶段的换房行为。

账务处理时不走退房程序，直接从原房源“预收账款”科目贷方红字转入新房源“预收账款”科目贷方。

销售换房业务发生时必须按新房源开具发票，并收回原开具的发票。同时，房地产企业销售部门及财务部门要及时调整房屋销售台账，保持销售信息的准确性和统一性。销售合同已经备案的，必须在撤销备案手续后办理换房业务。若按揭贷款已经发放，必须在按揭贷款处理完后才能办理换房手续。

【实账处理】——尚领房地产公司关于销售换房的账务处理

尚领房地产公司 10 月 30 日销售某小区一套房给李某，李某在签订销售合同时已预付 60 万元房款，11 月 30 日李某申请换房，尚领房地产公司协助办理换房，公司根据有关凭证编制会计分录如下。

销售换房时，分录摘要注明“李某房号 ×× 更名为房号 ××”。

贷：预收账款——销售款　　600 000

　　贷：预收账款——销售款——（红字冲销）　　600 000

5.2.6　代收款项的会计核算

房地产企业在销售房屋的同时，往往需要代收水电初装费、燃（煤）气费和维修基金等各种配套设施费。对于房地产企业来说，这些配套设施费属于代收应付款项，不作为房屋的销售收入。

上述这些代收的价外费用统称为代收款项，代收款项通过“其他应付款”科目核算，在此科目下设置“代收款”二级科目，按照代收款项种类不同分别设置契税、维修基金和产权证手续费等三级科目，并合理进行辅助核算。其会计处理如下。

借：银行存款 / 库存现金

贷：其他应付款——代收 × × 费—— × × 单位

【实账处理】——尚领房地产公司关于代收款项的账务处理

10 月 15 日开盘开始，尚领房地产公司在收取商品房预售款同时代收部分供电局的电气初装费，当日收取金额共 10 万元，公司根据有关原始凭证，编制会计分录如下。

借：银行存款　　100 000

贷：其他应付款——代收电气初装费——× × 市供电局　　100 000

5.3 商品房销售收入的会计核算

这部分主要详述销售会计在交付商品房时对收入的确定、计量和不同情况下销售收入的账务处理。房地产商一般在商品房销售（预售）阶段中或过后开始建造商品房，商品房的销售收入在交付给购房者时确认。在收入确定时必须熟悉了解收入确认的条件和销售收入的账务处理，包括特殊情况下的销售收入账务处理，如面积差、拆迁换房、委托代销和售后回购等情况。

5.3.1 收入的会计确认

按照《企业会计准则》关于收入确认条件的规定，销售方在将商品所有权上的重要风险和报酬转移给买方，不再对该商品实施继续管理权和实际控制权，与交易相关的经济利益能够流入企业，相关的收入和成本能够可靠地计量时，确认营业收入的实现。

对于房地产企业，商品房销售收入实现的具体条件有如下一些。

◆ 工程已经竣工并通过有关部门验收。通过有关部门验收，是指取得政府有关部门发放的《竣工备案表》。

◆ 实际销售面积符合合同规定。在实际操作中，实际销售面积往往与合同规定的面积存在一定的差异，应取得面积测绘表，按实测面积计算房屋总价。

◆ 完成房屋交付手续或购买方已接到书面交房通知，且购买方在通知确定的交付使用时限结束后无正当理由拒绝收房。房地产企业在实际交付时可能存在如图 5-5 所示的两种情况。

业主方正常来公司办理房屋交接手续

填写《房屋交接单》，凭业主方签字确认的《房屋交接单》确认销售收入。如果业主已签《房屋交接单》但因各种原因不去领取钥匙，必须要有业主签字并交物业公司的“钥匙委托保管书”，否则不确认该项销售的收入。

业主没来办理房屋手续

按销售合同规定的送达方式送达后，业主在合同约定的时限内未来办理手续的，如按合同规定可以视同房屋已交付的，则确认销售收入。送达的标识：采取报纸公告的，留存报纸原件；采用快递方式的，留存快递底单；邮局寄出的，留存邮局回执；采用传真、电话等其他方式的，都要有相应的记录或回单。

图 5-5

◆ 履行了合同规定的义务，且价款取得或确信可以取得。一般情况下，客户交清全部房款后方可办理房屋交接手续，才能确认收入。但对于按合同约定分期付款的，则按合同约定的时点履行交接房手续，在办理房屋交接手续后可以确认收入。

◆ 成本能够可靠地计量。成本可靠计量是指工程成本已结算完毕或虽未结算但可以按确定的工程完工量准确预估。

5.3.2 房地产销售收入的账务处理

房地产企业符合商品房销售收入确认的条件时，应借记“预收账款”科目，贷记“主营业务收入”科目。

（1）在收入结转之前已收齐房款

在达到收入确认条件时，应将在收入结转之前收到的商品房销售款全部计入“预收账款”科目的贷方，在结转收入时，全部由“预收账款”科目转入“主营业务收入”科目，这样能够保证“预收账款”科目的完整性。

【实账处理】——在收入结转前已收齐房款的销售收入的账务处理

尚领房地产公司华南区域某项目自2015年12月开始预售，到2017年12月项目所建商品房竣工交付时，共收得销售回款5亿元。2017年12月，尚领公司根据有关原始凭证结转销售收入，编制会计分录如下。

借：预收账款　　500 000 000

　　贷：主营业务收入　　500 000 000

（2）在收入结转之前未收齐房款

分期收款销售是指房屋已经交付但房款尚未全部收回，合同约定未收房款在未来一定时期内收回的销售方式。也就是说，该方式在收入结转之前未收齐房款。

对于按合同约定分期付款的，应按合同约定的时点履行交接房手续，在办理房屋交接手续后可以确认收入，此时剩余房款收回期分两种情况，分别有其各自的账务处理手法。

◆ 从房屋交付日算起，剩余房款收回期在3年以内的账务处理

从房屋交付日算起，剩余房款收回期在3年以内的，按照正常销售方式处理。在房屋交付日，按未收款金额，借记“应收账款”科目，贷记“主营业务收入”科目。

【实账处理】——收入结转前剩余房款在 3 年以内的销售收入账务处理

尚领房地产公司华南区域某项目自 2015 年 12 月开始预售，到 2017 年 12 月项目所建商品房竣工交付时，一共收得销售回款 5 亿元，尚有 3 000 万元未取得回款，这部分款项均是按销售合同规定应在 2017 年 12 月房屋交付后 3 年之内取得。2017 年 12 月，尚领公司根据有关原始凭证结转销售收入，会计分录如下。

①已回款结转收入时

借：预收账款	500 000 000	
贷：主营业务收入		500 000 000

②未收款结转收入时

借：应收账款	30 000 000	
贷：主营业务收入		30 000 000

◆ 从房屋交付日算起，剩余房款收回期在 3 年以上的账务处理

从房屋交付日算起，剩余房款收款期在 3 年以上的被视为“实质上具有融资性质”的收入。按照准则要求，采用递延方式分期收款、实质上具有融资性质的销售商品或提供劳务等经营活动产生的长期应收款，满足收入确认条件的，按应收的合同或协议价款，借记“长期应收款”科目，按应收的合同或协议价款的公允价值，贷记“主营业务收入”等科目，按其差额，贷记“未实现融资收益”。

采用实际利率法按期计算确定的利息收入，借记“未实现融资收益”科目，贷记“财务费用”科目。

房地产企业应收合同或协议价款的公允价值的确定方法为：按合同价款未来现金流量现值确定，折现率采用同期银行贷款利率。另外，房地产企业确定利息收入采用的实际利率也按同期银行贷款利率确定。

因此，房地产企业超过 3 年的分期收款的账务处理如下：按应收的合同价款未来现金流量现值确定为当期的收入金额，折现率采用同期银行贷款利

率；应收的合同价款和折现后的收入金额之间的差额，应当在合同期内按照应收款项的摊余成本和同期银行贷款利率计算确定的金额进行摊销，作为财务费用的抵减处理。具体会计分录如下。

①确认销售收入时

借：长期应收款（合同价款）

贷：主营业务收入（应收的合同价款未来现金流量现值）

未实现融资收益（差额）

②分期收取款项时

借：银行存款

贷：长期应收款

③未实现融资收益摊销时

借：未实现融资收益

贷：财务费用

【实账处理】——收入结转前剩余房款在3年以上的销售收入账务处理

尚领房地产公司华南区域某项目与客户在2016年3月10日签订了房屋销售合同，合同总价3 000万元，付款条件为：合同签订时付500万元，竣工交付时付500万元（竣工交付日为2017年12月10日），剩余款项2 000万元在竣工交付日起5年内付清。

尚领房地产公司根据有关原始凭证结转销售收入，账务处理如下。

合同约定价款剩余款项为2 000万元，分5期于期末平均收回，按同期银行贷款利率7.93%（5年期）折现计算收入额为1 600.03万元，两者差额399.97万元按表中金额分期抵减财务费用。具体如表5-1所示。

表5-1

日期	未收本金	财务费用	分期收款	已收本金
	(1) ＝上期 (1)－上期 (4)	(2) ＝ (1) ×7.93%	(3)	(4)=(3)-(2)
销售日	1 600.03			

续表

日期	未收本金	财务费用	分期收款	已收本金
	(1)＝上期(1)－上期(4)	(2)＝(1)×7.93％	(3)	(4)=(3)-(2)
收款日 1	1 600.03	126.88	400	273.12
收款日 2	1 326.91	105.22	400	294.78
收款日 3	1 032.13	81.85	400	318.15
收款日 4	713.98	56.62	400	343.38
收款日 5	370.60	29.40	400	370.60
合计		399.97	2 000	1 600.03

①2017 年 12 月 10 日确认销售收入时

借：预收账款　5 000 000

　　银行存款　5 000 000

　　贷：主营业务收入　10 000 000

借：长期应收款　20 000 000

　　贷：主营业务收入　16 000 300

　　　　未实现融资收益　3 999 700

②收款日 1 分期收取款项时

借：银行存款　4 000 000

　　贷：长期应收款　4 000 000

③收款日 1 未实现融资收益摊销时

借：未实现融资收益　1 268 800

　　贷：财务费用　1 268 800

不管采取上述何种方式，会计期末“长期应收款”科目应按相关规定计提坏账准备。

5.3.3 商品房面积差的会计核算

面积差是指房地产企业销售的商品房竣工交付时，实际销售面积与原签订销售合同时的预计销售面积之间存在的差异。面积差的处理方式是房地产企业与客户在销售合同中重要的约定事项，一般情况下，其约定的处理方式有以下两种。

- ◆ 按实际销售面积结算价款，多退少补。
- ◆ 实际销售面积超出原预售面积的部分，由房地产企业负担，客户不需要补交房款。

根据不同的处理方式，关于面积差的账务处理如下。

- ◆ 在第一种处理方式情况下，房地产企业退还面积差涉及的房款，应按退还的金额，借记“预收账款”科目，贷记“银行存款”等科目。房地产企业收到客户补交的面积差房款，应按收到的金额，借记“银行存款”等科目，贷记“预收账款”科目。竣工交付时，从“预收账款”科目转入“主营业务收入”科目。
- ◆ 在第二种处理方式情况下，如果面积差由房地产企业承担，房地产企业则不需要进行账务处理。

【实账处理】——尚领房地产公司关于商品房面积差的账务处理

尚领房地产公司华南区域某项目于2017年12月项目所建商品房竣工交付时，共收取面积差补交金额200万元。当月，尚领公司根据有关原始凭证结转销售收入，编制会计分录如下。

①收到补交面积差房款时

借：银行存款　　2 000 000

　贷：预收账款　　2 000 000

②结转收入时

借：预收账款　　2 000 000

　贷：主营业务收入　　2 000 000

5.3.4　拆迁还房的会计处理

拆迁还房是指按照城市危旧房改造的政策，将危改区内的私房或承租的公房拆除，然后按照回迁或安置的政策标准，被拆迁人回迁，取得改造后新建的房屋的过程。回迁的新建房屋产权以回迁房名义按经济适用房产权管理。

拆迁还房政策的一般规定如图 5-6 所示。

1. 拆除住宅房屋以产权调换形式偿还的，偿还的建筑面积与原建筑面积相等的部分，按照重置价格结合成新度结算结构差价。
2. 偿还建筑面积不足原建筑面积的部分，按照评估的市场价格结算。
3. 偿还建筑面积超过原建筑面积的部分属于安置标准内的，按市人民政府颁布的上年房屋建安造价结算。
4. 超过安置标准的，按商品房价格结算。

图 5-6

回迁房视回迁方式是否收取价款以及收取价款性质不同，采取不同的会计处理方式。

如果不收取价款，回迁房发生的支出作为土地成本计入拆迁补偿费用。此种情况属于非货币性资产交换，但其不具有商业实质，因此，应当以换出资产的账面价值和应支付的相关税费作为换入资产的成本，不确认损益。

收取价款的情况下，要根据合同约定具体判断收取的价款是补偿性的还是约定了一个较低销售价格（价格高于成本低于市场售价）分别处理。

◆ 如果属于补偿性的，回迁房发生的建造成本和其他相关支出（包括税金支出）作为土地成本计入拆迁补偿费用，收到的价款冲减上述成本支出。此种情况因为只涉及少量的货币性资产，所以也属于非货币性资产交换，与不收取价款的账务处理基本相同。

◆ 如果属于以较低价格销售的，按销售业务处理。此情况因涉及大量的货币性资产，所以不属于非货币性资产交换，应按销售业务处理。

通常情况，房地产企业建设回迁房是不收取价款的。以下举例说明在不收取价款情况下，回迁房支出作为土地成本计入拆迁补偿费的账务处理过程。

【实账处理】——尚领房地产公司关于拆迁还房的账务处理

尚领房地产公司华南区域某项目开发项目占地10 000平方米，土地成本已发生货币性支出5 000万元，其中支付土地价款3 500万元，拆迁货币补偿1 500万元。另外，在本项目中，需要按照1 ∶ 1的比例，与拆迁户兑现回迁房60套（平均每套150平方米）。

开发项目分两期进行建设。一期项目占地面积6 000平方米，二期项目占地面积4 000平方米。2016年9月，完成一期12座500套75 000平方米楼房建设，建安成本实际支出7 000万元（基础设施费、公共配套设施费等暂不计），一期有回迁房40套，剩余的20套回迁房在二期待建。假设一期房屋对外售价为3 000元/平方米。尚领房地产公司根据有关原始凭证结转销售收入，编制会计分录如下。

①支付货币性土地成本支出时

土地成本货币性支出 = 3 500 + 1 500 = 5 000（万元）

借：开发成本——土地征用及拆迁补偿费　　50 000 000

　贷：银行存款　　50 000 000

②分摊已建回迁房建造成本时

第一期回迁房40套建造支出 = 7 000÷75 000×40×150 = 560(万元)

借：开发成本——土地征用及拆迁补偿费　　5 600 000

　贷：开发成本——建筑安装工程费　　5 600 000

③预提未建回迁房建造成本时

第二期回迁房20套因未实际发生，为反映成本的完整性，按照预算成本或第一期成本预提入账：7 000÷75 000×20×150 = 280（万元）。

借：开发成本——土地征用及拆迁补偿费　　2 800 000

　贷：应付账款——预提费用　　2 800 000

④分配一期土地成本时

土地成本合计 = 5 000 + 560 + 280 = 5 840（万元）

第一期分配土地成本 = 5 840 ÷（6 000 + 4 000）× 6 000 = 3 504（万元）

单位可售建筑面积土地成本 = 35 040 000 ÷（75 000 − 40 × 150）= 507.83（元 / 平方米）

单位可售建筑面积建筑成本 =（70 000 000 − 5 600 000）÷（75 000 − 40 × 150）= 933.33（元 / 平方米）

一期建安成本 = 7 000 − 560 = 6 440（万元）

借：库存商品——某项目一期　　99 440 000

　贷：开发成本——土地征用及拆迁补偿费　　35 040 000

　　　　　　——建筑安装工程费　　64 400 000

⑤结转收入成本时

一期销售款 =（75 000 − 40 × 150）× 0.3 = 20 700（万元）

借：预收账款　　207 000 000

　　贷：主营业务收入　　207 000 000

借：主营业务成本　　99 440 000

　　贷：库存商品——某项目一期　　99 440 000

5.3.5 委托代销收入的会计核算

房地产开发企业经常委托销售商代销商品房，且委托代销方式也多种多样，具体可以划分为以下 3 种。

（1）视同买断方式

视同买断方式是指委托方和受托方签订合同或协议，委托方按合同或协议收取代销的货款，实际售价由受托方自定，实际售价与合同或协议价之间的差额归受托方所有。视同买断方式下，委托方按销售商品给受托方做账务处理，此时又分如下两种情形。

- ◆ 如果委托方和受托方之间的协议明确标明，受托方在取得代销商品后，无论是否能够卖出、是否获利，均与委托方无关，在符合销售商品收入确认条件时，委托方应确认相关销售商品收入。房地产企业在发出商品时按委托方和受托方签订合同或协议价确认收入金额。
- ◆ 如果委托方和受托方之间的协议明确标明，将来受托方没有将商品售出时可以将商品退回给委托方，或受托方因代销商品出现亏损时可以要求委托方补偿，那么，委托方在交付商品时不确认收入，受托方也不作购进商品处理，受托方将商品销售后，并向委托方开具代销清单，委托方收到代销清单时确认销售收入，收入金额为委托方和受托方签订合同或协议价。受托方因代销商品出现亏损时可以要求委托方补偿的以实际取得的金额确认收入金额。

（2）收取手续费方式

委托方在发出商品时通常不应确认销售商品收入，而应在收到受托方开出的代销清单时确认销售商品收入，收取手续费方式按销售给受托者处理，以实际售价确认收入金额，支付手续费做销售费用处理。

采取基价（保底价）并实行超基价双方分成方式委托销售属于收取手续费方式。应按基价加按超基价分成比例计算的价格于收到代销单位开出的代销清单时确认收入的实现。

（3）包销委托方式

采取包销方式委托销售开发产品的，应按包销合同或协议约定的价格于付款日确认收入的实现。包销方提前付款的，在实际付款日确认收入的实现。

5.3.6 售后回购房屋收入的会计核算

房地产企业融资性售后回购业务，指房地产开发企业在销售房地产时，与购买方签订合同，约定在日后的一定期间内再将所售房地产回购的一种交易方式。

所售房产所有权上的主要风险和报酬并没有发生实质上的转移，仍留在该房地产公司，因此不能确认收入。采用售后回购方式销售商品的，收到的款项应确认为负债。

这种交易方式，如果销售合同中明确了回购日期，到期后必须由卖方回购，同时还约定了利率，就可以认定为融资性售后回购业务；如果销售合同没有约定具体回购日期，或回购仅是备选条件之一，或没有约定利率，或按市场价格回购的，就可以认定为促销性售后回购业务。促销性售后回购业务按正常的销售业务进行财税处理。

【实账处理】——尚领房地产公司关于融资性售后回购的账务处理

尚领房地产企业 2015 年 1 月 1 日将一栋已完工的商务楼销售给乙银行（经批准具有从事融资租赁业务资质），售价为 5 000 万元。该栋商务楼的建造成本为 4 500 万元。假设约定年利率为 4%。

合同约定 2017 年 12 月 31 日房地产企业将该栋商务楼重新购回，回购价为 5 600 万元。

①出售房产时

借：银行存款　　50 000 000

　　贷：其他应付款——乙银行　　50 000 000

借：发出商品　　45 000 000

　　贷：开发产品　　45 000 000

② 2015 ~ 2017 年度每年计提应付利息时

年应付利息 =5 000 × 4%=200（万元）

借：财务费用　　2 000 000

　　贷：其他应付款——乙银行　　2 000 000

③ 2017 年重新回购房产时

借：其他应付款——乙银行　　54 000 000

　　财务费用　　2 000 000

贷：银行存款		56 000 000
借：开发产品	45 000 000	
贷：发出商品		45 000 000

5.4 商品房销售成本的结转与核算

在交付商品房给购买者时，销售会计会对商品房的成本进行确定。对于交付的商品房，也可能存在计量和出现面积差的情况，本节将具体针对商品房在交付时的成本结转与核算问题进行详细介绍。

5.4.1 开发产品销售时的会计核算

房地产企业销售成本的核算是本着收入和成本配比的原则进行的，即房地产企业根据收入确认原则确认实现销售收入和销售面积时，应同时结转相应的开发产品销售成本。

（1）销售成本结转的科目设置

销售成本结转主要涉及两个会计科目，即“库存商品”科目和“主营业务成本”科目。

◆ “库存商品”科目

库存商品是指建造完成后以备出售的开发产品。为区分不同用途开发产品成本，实现不同开发产品销售收入和发生的成本准确配比，应该按照开发产品不同类别在“库存商品”科目下设置“已完工开发产品”和“出租开发产品”两个二级明细科目，在明细科目下按照项目，分期、分产品进行辅助核算。

“出租开发产品”是指根据经营需要短期（一般不超过一个年度）作为

出租用途，以后再对外销售的开发产品，此处的开发产品不计提折旧。“已完工开发产品”核算出售的开发产品。

库存商品在资产负债表日应当按照成本与可变现净值孰低计量。当市场发生重大变化，预计可变现净值低于库存成本时，在取得确凿证据的情况下，报相关部门和领导批准后按照预计可变现净值进行计量并进行相应的账务处理。对于房地产企业来讲，一般不存在减值的问题，因此，在这里不再对减值的核算进行介绍。

◆ “主营业务成本”科目

“主营业务成本”科目核算房地产企业对外转让、销售和结算开发产品等应结转的成本。与投资性房地产和固定资产有关的成本不在本科目中核算。

项目结转销售收入时，根据结转收入的房号，相应地结转成本。借记“主营业务成本”科目，贷记“库存商品”科目。

期末，应将“主营业务成本”科目的余额转入“本年利润”科目，结转后“主营业务成本”科目应无余额。

（2）产成品入库的核算

开发产品竣工验收达到预定可使用状态、成本结算完成后，编制《库存产品成本明细表》，详细列明每种开发产品的总成本、总面积、单位面积成本和总套数等信息，使用的面积要和测绘部门出具的实测面积一致。库存产品的分类要根据核算对象的划分和实际核算需要进行确定。

《库存产品成本明细表》作为开发产品成本结转库存产品成本的依据，附在凭证后面，借记“库存商品”的相关明细科目，贷记“生产成本”的相关明细科目。

【实账处理】——尚领房地产公司关于商品房产成品入库的账务处理

尚领房地产公司华南区域某项目于 2017 年 12 月竣工交付，该商品房全部对外销售，开发过程中共发生的生产成本 50 000 万元。

商品房竣工交付时，尚领房地产公司根据有关原始凭证结转库存产品成本，编制会计分录如下。

借：库存商品　　500 000 000

　　贷：生产成本　　500 000 000

（3）产成品出库的核算

会计期末根据收入确认原则分产品确认实现的销售收入和销售面积，同时根据实现的销售面积结转相应的开发产品销售成本。

结转的某已实现销售开发产品成本＝实现的销售面积 × 该开发产品单位面积成本

账务处理为：借记“主营业务成本”科目，贷记“库存商品”科目。结转销售成本时，编制《销售产品成本明细表》并附凭证后，该表详细登记实现销售的每套房源信息。

【实账处理】——尚领房地产公司关于商品房产成品出库的账务处理

尚领房地产公司华南区域某项目于2017年12月竣工交付，该商品房全部对外销售，开发过程中共发生生产成本50 000万元。该项目总可售建筑面积为10万平方米，商品房竣工交付时，已实现销售建筑面积6万平方米，尚领房地产公司根据有关原始凭证结转开发产品销售成本，账务处理如下。

该开发产品单位面积成本＝总成本 ÷ 总可售建筑面积＝50 000÷10＝5 000（元／平方米）

结转的某已实现销售开发产品成本＝实现的销售面积 × 该开发产品单位面积成本＝6×5 000＝30 000（万元）

借：主营业务成本　　300 000 000

　　贷：库存商品　　300 000 000

5.4.2　成本差异的会计核算

开发产品成本结转完毕后又发生成本支出情况的，会造成库存开发产品成本与实际成本不符，两者的差异叫成本差。在发生差异的开发产品已经全部销售的情况下，“成本差”计入“销售费用－其他”科目。

在没有全部销售的情况下，发生的成本差先通过“生产成本”科目归集，然后转入“库存商品”科目，调整剩余库存商品成本，重新计算未售库存商品单位面积成本。

【实账处理】——尚领房地产公司关于商品房成本差异的账务处理

尚领房地产公司华南区域某项目于 2017 年 12 月竣工交付，并相应结转收入和成本。2018 年 1 月该项目又发生成本 2 000 万元，累计销售比例为 80%。

尚领公司根据有关原始凭证结转开发产品销售成本，编制会计分录如下。

①归集成本差时

借：生产成本　　20 000 000

　　贷：银行存款　　20 000 000

②结转成本差时

借：库存商品　　20 000 000

　　贷：生产成本　　20 000 000

2018 年 3 月，该项目又发生成本 500 万元，已知 2018 年 2 月底时该项目已全部销售完毕，并结转了收入和成本，此时尚领公司编制会计分录如下。

借：销售费用——其他　　5 000 000

　　贷：银行存款　　5 000 000

5.5 房地产持有物业会计账务处理

房地产企业的持有物业是指房地产企业开发的非销售的经营性物业。

所谓经营性物业，就是指经营性、收益性房屋，如写字楼、商场、购物中心、购物广场以及工业厂房和仓库等。相对于作为最终消费品的住宅而言，经营性物业具有长期收益的特点，而一个国家经营性物业发展的水平体现了一个国家整体经济发展水平和可持续发展能力。

根据用途不同，可以将持有物业分为出租经营和自营两类，其核算方法也不尽相同，具体如下。

◆ 对于以出租为目的持有物业，应将持有物业转入“投资性房地产”科目。

◆ 对于以自营为目的持有物业，应将自营物业转入“固定资产”科目。

5.5.1 出租物业的初始计量

出租物业是指房地产企业开发的以出租为目的的房地产。

根据《企业会计准则》的要求，房地产企业出租物业作为投资性房地产进行核算。投资性房地产是指房地产企业以取得租金或资本增值为目的而持有的房产，包括已出租的土地使用权和已出租的建筑物。

（1）出租物业的确认和初始计量

◆ 出租物业的确认条件

投资性房地产同时满足下列条件，且与该投资性房地产有关的经济利益很可能流入企业，该投资性房地产的成本能够可靠地计量，才能予以确认。

①出租物业竣工验收并达到预定可使用状态。

②出租物业的租赁期开始。

◆ 出租物业的初始计量

投资性房地产应当按照成本进行初始计量。自行建造投资性房地产的成本，由建造该项资产达到预定可使用状态前所发生的必要支出构成（包括土地开发费、建安成本、应予以资本化的借款费用、支付的其他费用和分摊的间接费用等）。

对于房地产企业的出租物业来讲，出租物业按照出租物业开发产品成本进行初始计量。

（2）出租物业开发的账务处理

◆ 出租物业成本支出的账务处理

出租物业的成本支出通过“在建工程”科目进行核算，并按照出租物业的不同产品进行明细核算。发生成本支出时，借记“在建工程”科目，贷记“银行存款”或“应付账款”等科目。

出租物业成本支出项目的设置与开发产品的成本支出项目相同，包括土地征用及拆迁补偿费、前期工程费、基础设施费、建筑安装工程费、配套设施费和开发间接费等。

【实账处理】——关于出租物业成本支出的账务处理

尚领房地产公司于2014年6月为开发购物中心支付土地价款1亿元。公司根据有关原始凭证，应编制如下会计分录，并登记入账。

借：在建工程——购物中心　　100 000 000

　贷：银行存款　　100 000 000

◆ 出租物业竣工的账务处理

出租物业竣工且租赁期开始时，已租赁部分成本从“在建工程”科目转入“投资性房地产”科目，借记“投资性房地产”科目相关明细科目，贷记“在建工程”科目。

由于出租物业分区域出租，因此要按照不同业态设置辅助核算，单独归集每个出租业态的建造成本，使每个业态成本具有可计量性，防止因部分出租造成投资性房地产难以确认。“投资性房地产”科目按照不同的业态分别设置明细科目，计提折旧时可以按类进行。

【实账处理】——关于出租物业竣工的账务处理

尚领房地产公司竣22的购物中心于2017年10月1日开业，总成本为5亿元，总建筑面积10万平方米，出租面积比例为80%。公司根据有关原始凭证，应做如下账务处理。

已租赁部分成本＝总成本×已出租面积比例＝50 000×80%＝40 000（万元）

借：投资性房地产——购物中心　　400 000 000

　　贷：在建工程——购物中心　　400 000 000

（3）出租物业暂估入账的账务处理

房地产企业出租物业开业产生租金收入时，如果成本决算还没有完成，应按照预算成本暂估入账并提取折旧，待实际成本确定时再进行调整。

【实账处理】——关于出租物业暂估入账的账务处理

2017年11月30日尚领房地产公司开发的购物中心竣23竣工，但成本决算还未完成，按预算成本暂估该购物中心开发成本总计5亿元，总建筑面积10万平方米。2018年2月该购物中心成本决算完成，实际成本总计为5.5亿元。尚领公司根据有关原始凭证，应做如下账务处理。

①暂估入账时

借：投资性房地产——购物中心——暂估入账　　500 000 000

　　贷：在建工程——购物中心——暂估入账　　500 000 000

②实际成本确定时

先按暂估入账时的会计分录用红字冲回，再编制如下会计分录。

借：投资性房地产——购物中心　　550 000 000

　　贷：在建工程——购物中心　　550 000 000

5.5.2　租金收入的账务处理

房地产企业出租物业的租金和出租收入是两个不同的概念。租金是按照租赁合同或协议定期收取的某一阶段的租金。而出租收入是合同或协议约定的租金在租赁期内的各个期间按权责发生制原则确认的营业收入。也就是说，租金是按照收付实现制收取的款项，而出租收入是按照权责发生制确认的账面金额。

会计期末根据相关出租合同约定按照权责发生制原则确认租金收入，房地产企业租金收入通过“预收账款”科目进行核算，确认的收入计入“其他业务收入”科目相关明细科目。

房地产企业按合同约定收到租金时，借记“银行存款”科目，贷记“预收账款”科目；如果房地产企业未能按合同约定收到租金，则应按房地产企业发出的租金催缴通知书的应收租金金额，借记“应收账款”科目，贷记“预收账款”科目。

每一会计期间确认租金收入时，根据权责发生制的原则计算的该会计期间应确认租金收入的金额，借记“预收账款”科目，贷记“其他业务收入”科目。发生租赁合同中止、退还租金时，按退还的租金金额，借记“预收账款”科目，贷记“银行存款”科目。

【实账处理】——关于租金收入的账务处理

2017 年 11 月 30 日尚领房地产公司与某客户签订租赁合同，合同中的租赁期限为 2018 年 1 月 1 日到 2019 年 12 月 31 日，租金标准为每月 10 万元，租金支付方式为按季交付。2018 年 1 月 2 日尚领房地产公司实际收到一季度租金 30 万元，会计分录如下。

①1月2日收到租金时

借：银行存款　　300 000

　　贷：预收账款　　300 000

②1月31日确认当月租金收入时

借：预收账款　　100 000

　　贷：其他业务收入　　100 000

2018年4月5日，尚领公司未收到二季度租金，根据租赁合同向欠缴客户发出了催缴通知书，会计分录如下。

①发出催缴通知书时。

借：应收账款　　300 000

　　贷：预收账款　　300 000

②4月30日确认当月租金收入时。

借：预收账款　　100 000

　　贷：其他业务收入　　100 000

2008年5月30日收到客户原欠缴房租款30万元，会计分录如下。

借：银行存款　　300 000

　　贷：应收账款　　300 000

5.5.3 免租期收入的账务处理

房地产企业在出租业务中，有时会给承租人一定额度的租金优惠，而租金优惠往往以免租期的形式体现。免租期租金收入确认的原则为：出租人提供免租期的，租赁期间总租金在租赁期内（含免租期）按直线法分摊，按分摊金额确认免租期以及非免租期的租金收入。

【实账处理】——关于免租期租金收入的账务处理

2017 年 10 月 1 日尚领房地产公司将一房产出租给一客户，租赁合同从 2017 年 10 月 1 日至 2020 年 12 月 31 日，免租期为 3 个月（即从 2017 年 10 月 1 日至 2017 年 12 月 31 日），第一年租金为 210 万元，此后每年递增 10%。租金分 3 年支付，每年于年初支付当年租金。

①计算租赁期间总租金

总租金 = 210 + 210×110% + 210×110% ×110% = 695.1（万元）

②计算每月租金收入

每月租金收入 = 695.1÷（36 + 3）= 17.82（万元）

③免租期与非免租期每月确认出租收入时

借：预收账款　　178 200

　　贷：其他业务收入　　178 200

④ 2018 年年初收到租金时

借：银行存款　　2 100 000

　　贷：预收账款　　2 100 000

【提示】在税务处理上应注意的是：①免租期内企业所得税的计税收入为零，不需要计算缴纳企业所得税。待实际取得或按合同约定应取得租金的年度，再按合同约定金额确认计税收入，计算缴纳企业所得税；②免租期内应按会计确认的租金收入计算缴纳房产税。

5.5.4　出租物业的后续支出的会计核算

出租物业的后续支出是指出租物业在使用过程中计提的折旧以及发生的更新改造支出、装修支出和日常维修支出等。

（1）成本模式下后续支出的核算

成本模式下，房屋的后续支出分为以下几类，处理方法也有所不同。

◆ 维修的账务处理

《企业会计准则》规定，固定资产发生后续支出时，其确认原则同初始确认原则。初始确认原则为：该固定资产包含的经济利益很可能流入企业；该固定资产的成本能够可靠地计量。也就是说，出租物业的后续支出，如果能够使企业得到相应的经济利益，则应该计入出租物业成本；如果不能使企业得到相应的经济利益，则应该计入当期损益。

一般情况下，出租物业投入使用后，由于建筑物磨损、各组成部分耐用程度不同，可能导致房屋设施的局部损坏，为了维持房屋的正常使用，企业将对房屋进行必要的维修。房屋的日常维修费用只是确保房屋的正常使用状况，一般不产生未来的经济利益。因此，日常维修通常不符合资产的确认条件，在发生时应直接计入当期损益。

房地产企业对于出租物业发生的日常维修支出，在发生时，按照支出的金额，借记“其他业务成本”科目，贷记“银行存款”等科目。

【实账处理】——关于维修支出的账务处理

2017 年 10 月 1 日，尚领房地产公司将其拥有的房屋对外出租，期限为 2017 年 10 月 1 日至 2020 年 12 月 31 日。尚领公司于 2017 年 12 月 5 日发生维修支出 5 000 元，根据相关原始凭证，账务处理如下。

借：其他业务成本　　5 000

　　贷：银行存款　　5 000

根据企业所得税法，发生的房屋维修支出可以在企业所得税前直接扣除。

◆ 装修的账务处理

房地产企业发生的装修费用一般情况下可以对未来产生一定的经济利益，因此，对于出租物业的装修费用符合资产确认的条件，应计入出租物业的成本。

房地产企业对于出租物业发生的装修费用，借记“投资性房地产”科目，贷记“银行存款”等科目。

在实际操作中，对于出租物业装修费用，如果初始装修费用占房屋原值比例较低（20%以下），可以直接计入出租物业成本，通过出租物业本身来计提折旧；如果比例较高或是再装修时发生的装修费用，在“投资性房地产”科目下设置“装修费用”明细科目核算，不计残值，按 10 年提取折旧。

因此，对于二次装修发生的装修费用，应将发生的装修支出计入“投资性房地产”科目下的“装修费用”明细科目，同时，应当终止确认原装修部分的账面价值。

【实账处理】——关于装修费用的账务处理

2008 年 5 月尚领房地产公司开发的大型购物中心竣工，为满足购物中心开业的要求，尚领公司共花费 6 000 万元进行装修，通过银行存款支付，于 2008 年 8 月底装修完毕，该装修费用相对开发成本占比较大。尚领公司根据相关原始凭证，编制会计分录如下。

借：投资性房地产——装修费用　　60 000 000

　　贷：银行存款　　60 000 000

尚领公司装修费用采用直线法，按 10 年计提折旧，2008 年 9 月计提折旧 50 万元（6 000÷10÷12），会计分录如下。

借：其他业务成本　　500 000

　　贷：累计折旧——投资性房地产　　500 000

2017 年 5 月尚领公司对该购物中心进行重新装修，装修费用总计 5000 万元，于 2017 年 9 月装修完毕。

借：投资性房地产——装修费用　　50 000 000

　　贷：银行存款　　50 000 000

截至 2017 年 4 月底，尚领公司已计提折旧 5 200 万元（50×104），2017 年 4 月尚领公司应补提折旧 800 万元，会计分录如下。

借：其他业务成本　　8 000 000

　　贷：累计折旧——投资性房地产　　8 000 000

同时终止原装修费用的账面价值，会计分录如下。

借：累计折旧——投资性房地产　　60 000 000

　贷：投资性房地产——装修费用　　60 000 000

根据企业所得税法，发生的房屋装修支出应作为其他长期待摊费用在不短于 3 年内摊销。

◆ 改建的账务处理

房屋的改建支出是指改动建筑物结构并延长该建筑物使用年限的支出。

房地产企业发生的改建支出由于延长了该建筑物的使用年限，因此，对未来产生了一定的经济利益，进而对于出租物业的改建支出符合资产确认的条件，应该予以资本化。

在实际操作中，出租物业发生改建支出时应将该出租物业原值、计提的累计折旧和减值准备转销，将出租物业的账面价值转入在建工程并停止计提折旧。发生的改建支出通过“在建工程”核算。在出租物业改建支出完工并达到预定可使用状态时，再从“在建工程”科目转为“投资性房地产”科目，并按重新确定的使用寿命、预计净残值和折旧方法计提折旧。

《企业会计准则》要求将改造的出租物业先转入在建工程，是基于出租物业停止使用，如果出租物业改造过程中没有影响房屋的正常使用，则不应当通过“在建工程”科目过渡核算，应当先将改造支出在“在建工程”科目归集，在出租物业改造完成日，将原出租物业账面价值结转入“在建工程”科目，并于当月连同“在建工程”科目中的改造支出，一并结转计入“投资性房地产”科目。

【实账处理】——关于改建支出的账务处理

2017 年 11 月尚领房地产公司对其拥有的大型购物中心进行改造，购物中心停止营业，改造时，该购物业中心原值 30 000 万元，累计折旧 10 000 万元，账面净值 20 000 万元。共发生改造支出 5 000 万元。尚领公司根据相关原始凭证，编制会计分录如下。

①转销原值和已计提折旧时

借：累计折旧——投资性房地产　　100 000 000

　　在建工程　　200 000 000

　　贷：投资性房地产　　300 000 000

②发生改建支出时

借：在建工程　　50 000 000

　　贷：应付账款　　50 000 000

③改造完成时

借：投资性房地产　　250 000 000

　　贷：在建工程　　250 000 000

如果改造时，该购物中心不停止营业，尚领公司根据相关原始凭证，编制会计分录如下。

①发生改建支出时

借：在建工程　　50 000 000

　　贷：应付账款　　50 000 000

②完工时

2017 年 11 月改造开始时，累计折旧为 10 000 万元，假设改造完成时，累计折旧为 12 000 万元，则会计分录如下。

借：累计折旧——投资性房地　　120 000 000

　　在建工程　　180 000 000

　　贷：投资性房地产　　300 000 000

借：投资性房地产　　230 000 000

　　贷：在建工程　　230 000 000

其中，购物中心改造时账面净值为 18 000 万元（30 000−12 000），结转入“投资性房地产”的金额为 23 000 万元（18 000+5 000）。

从以上账务处理可以看出，出租物业改造时是否停用对改造后出租物业的入账价值是有影响的，也将影响改造后出租物业计提折旧的金额。根据企业所得税法，发生的房屋改造支出按照延长后的使用年限计提折旧并进行税前扣除。

◆ 计提折旧的账务处理

对于房地产企业来讲，出租物业的折旧是在预计使用年限内按直线法计提，即出租物业原值减去预计残值后除以预计使用年限。已计提减值准备的出租物业计提折旧时，按照出租物业原价减去累计折旧和已计提减值准备的账面余额以及尚可使用年限重新计算确定折旧率，未计提出租物业减值准备前已计提的累计折旧不做调整。相关公式如下。

每月计提折旧额＝资产原值 ×（1 －预计净残值率）÷ 折旧年限 ÷12

出租物业的预计使用年限一般为所占用土地的土地使用权的年限，出租物业一般为商业地产，土地使用权的年限为 40 ～ 50 年。至于预计净残值，按税法规定，预计净残值率为 5% 以内的，可以在企业所得税税前列支，因此，房地产企业一般按税法规定的 5% 作为企业会计核算时的预计净残值率。

出租物业按月计提折旧。出租物业在计提当月折旧时，按计提的折旧额借记“其他业务成本”科目，贷记“累计折旧－投资性房地产”科目。

【实账处理】——关于计提折旧的账务处理

2017 年 12 月 31 日，尚领房地产公司开发的购物中心竣工并对外出租，该购物中心开发成本总计 50 000 万元，按 50 年计提折旧，预计净残值率为 5%，2018 年 1 月开始计提折旧。尚领公司根据有关原始凭证，应做如下账务处理。

每月计提折旧额 = 50 000×（1 － 5%）÷50÷12 = 79.17（万元）

每月计提折旧时，会计分录如下。

借：其他业务成本　　791 700

　　贷：累计折旧——投资性房地产　　791 700

（2）公允价值模式下后续支出的核算

有些房地产企业在核算出租物业时，采用的是公允价值的计量模式。也就是说，按照出租物业的公允价值对出租物业进行核算。

◆ 公允价值模式的条件

有确凿证据表明出租物业的公允价值能够持续可靠取得的，可以对出租物业采用公允价值模式进行后续计量。采用公允价值模式计量的，应当同时满足下列条件。

①出租物业所在地有活跃的房地产交易市场。

②企业能够从房地产交易市场上取得同类或类似房地产的市场价格及其他相关信息，从而对出租物业的公允价值做出合理的估计。

从实际情况看，如果房地产企业持有的是大型自持物业，则不能够按公允价值模式核算；而如果房地产企业持有的是小型自持物业，则可以按公允价值模式核算。

◆ 公允价值模式的账务处理

采用公允价值模式计量的，不对出租物业计提折旧或进行摊销，应当以资产负债表日出租物业的公允价值为基础调整其账面价值，公允价值与原账面价值之间的差额计入当期损益。

若存在增值，则按增值额借记“投资性房地产”科目，贷记“公允价值变动损益”科目；若存在减值，则按减值额借记“公允价值变动损益”科目，贷记“投资性房地产”科目。

公允价值模式下发生后续支出时，账务处理与成本模式下后续支出的账务处理是一致的。

但在会计期末，应按公允价值调整“投资性房地产”科目，差额计入当期损益。公允价值变动损益不计征企业所得税，在处置时，按初始价值确认计税基础。

【实账处理】——公允值模式下出租物业关于改建支出的账务处理

2017 年 12 月 31 日，尚领地产公司对其拥有的大型购物中心进行改造，改造时购物中心停止营业，改造时该购物中心账面价值为 20 000 万元，共发生改造支出 5 000 万元，改造完成时，该购物中心公允价值为 30 000 万元。尚领公司按公允价值模式进行核算，根据相关原始凭证，编制会计分录如下。

①转销账面价值时

借：在建工程　　200 000 000

　贷：投资性房地产　　200 000 000

②发生改建支出时

借：在建工程　　50 000 000

　贷：应付账款　　50 000 000

③改造完成时

借：投资性房地产　　250 000 000

　贷：在建工程　　250 000 000

　同时，借：投资性房地产　　50 000 000

　　　　贷：公允价值变动损益　　50 000 000

房地产企业对出租物业的计量模式一经确定，不得随意变更。成本模式转为公允价值模式的，应当作为会计政策变更处理。已采用公允价值模式计量的出租物业，不得从公允价值模式转为成本模式。

5.5.5 出租物业处置的会计核算

当出租物业被处置，或者永久退出使用且预计不能从其处置中取得经济利益时，应当终止确认该项出租物业。

企业出售、转让、报废投资性房地产或者发生投资性房地产毁损，应当将处置收入扣除其账面价值和相关税费后的金额计入当期损益。

处置投资性房地产时，应按实际收到的金额，借记“银行存款”等科目，贷记“其他业务收入”科目。按该项投资性房地产的累计折旧，借记“累计折旧－投资性房地产”科目，按该项投资性房地产的账面余额，贷记“投资性房地产”科目，按其差额，借记“其他业务成本”科目。已计提减值准备的，还应同时结转减值准备。

【实账处理】——关于出租物业处置的账务处理

2018 年 2 月尚领房地产公司将其拥有的大型购物中心进行转让，已知该购物中心的原值为 30 000 万元，累计折旧 25 000 万元，账面净值为 5 000 万元。转让收入为 8 000 万元。尚领公司根据相关原始凭证，编制会计分录如下。

①转销原值和已计提折旧时

借：累计折旧——投资性房地产　　250 000 000

　　其他业务成本　　50 000 000

　　贷：投资性房地产　　300 000 000

②转让时

借：银行存款　　80 000 000

　　贷：其他业务收入　　80 000 000

5.5.6 自营物业的会计核算

（1）自营物业开发的核算

自营物业是指房地产企业开发的以自营为目的的房地产。根据《企业会计准则》的要求，房地产企业自营物业作为固定资产进行核算。

自营物业应在其竣工验收并达到预定可使用状态时确认为固定资产。这一点与出租物业不同，出租物业需要在租赁期开始时才能确认为投资性房地产，而自营物业在开始使用或营业前，只要达到了预定可使用状态就可以确认为固定资产。

自营物业作为固定资产应当按照成本进行初始计量。自行建造自营物业的成本，由建造该项资产达到预定可使用状态前所发生的必要支出构成。与建造出租物业不同的是，自营物业的成本中不包括为开发建造自营物业而购入的土地成本，也就是说，自营物业土地使用权的账面价值不与其地上建筑物合并计算成本，而仍作为无形资产进行核算，且土地使用权与地上建筑物分别进行摊销和提取折旧。

◆ 自营物业成本支出的账务处理

自营物业的成本支出通过“在建工程”科目进行核算，并按照自营物业的不同产品进行明细核算。发生成本支出时，借记“在建工程”科目，贷记“银行存款”或“应付账款”等科目。

自营物业成本支出项目的设置与开发产品的成本支出项目相同，包括土地征用及拆迁补偿费、前期工程费、基础设施费、建筑安装工程费、配套设施费和开发间接费等。

◆ 自营物业竣工的账务处理

自营物业在竣工验收并达到预定可使用状态时，将其成本从“在建工程”科目转入“固定资产”科目，借记“固定资产”相关明细科目，贷记“在建工程”科目。

“固定资产”科目按照不同的业态分别设置明细科目，折旧时可以分类进行。自营物业在竣工的账务处理上与出租物业有所不同，具体有以下两点。

①在竣工并达到预定可使用状态时，就可以转为固定资产，并不需要等待该物业开始使用才结转。

②在结转自营物业成本时应划分地上建筑物成本和土地使用权成本，分别计入固定资产和无形资产。而出租物业是将地上建筑物成本和土地使用权成本全部计入投资性房地产成本。

【实账处理】——关于自营物业成本支出的账务处理

2017 年 12 月 31 日，尚领房地产公司开发的酒店竣工，该酒店开发成本总计50 000万元,其中土地成本10 000万元,总建筑面积5万平方米，该酒店于 2018 年 2 月 1 日开业。尚领公司根据有关原始凭证，应编制如下分录入账。

①支付土地成本时

借：无形资产——土地使用权　　100 000 000

　　贷：银行存款　　100 000 000

② 2017 年 12 月 31 日结转酒店成本时

借：固定资产——酒店　　400 000 000

　　贷：在建工程——酒店　　400 000 000

房地产企业自营物业竣工时，如果成本决算没有完成，应按照预算成本暂估入账并提取折旧，待实际成本确定时再进行调整。

（2）自营物业收入的核算与管理

房地产企业往往设立分公司自营物业进行经营和管理，因此，自营物业的收入也要通过分公司进行核算。

◆ 开办费的核算

开办费是指在自营物业开业前为筹备开业的必要支出。为便于独立核算自营物业的收入，开办费应在分公司进行核算，分公司应根据发生费用的性质分别计入不同科目，如“固定资产”“低值易耗品”“管理费用”“销售费用”和“长期待摊费用”等。

◆ 资金往来的核算

房地产企业与分公司之间的资金往来通过“其他应收款”或“其他应付款”科目核算。房地产企业支付往来款时，借记“其他应收款——一般往来”科目，贷记“银行存款”等科目；房地产企业收到往来款时，借记“银行存款”等科目，贷记“其他应收款——一般往来”科目。

◆ 自营收入的核算

对分公司当期收入进行核算时，借记“其他应收款——自营收入”科目，贷记“其他业务收入”科目。对分公司当期成本进行核算时，借记“其他业务成本”科目，贷记“其他应付款——自营成本”或“银行存款”科目。

分公司当期结转未分配利润时，按当期“本年利润”科目的余额，借记“本年利润”科目，贷记“利润分配——未分配利润”科目，同时，借记“利润分配——未分配利润”科目，贷记“其他应付款”科目。分公司上缴利润时，借记“其他应付款”科目，贷记“银行存款”等科目。

分公司的增值税、个人所得税和印花税等与日常经营相关的税金由分公司提取和缴纳，按相关规定在分公司进行会计处理。

与土地使用权、房屋建筑物相关的税费（包括土地使用税、房产税等）依有关规定应由房地产企业承担的，按计提的金额，借记“税金及附加”科目（在新规定实施前这些税费计入“管理费用”科目），贷记“应交税费”科目。实际缴纳时，借记“应交税费”科目，贷记“银行存款”等科目。

（3）自营物业后续支出的核算

◆ 装修的账务处理

自营物业装修支出在房地产企业核算中，初次装修费用单独计价，在“固定资产”科目下设置“装修费用”明细科目核算，不计残值，按10年计提折旧。下次装修时如果没有提足折旧，剩余部分一次性计入当期损益，计入“其他业务成本”科目。再装修发生的残值收入冲减装修费用后仍按照上述方法核算。装修时一并购入可单独辨认和计量的电器和家具等，单独作为固定资产管理并核算。

◆ 自营物业改建的账务处理

自营物业改建支出在房地产企业进行核算，发生的改建支出予以资本化，计入房地产企业的“固定资产”科目，具体核算方法与出租物业相同。

◆ 自营物业日常维修的账务处理

与出租物业相同，自营物业日常维修支出也应直接计入当期损益。但与出租物业不同的是，自营物业日常维修支出不是计入房地产企业的当期损益，而是计入分公司的当期损益。

◆ 计提折旧的账务处理

房地产企业按期（月）计提自营物业的折旧，借记“其他业务成本”科目，贷记“累计折旧”科目。处置自营物业时还应同时结转累计折旧。

◆ 自营物业土地使用权摊销的账务处理

对于房地产企业自营物业所占用的土地，在“无形资产”科目中核算，房地产企业按期（月）计提相应的无形资产摊销时，借记“其他业务成本”科目，贷记“累计摊销”科目。处置自营物业时，还应同时结转这部分累计摊销。

（4）自营物业处置的核算

当自营物业被处置，或者永久退出使用且预计不能从其处置中取得经济利益时，应当终止确认该项自营物业。

企业出售、转让、报废自营物业或发生自营物业毁损，应当将处置收入扣除账面价值和相关税费后的金额计入当期损益。自营物业的账面价值是自营物业成本扣减累计折旧和已计提减值准备后的金额。具体核算过程如下。

①房地产企业处置自营物业时，按该项固定资产账面价值，借记“固定资产清理”科目，按已提的累计折旧，借记“累计折旧”科目，按其账面原价，贷记“固定资产”科目。已计提减值准备的，还应同时结转已计提的减值准备。

②处置自营物业时，按应支付的相关税费及其他费用，借记“固定资产清理”科目，贷记“银行存款”和“应交税费”等科目。

③收回出售自营物业的价款时，借记“银行存款”等科目，贷记“固定资产清理”科目。

④自营物业清理完成后，属于生产经营期间正常的处理损失，借记“资产处置损益——非流动资产处置损失”科目（新规定实施前计入“营业外支

出——处置非流动资产损失”科目），贷记“固定资产清理”科目；属于经营期间正常处理收益，借记“固定资产清理”科目，贷记“资产处置损益——非流动资产处置利得”科目（新规定实施前计入“营业外收入”科目）。已计提减值准备的，还应同时结转减值准备。

【实账处理】——关于自营物业处置的账务处理

2018 年 2 月 15 日尚领房地产公司将其拥有的大型购物中心进行转让，转让时该购物中心原值 30 000 万元，累计折旧 25 000 万元，账面净值为 5 000 万元。转让收入为 8 000 万元。尚领公司根据相关原始凭证，编制会计分录如下。

①转销原值和已计提折旧时

借：累计折旧——投资性房地产　　250 000 000

　　其他业务成本　　50 000 000

　　贷：投资性房地产　　300 000 000

②转让时

借：银行存款　　80 000 000

　　贷：其他业务收入　　80 000 000

5.5.7 房地产改变用途的会计核算

企业有确凿证据表明房地产用途发生改变，满足下列条件之一的，应当将投资性房地产转换为其他资产或者将其他资产转换为投资性房地产。

①投资性房地产开始自用。

②作为存货的房地产改为出租。

③自用土地使用权停止自用，用于赚取租金或资本增值。

④自用建筑物停止自用，改为出租。

（1）成本模式下的转换

房地产改变用途时，将投资性房地产转换为其他资产，或将其他资产转换为投资性房地产，转换后的资产入账价值为转换前的资产账面价值。

【实账处理】——成本模式下投资性房地产转换为其他资产的账务处理

2017 年 12 月 31 日，尚领房地产公司将原对外出租的写字楼转为该公司办公使用，该写字楼账面原值为 10 000 万元，累计折旧 2 000 万元。尚领公司根据有关原始凭证，应编制如下会计分录入账。

借：固定资产　　80 000 000

　　累计折旧——投资性房地产　　20 000 000

贷：投资性房地产　　100 000 000

（2）公允价值模式下的转换

◆ 投资性房地产转换为自用房地产的账务处理

采用公允价值模式计量的投资性房地产转换为自用房地产时，应当以其转换当日的公允价值作为自用房地产的账面价值，公允价值与原账面价值的差额计入当期损益。

【实账处理】——公允价值模式下投资性房地产转换为自用房地产

2017 年 12 月 31 日，尚领房地产公司将原对外出租的写字楼转为该公司办公使用，该写字楼按公允价值模式计量，2009 年 6 月该写字楼账面价值 10 000 万元，2017 年 12 月时公允价值为 12 000 万元。尚领公司根据有关原始凭证，应编制如下会计分录入账。

借：固定资产　　120 000 000

　　贷：投资性房地产　　100 000 000

　　　　公允价值变动损益　　20 000 000

◆ 自用房地产或存货转换为投资性房地产的账务处理

自用房地产或存货转换为采用公允价值模式计量的投资性房地产时，投资性房地产按照转换当日的公允价值计价，转换当日的公允价值小于原账面价值的，其差额计入当期损益；转换当日的公允价值大于原账面价值的，其差额计入所有者权益。

【实账处理】——公允价值模式下自用房地产或存货转换为投资性房地产

2017年12月31日，尚领房地产公司将原自用的写字楼转为出租，该公司对投资性房地产采用公允价值模式计量，2009年6月该写字楼账面原值10 000万元，累计折旧2 000万元，2017年12月时公允价值为12 000万元。

尚领公司根据有关原始凭证，应编制如下会计分录入账。

借：投资性房地产	120 000 000	
累计折旧	20 000 000	
贷：固定资产		100 000 000
资本公积		40 000 000

第6章

06

房地产企业利润及利润分配

利润是房地产企业一切经营活动的最终目的，而利润分配是将房地产企业实现的净利润按照国家财务制度规定的分配形式和分配顺序，在国家、企业和投资者之间进行分配。利润分配的过程与结果关系到所有者的合法权益能否得到保护，企业能否长期、稳定发展等重要问题。为此，对于房地产企业而言，必须加强利润分配的管理和核算。本文从利润的构成入手，了解房地产企业在利润分配上的会计账务处理。

【本章要点】

房地产开发企业利润的构成

利润的核算

利润分配的核算

6.1　房地产开发企业利润的构成

房地产开发企业利润是指企业在一定时期内通过开发经营活动所取得的纯收益，它是衡量企业经济效益高低的一项重要指标。企业在扩大开发规模、提高开发产品质量、降低成本、节约资金、改善售后服务和扩大销售等方面所做的努力，最终都会通过利润指标反映出来。

房地产开发企业利润的构成主要有三大方面，分别是营业利润、营业外收入和营业外支出，具体介绍如表 6-1 所示。

表 6-1

构成	具体描述
营业利润	指企业从事生产经营活动取得的利润，是企业利润的最主要的稳定的来源。营业利润等于主营业务利润加上其他业务利润，再减去销售费用、管理费用和财务费用等后的金额
营业外收入	亦称“营业外收益”，指与生产经营过程无直接关系，应列入当期利润的收入，是企业财务成果的组成部分。营业外收入主要包括非货币性资产交换利得、出售无形资产收益、债务重组利得、企业合并损益、盘盈利得、因债权人原因确实无法支付的应付款项、政府补助、教育费附加返还款、罚款收入和捐赠利得等
营业外支出	指除主营业务成本和其他业务成本等以外的各项非营业性支出。营业外支出主要包括罚款支出、捐赠支出、非常损失和固定资产盘亏等

6.2　利润的核算

利润核算是对企业生产经营过程中利润（或亏损）的形成、实现与分配（或亏损弥补）的记录和计算。利润核算内容包括营业利润、营业外收入、营业外支出和利润结转等。下面针对利润核算包括的内容做具体说明。

6.2.1　营业利润的核算

营业利润反映的是企业在一定会计期间的经营成果，其计算公式如下。

营业利润 = 营业收入 − 营业成本 − 税金及附加 − 销售费用 − 管理费用 − 财务费用 − 资产减值损失 + 公允价值变动收益（ − 公允价值变动损失）+ 投资收益（ − 投资损失）+ 资产处置收益（ − 资产处置损失）+ 其他收益。

以上公式中的部分项目的说明如表 6-2 所示。

表 6-2

项目	具体描述
营业收入	指企业经营业务所确认的收入总额，包括主营业务收入和其他业务收入所对应的会计科目归集的收入总额。房地产企业的营业收入主要来源于第五章介绍的销售商品房主营业务的收入
营业成本	指企业经营业务所发生的实际成本总额，包括主营业务成本和其他业务成本所对应的会计科目归集的支出总额。房地产企业的营业成本主要来源于第三章所介绍的主营业务土地或房屋开发成本支出
税金及附加	指反映房地产企业经营主要业务应负担的土地增值税、城市维护建设税、资源税和教育费附加等税费
期间费用	指企业日常活动中发生的不能计入特定核算对象的成本，而应计入当期损益的费用，主要包括第四章所介绍的管理费用、销售费用和财务费用
资产减值损失	指因资产的账面价值高于其可收回金额而造成的损失。房地产企业所持有的开发商品价值受行业发展总体水平、市场情况和政府所实行的政策影响较大，必须定期进行资产减值测试，考虑是否计入资产减值损失

房地产企业根据实际情况及时对实际发生的经营活动进行会计核算，及时根据营业收入和营业成本结转条件将收到或支出款项计入营业收入和营业成本相关科目，每月根据以上项目所对应的科目余额都能计算出当月的营业利润，季度、半年度和年度的营业利润也都能相应计算得出。其中，年度营业利润是反映房地产开发企业的经营成果的最重要指标。

【实账处理】——尚领房地产公司 2016 年营业利润的核算

尚领房地产公司于 2016 年发生主营业务商品房销售和其他业务如土地代开发等，均产生对应的营业收入、营业成本、税金及附加和期间费用等。2016 年末构成营业利润的项目对应的科目余额如表 6-3 所示，请计算得出 2016 年尚领房地产公司的营业利润。

表 6-3

会计科目	期末余额（万元）
主营业务收入	16 000
其他业务收入	2 000
主营业务成本	14 800
其他业务成本	1 000
税金及附加	1 580
管理费用	1 460
销售费用	2 150
财务费用	260
资产减值损失	0
公允价值变动收益	100
投资收益	100
资产处置收益	0
其他收益	50

根据营业利润的计算公式“营业利润 = 营业收入 − 营业成本 − 税金及附加 − 管理费用 − 销售费用 − 财务费用 − 资产减值损失 + 公允价值变动收益 + 投资收益 + 资产处置收益 + 其他收益”，可得：

营业利润 =16 000+2 000−14 800−1 000−1 580−1 460−2 150−260+100+100+50=−3 000（万元）

6.2.2 营业外收入的核算

从 6.1 节可知营业外收入主要包括的项目是哪些，各项营业外收入具体内容如表 6-4 所示。

表 6-4

营业外收入明细	描述	对应账务处理
非流动资产处置利得	包括固定资产处置利得和无形资产出售利得。固定资产处置利得也就是处理固定资产净收益，指企业出售固定资产所取得价款、报废固定资产的残料价值和变价收入等，扣除固定资产的账面价值、清理费用和处置相关税费后的净收益；无形资产出售利得指企业出售无形资产所取得价款扣除出售无形资产的账面价值、出售相关税费后的净收益	企业转让固定资产时，先结转固定资产原值和已提累计折旧额，借记“固定资产清理”和“累计折旧”科目，贷记“固定资产”科目；收到双方协议价款，借记“银行存款”科目，贷记“固定资产清理”科目；最后分情况结转清理损益，若是生产经营期间正常的转出价款高于固定资产账面净值，借记“固定资产清理”科目，贷记“资产处置损益——处置非流动资产利得”科目(新规定实施前计入“营业外收入”科目)。企业处置无形资产时，应按实际收到的金额借记“银行存款”等科目，按已计提的累计摊销借记“累计摊销”科目，按应支付的相关税费及其他费用，贷记“应交税费”和“银行存款”等科目，按其账面余额，贷记“无形资产”科目，按其差额，贷记“资产处置损益——处置非流动资产利得”科目(新规定实施前计入“营业外收入”科目)，已计提减值准备的，还应同时结转减值准备
非货币性资产交换利得	在非货币性资产交换中换出资产为固定资产、无形资产的，换入资产公允价值大于换出资产账面价值的差额，扣除相关费用后计入营业外收入的金额	企业进行非货币性资产交换时，应按实际收到的资产的公允价值，借记“固定资产”等科目，按换出的无形资产已计提的累计摊销，借记“累计摊销”科目，按换出的无形资产账面余额，贷记“无形资产”科目，按固定资产公允价值大于换出的无形资产账面余额部分，贷记“营业外收入——非货币性资产交换利得”科目，已计提减值准备的，还应同时结转减值准备
债务重组利得	重组债务的账面价值超过清偿债务的现金或非现金资产的公允价值、所转股份的公允价值以及重组后债务账面价值间的差额	按清偿债务的账面价值借记“应付账款”等科目，按债务重组中支付的对价金额贷记“银行存款”等科目；按重组债务的账面价值超过清偿债务的现金或非现金资产的公允价值、所转股份的公允价值或者重组后债务账面价值间的差额贷记“营业外收入——债务重组利得”科目

续表

营业外收入明细	描述	对应账务处理
企业合并损益	合并过程中支付的对价小于取得可辨认净资产公允价值的差额	非同一控制下企业合并，按企业合并成本贷记“银行存款”等科目，按合并中取得的被购买方可辨认净资产的公允价值份额借记“固定资产”等有关资产科目，按合并成本小于公允价值部分贷记“营业外收入”科目
盘盈利得	企业对于现金等资产清查盘点中盘盈的资产在报经批准后计入营业外收入的金额	盘盈报经批准前：借记“库存现金”等科目，贷记“待处理财产损溢”科目。盘盈报经批准后，确定无法查明原因借记“待处理财产损溢”科目，贷记“营业外收入——盘盈利得”科目
由于债权人原因确实无法支付的应付款项	由于债权人单位变更登记或撤销等而无法支付的应付款项等	根据无法支付的应付款项金额，借记“其他应付款”等科目，贷记“营业外收入”科目
政府补助	企业从政府无偿取得货币性资产或非货币性资产形成的利得	确认的政府补助利得，借记“银行存款”和“递延收益”等科目，贷记“营业外收入”科目
教育费附加返还款	自办职工子弟学校的企业，在交纳教育费附加后，教育部门返还给企业的所办学校经费补贴费	企业取得的相关部门返还的教育费附加后，借记“银行存款”等科目，贷记“营业外收入”科目
罚款收入	对方违反国家有关行政管理法规，按照规定支付给本企业的罚款	企业取得的罚款净收入，借记“银行存款”等科目，贷记“营业外收入”科目

【实账处理】——尚领房地产公司进行非货币性资产交换的账务处理

尚领房地产公司在2019年5月与A公司决定进行非货币性资产交换。尚领房地产公司以下列资产与A公司进行交换：原材料的账面余额30万元，公允价值35万元，已提取存货跌价准备1万元；库存商品的账面余额20万元，公允价值25万元，已提取存货跌价准备2万元；

固定资产的原始价值 40 万元，公允价值 32 万元，已提折旧 10 万元。

A 公司以一项专利技术与尚领房地产公司进行交换，该项专利技术账面余额 120 万元，公允价值 100 万元，未提取资产减值准备。为进行非货币性资产交换，A 公司支付给尚领房地产公司 59 900 元补价，并支付 5 000 元运输费，双方企业均为一般纳税人企业，增值税率均为 13%，以存货公允价值作为计税价格。根据财产转移清单和投资协议文件，尚领房地产公司应做以下账务处理。

视同销售的应交增值税销项税额 =（35+25）×13%=7.8（万元）

借：固定资产清理	300 000
累计折旧	100 000
贷：固定资产	400 000
借：无形资产——专利技术	1 200 000
贷：其他业务收入	350 000
主营业务收入	250 000
应交税费——应交增值税（销项税额）	78 000
固定资产清理	300 000
银行存款	64 900
营业外收入——非货币性资产交换利得	157 100

上述会计分录中，“其他业务收入”科目登记的是原材料按公允价值计量的销售收入；“主营业务收入”科目登记的是库存商品按公允价值计量的销售收入；“银行存款”科目的 64 900 元是补价和运输费的合计数。

6.2.3 营业外支出的核算

从 6.1 节可知营业外支出主要包括的项目是哪些，各项营业外支出具体内容如表 6-5 所示。

表 6-5

营业外支出明细	描述	对应账务处理
罚款支出	企业由于违反经济合同、税收法规等规定而支付的各种罚款	企业发生的罚款支出，借记“营业外支出”科目，贷记“银行存款”等科目
捐赠支出	企业对外捐赠的各种财产的价值，属于和营业活动没有直接关系的支出	企业发生的捐赠支出，借记“营业外支出”科目，贷记“银行存款”等科目
非常损失	指自然灾害造成的各项资产净损失，如地震等，还包括由此造成的停工损失和善后清理费用	按发生损失的费用借记“营业外支出”科目，贷记“银行存款”等科目
固定资产盘亏	在财产清查盘点中，因实际固定资产实有数低于固定资产账面数而发生的固定资产净值损失	按因实际固定资产实有数低于固定资产账面数的差额，借记“待处理财产损溢”科目，贷记“固定资产”科目。按管理权限报经批准后的处理意见应计入营业外支出的部分，借记“营业外支出”科目，贷记"待处理财产损溢"科目
处理资产净损失	指企业在生产经营期间因非正常原因处置资产时所取得的价款不足以抵补应支付的相关税费、该项资产的账面净值与所计提的减值准备而发生的处理差额	企业因自然灾害等非正常原因处置固定资产时，先结转固定资产原值和已提累计折旧额，借记“固定资产清理”和“累计折旧”科目，贷记“固定资产”科目；收到双方协议价款，借记“银行存款”科目，贷记“固定资产清理”科目；最后结转清理损益，若转出价款低于固定资产账面净值，借记“营业外支出”科目，贷记“固定资产清理”科目。企业处置预期不会再给企业带来未来经济利益的无形资产时，应按实际收到的金额，借记“银行存款”等科目，按已计提的累计摊销，借记“累计摊销”科目，按其账面余额，贷记“无形资产”科目，按其贷方差额，借记“营业外支出”科目，已计提减值准备的，还应同时结转减值准备

【实账处理】——尚领房地产公司处置报废的固定资产的账务处理

尚领房地产公司 2019 年 5 月 30 日报废一台用于工地建设的建筑设备，对此收取报废收入 30 万元，增值税应交税费 3.9 万元。截止于 2019 年

5 月 30 日该建筑设备账面余额为 350 万元，已折旧金额为 150 万元，未计提减值准备。尚领房地产公司根据有关凭证编制会计分录如下。

①签订转让协议时

借：固定资产清理　　3 500 000

　　累计折旧　　1 500 000

　　贷：固定资产　　5 000 000

②收到报废销售款时

借：银行存款　　339 000

　　贷：固定资产清理　　300 000

　　　　应交税费——应交增值税（销项税额）　　39 000

③结转报废处置的净损失，计入营业外支出

借：营业外支出　　3 200 000

　　贷：固定资产清理　　3 200 000

6.2.4　利润结转的核算

为了计算出当期利润，通常采用表结法和账结法对当期利润进行结转核算。下面针对两种方法进行简单介绍。

（1）表结法

表结法下，各损益类账户每月月末只需结计出本月发生额和月末累计余额，月末不结转到“本年利润”账户，只有在年末时才将全年累计余额转入“本年利润”账户。但每月月末要将损益类账户的本月发生额合计数填入利润表的本月数栏，同时将本月末累计余额填入利润表的本年累计数栏，通过利润表计算反映各期的利润（或亏损）。

表结法下，年中损益类账户无需结转入“本年利润”账户，从而减少了转账环节的工作量，但是这并不影响利润表的编制及有关损益指标的利用。

用表结法结转本年利润，即 1 ～ 11 月间，各损益类科目的余额在账务处理上暂不结转至“本年利润”，而是在损益表中按收入、支出结出净利润，然后将净利润在负债表中的“未分配利润”行中列示。到 12 月年终结算时，再将各损益类科目的余额结转至“本年利润”科目，结转后各损益类科目的余额为 0。

（2）账结法

账结法下，每月月末均需编制转账凭证，将在账上结计出的各损益类账户的余额转入“本年利润”科目。结转后“本年利润”科目的本月合计数反映当月实现的利润或发生的亏损，“本年利润”科目的本年累计数反映本年累计实现的利润或发生的亏损。

账结法下，各月均需通过“本年利润”科目提供当月及本年累计的利润（或亏损）额，增加了转账环节和工作量。

账结法每个会计期间期末将损益类科目净发生额结转到“本年利润”科目中，损益类科目月末不留余额。资产负债表上“本年利润”科目填列的是该科目实际余额。

新会计制度规定，企业期末结转利润（亏损）时，可以采用表结利润的方法或账结利润的方法。一般情况下，财务人员配备齐全的公司会采用账结法进行利润结转处理。

【实账处理】——尚领房地产公司关于利润结转的账务处理

尚领房地产公司 2018 年 12 月当月发生管理费用支出 150 万元，销售费用 248 万元，财务费用 2 万元。在 12 月尚领房地产公司确定收入，结转主营业务收入 1 000 万元，同时在当月确认成本，结转主营业务成本 560 万元。

公司 2018 年全年发生管理费用支出 1 800 万元，销售费用 2 950 万元，财务费用 250 万元。

全年尚领房地产公司确定收入，结转主营业务收入 18 000 万元，同时全年确认成本，结转主营业务成本 13 500 万元。尚领房地产公司采用账结法进行利润结转核算。

尚领房地产公司根据有关原始凭证和数据统计，12 月底编制会计分录如下。

①结转费用和成本

借：本年利润	9 600 000	
贷：主营业务成本		5 600 000
管理费用		1 500 000
销售费用		2 480 000
财务费用		20 000

②结转收入

借：主营业务收入	10 000 000	
贷：本年利润		10 000 000

6.3 利润分配的核算

利润分配核算是对所实现利润分配的去向、顺序和数量的核算，其中利润分配的去向主要体现在利润分配的账户设置；利润分配的顺序和数量的核算在会计法下有明确的要求。

下面对部分核算内容进行具体说明。

6.3.1 利润分配顺序

利润分配的顺序根据《中华人民共和国公司法》和其他相关法律法规等

的规定，企业当年实现的净利润一般应按照如图 6-1 所示的内容、顺序和金额进行分配。

第一步：计算可供分配的利润

按照国家规定税率计算应缴纳的所得税，扣减所得税费用后的净利润即为当期可供分配的利润，再与年初未分配利润（或亏损）合并，计算出年末可供分配的利润。如果可供分配的利润为负数（即亏损），则不能进行后续分配；如果可供分配利润为正数（即本年累计盈利），则进行后续分配。

↓

第二步：提取法定盈余公积金

在不存在年初累计亏损的前提下，法定盈余公积金按照税后净利润的 10% 提取。法定盈余公积金已达注册资本的 50% 时可不再提取。提取的法定盈余公积金用于弥补以前年度亏损或转增资本金的，转增资本金后留存的法定盈余公积金不得低于注册资本的 25%。

↓

第三步：提取任意盈余公积金

任意盈余公积金计提标准由股东大会确定，如确因需要，经股东大会同意后，也可用于分配。

↓

第四步：向股东（投资者）支付股利（分配利润）

企业以前年度未分配的利润可以并入本年度分配。
公司股东会或董事会违反上述利润分配顺序，在抵补亏损和提取法定公积金之前向股东分配利润的，必须将违反规定而发放的利润退还公司。

图 6-1

6.3.2 利润分配的账务处理

“利润分配”账户性质属所有者权益类，是用来核算企业在一定时间内净利润的分配或亏损的弥补以及历年结存的未分配利润情况的账户。其中借贷方登记内容和对应的科目如图 6-2 所示。

利润分配账户	
借方登记	贷方登记
（1）实际分配的利润额 （2）提取的盈余公积金 （3）分配给投资人的利润 （4）年末从“本年利润”账户转入的全年累计亏损额	（1）盈余公积弥补的亏损额 （2）年末从“本年利润”账户转入的全年实现的净利润额
借方科目	贷方科目
（1）利润分配－应付现金股利 / 转作资本的普通股股利 （2）利润分配－提取法定 / 任意盈余公积	（1）利润分配－盈余公积补亏 （2）利润分配－未分配利润
期末余额在借方，表示未弥补的亏损额	期末余额在贷方，表示未分配利润额

图 6-2

年末应先把“本年利润”账户余额转入“利润分配——未分配利润”账户。若“本年利润”账户余额在借方，则说明本年亏损，无可分配利润。若“本年利润”账户余额在贷方，则说明本年存在可分配利润，通过借方转出讲入“利润分配——未分配利润”贷方，再按照 6.3.1 节利润分配顺序进行利润分配账务处理。

下面介绍一下利润分配具体的账务处理。

◆ 提取法定盈余公积金

法定盈余公积是国家规定企业必须从税后利润中提取的盈余公积，提取比例为 10%，具体按照企业净利润和法定比例计提。当法定盈余公积金累计金额达到企业注册资本的 50% 以上时，可以不再提取。

提取法定盈余公积金时，借记“利润分配——提取法定盈余公积”科目，贷记“盈余公积——法定盈余公积”科目。

◆ 提取任意盈余公积金

任意盈余公积是股份制企业按照公司章程或股东大会的决议，从可向投资者分配的利润中提取的公积金，其提取金额与用途由公司自行决定。

企业提取的盈余公积可用于弥补亏损、扩大生产经营、转增资本或派送新股等。提取任意盈余公积金时，借记“利润分配——提取任意盈余公积”科目，贷记“盈余公积——任意盈余公积”科目。

◆ 向股东（投资者）支付股利（分配利润）

股利分配是指企业向股东分派股利，是企业利润分配的一部分，包括股利支付程序中各日期、股利支付比率以及支付现金股利所需资金的筹集方式等的确定。

上市公司管理当局在制定股利分配政策时，要遵循一定的原则，并充分考虑影响股利分配政策的相关因素与市场反应，使公司的收益分配规范化。

确定现金股利分配方案时，借记“利润分配——应付现金股利”科目，贷记“应付股利”科目。

支付现金股利时，借记“应付股利”科目，贷记“银行存款”科目。

确定股票股利分配方案时，“利润分配——转作股本股利”科目，贷记“股本”科目。

【实账处理】——尚领房地产公司关于利润分配的账务处理

尚领房地产公司2017年的本年利润账户贷方余额为100 000元，年度终了，结转进入利润分配账户。按当年实现的净利润的10%计提法定盈余公积，经股东大会批准，按5%计提任意盈余公积，按剩余净利润的30%向投资者分配现金股利，另按剩余净利润的30%作为股票股利。结转“利润分配——未分配利润”。要求：编制相关会计分录。

①结转2017年的本年利润时

借：本年利润	100 000	
贷：利润分配——未分配利润		100 000

②提取法定盈余公积金和任意盈余公积金时

借：利润分配——提取法定盈余公积	10 000	
——提取任意盈余公积	5 000	

贷：盈余公积——法定盈余公积　　10 000

——任意盈余公积　　5 000

③分配现金股利和转作股票股利时

借：利润分配——应付现金股利　　25 500

——转作股本股利　　25 500

贷：应付股利　　25 500

股本　　25 500

【计算】（100 000−10 000−5 000）×30%=25 500（元）。

④结转 2017 年未分配利润时

借：利润分配——未分配利润　　66 000

贷：利润分配——提取法定盈余公积　　10 000

——提取任意盈余公积　　5 000

——应付现金股利　　25 500

——转作股本股利　　25 500

6.3.3　未分配利润的账务处理

未分配利润是指企业实现的净利润经过弥补亏损、提取盈余公积和向投资者分配利润后留待以后年度分配或待分配的历年结存的利润。企业留待以后年度分配或待分配的利润在以后年度可继续进行分配，在未进行分配之前，属于资产负债表上的所有者权益的组成部分。

从数量上来看，未分配利润是期初未分配利润加上本期实现的净利润，减去提取的各种盈余公积和分出的利润后的余额。

未分配利润有如下两层含义。

◆ 一是留待以后年度处理的利润。

◆ 二是未指明特定用途的利润。相对于所有者权益的其他部分来说，企业对于未分配利润的使用有较大的自主权。

未分配利润核算是通过“利润分配——未分配利润”账户进行的。未分配利润核算一般是在年度终了时进行，年终时，将本年实现的净利润结转到“利润分配——未分配利润”账户的贷方。同时将本年利润分配的数额结转到“利润分配——未分配利润”账户的借方。

年末结转后的“利润分配——未分配利润”账户的贷方期末余额反映累计的未分配利润，借方期末余额反映累计的未弥补亏损。具体账务处理实例在 6.3.2 节利润分配的账务处理中已体现。

第7章

07

房地产企业税务筹划

房地产企业经营的商品开发周期较长，主要包括项目立项阶段、项目设计建造阶段、项目销售阶段和项目竣工结算阶段。各阶段均有涉税事项，使房地产企业具有缴纳相应税款的义务。由于项目的税务成本会影响项目的投资回报，合理控制税收成本是降低企业运营成本的重要一环，因此有必要对房地产开发各阶段的涉税事项进行总结，把握各个税务筹划机会，更好地为房地产业务版块发展执行战略性规划。下面我们对开发各阶段的涉税事项进行具体的税务筹划。

【本章要点】

项目设立阶段税收筹划

项目设计建造阶段税收筹划

项目销售阶段税收筹划

项目竣工决算阶段税收筹划

7.1 项目设立阶段税收筹划

房地产企业设立阶段主要涉及项目设立与项目公司组建和土地使用权的取得这两项业务。在这一过程中，税收筹划主要包括3方面：项目公司组织形式的筹划、合作项目合作方式的筹划和土地取得方式的税收筹划。下面针对这3方面税收筹划进行具体讲解。

7.1.1 项目公司组织形式的筹划

房地产企业在选定的投资区域建立项目公司时，首先要进行税务筹划的问题就是内部组织形式的选择。企业一旦通过工商注册成立，公司性质便已确定。特定的公司性质便确定了所应遵守的税法法规。

例如，房地产企业总公司根据项目区域成立相应的分支机构时，选择成立子公司还是分公司，不同选择决定该分支机构的税务缴纳义务。子公司是具有独立法人资格的，在所设地区被视为纳税人，需承担纳税义务。而分公司不具备独立法人资格，无法对外承担法律责任和义务，只能由其总公司承担纳税义务。

因此，房地产企业在选定的投资区域建立项目公司时，是选择母子公司的形式还是总分机构的形式，需要企业进行比较。

企业选择组织形式时，需要考虑的因素主要有3个方面，如表7-1所示。

表 7-1

因素	具体描述
地域差异	我国地域间税率差异大，这种差异随着内外企业所得税法的统一逐渐减小，但目前还是存在，如各自贸区存在差异等；对于个别地区会有区域对企业落户实行奖励政策，或税款返还政策。房地产企业总公司应根据地方税收优惠政策和税率差异在可选择的项目区域，根据项目的实际情况选择子公司还是分公司，选择最优的组织形式很大限度地为企业节约更多的税收成本

续表

因素	具体描述
分支机构的盈亏能力	在某些区域，国家或者地方针对房地产企业的优惠政策较少或没有优惠政策和优惠税率，则需要考虑分支机构的盈亏能力。如果是长期亏损，分公司形式的分支机构能减少盈利的总公司和盈利的其他分公司的应纳税所得额，节约税收成本。如果是短期亏损，子公司的独立法人的性质更适合企业在当地的发展，在公司经营的很多问题上会具有更大的优势
债务或者法律纠纷	从法律责任方面来看，由于分公司无独立法人资格，在出现债务或者法律纠纷时，会对总公司影响程度较大，而子公司可以以其出资额对其债务承担有限责任，减少其对总公司的影响

7.1.2　合作项目合作方式的筹划

不同的取得土地方式、不同的运营主体和平台及不同的利益分割方式共同决定了房地产企业合作项目的不同合作开发方式。合作建房是指由一方提供土地使用权，另一方提供资金，共同开发房地产的模式。合作开发是当前房地产企业重要的发展模式，能有助于房地产企业有效解决资金和土地短缺的瓶颈，实现企业快速发展。目前房地产企业一般有以下两种合作开发模式。

（1）以物易物式合作

以物易物式合作建房包括两种情形，如图 7-1 所示。

①　一方提供土地使用权，另一方提供资金，双方建立契约合作建房，约定房屋建成后按比例分配。在这种情形里，一方以土地使用权换取部分房屋所有权，另一方以部分的房屋所有权换取了部分土地使用权。中间发生了销售不动产和转让无形资产的增值税应税行为。但这种情形在实际工作中操作性不强，很少被房地产企业采用。

②　以出租土地使用权为代价换取房屋所有权。在这种情形里，一方将土地使用权出租给另一方若干年，另一方在该土地上投资建造建筑物并使用，租赁期满后，另一方将土地使用权连同所建的建筑物归还。这种情形适合参与合作建房的建筑物自用，不适合对外出售的开发产品。

图 7-1

（2）项目独立核算法

项目独立核算法是以拥有土地的一方企业为主体，另一方资金以协议借款方式参与项目的开发，并约定对项目税后利润的分配方式。

开发企业以本企业为主体，联合其他企业、单位、个人合作或合资开发房地产项目，且该项目未成立独立法人公司的，凡开发合同或协议中约定分配项目利润的，应按以下规定进行处理。

- 开发企业应将该项目形成的营业利润额并入当期应纳税所得额中统一申报缴纳企业所得税，不得在税前分配该项目的利润。同时不能因接受投资方投资额而在成本中摊销或在税前扣除相关的利息支出。
- 投资方取得该项目的营业利润应视同取得股息、红利，依据开发企业的主管税务机关出具的证明按规定补交企业所得税。按此规定，合作双方实现的利润先税后分，提供资金一方不得以任何名义从另一方收取利息，从而规避所得税。由于是利用自有资金开发，筹资成本不得在开发成本中摊销或在税前扣除相关的利息支出，否则对拥有资金的投资方的投资回报率会产生影响。而拥有土地的开发企业的筹资成本可以税前扣除。

在纳税筹划时，可以确定合作双方投资开发该项目不计利息的，视同准注册资本的投资额，双方按此比例进行税后利润分配，项目开发不够的资金采用双方对金融机构担保的方式，获得开发贷款，使得投资方的借款利息能在税前扣除，充分利用财务杠杆，提高投资方的投资回报率。

7.1.3 土地取得方式的税收筹划

房地产“营改增”后，增值税替代营业税，允许企业生产经营环节抵扣上游环节已纳增值税税款，从而消除重复征税的弊端，减轻企业税负。

在计算缴纳增值税时，取得土地使用权时向政府部门支付的土地价款，允许在计算销售额时从全部价款和价外费用中扣除。

【提示】需要注意的是，允许从全部价款和价外费用中扣除的土地价款，需要满足以下条件：①向政府部门支付的土地价款；②应当取得省级以上（含省级）财政部门监（印）制的财政票据。其他土地购置及拆迁成本均不允许抵扣，从而不利于企业税负降低，但同时也为企业在现有法律法规框架下进行有关土地成本税务筹划留下一定空间。在增值税政策下，企业支付政府部门土地价款高低，最终会以杠杆原理的形式影响项目开发经营的整体税负。因此，土地成本税务筹划工作必然是房地产企业内部管理的重点。

在增值税政策下，房地产新项目因取得土地发生的土地成本有如图 7-2 所示的税务筹划实施方案及建议。

1. 实际谈判中，扩大“营改增”政策中“支付土地价款”的界定范围

根据 2011 年 1 月 21 日国务院颁布的《国有土地上房屋征收与补偿条例》第四条规定，“市、县级人民政府负责本行政区域的房屋征收与补偿工作。”因此，对有关拆迁系列成本费用纳入目前增值税下只允许销项抵减的“土地出让金”提供了可能。企业在签订土地出让合同时，应争取将涉及项目有关拆迁的费用一并纳入“土地价款”合计金额中，加大未来增值税下销项扣除基数，从而合法有效地降低企业税负。

2. 合理控制拿地成本在开发总成本中的比例，收窄企业收益流失范围

相关文件中明确规定土地出让金可以增值税进项税抵减销项税，据此模拟测算，若企业在同样开发规模、同样设计规划条件下，获取不同价格的土地，企业可根据自身发展战略不同，做出合理选择。

- 追求营业收入规模最大化的企业，在同样售价水平下，合理利用土地价款杠杆作用，将因此所抵减的销项税转化为营业收入。相比提供货物销售行业，房地产企业核算所确认的收入因土地价款抵减销项税而有所增加，具体增加金额 = 土地出让金 ×[1 ÷（1+9%）x9%]。
- 兼顾收入、利润规模双赢的企业，应优先选择供不应求的市场获取土地，同时应考虑市场环境中客户积极接受因土地价格转移到销售价格的能力，如果可消化价格差，应优先在该市场拿地。由于土地价款将所抵减的增值税销项税转化为营业收入，并且除附加税外，增值税不纳入税前利润扣除项。因此，企业在获取较高价格土地的同时，可以较低增长幅度提高销售价格，同样可以在不减少利润总量的情况下，获得收入、利润规模双赢的效果。

图 7-2

7.2 项目设计建造阶段税收筹划

房地产项目公司的建造阶段包括设计阶段和施工阶段，主要的工作有项目设计、项目计划的制定、项目建设条件的准备、招标及承包商的选定以及签订项目总承包合同等。这个阶段是项目公司具体实施公司战略决策的阶段。

在项目的建造开发阶段会涉及筹资、投资业务，需要我们在合同订立、账务处理、确定内部和外部资金筹措方式及配套设施的处理等之前或过程中进行有关土地增值税的筹划，甚至企业所得税的筹划。

7.2.1 项目分期及户型选择的筹划

由于不同类型的物业的土地增值税对应不同的税负，房地产企业对同一项目应做到尽量分期、分区开发不同类型的房产，如别墅、商业、普通住宅和非普通住宅等。合理地规划项目的分期及物业类型有利于降低企业土地增值税的整体税负。其中，规划分期的要点包括如图 7-3 所示的 3 个方面。

1. 关于展示区及分期范围的规划，土地成本的分摊以确权物业的占地面积为基数，尽量均衡各分期的范围和容积率，以避免各分期物业单位土地成本的不均衡。
2. 关于规划证分期，规划证作为土地增值税清算单位的重要依据，规划证范围越小，清算越细，无法均衡增值率，引起税负的上升。因此应尽可能增大规划证的范围，尽量避免过多拆分规划证。
3. 关于高增值物业与低增值物业合理搭配。尽可能将高增值物业和低增值物业合理搭配，避免高增值物业或低增值物业分别扎堆捆绑清算。

图 7-3

另外，关于户型选择的筹划要点只有一点，即在户型规划中考虑小户型住宅土地增值税优惠，避免出现危险面积户型，如 119 平方米、122 平方米套内产品。按我国税法规定，住宅社区容积率在 1.0 以上、单套住房套内建筑面积 120 平方米以下或单套住房建筑面积 144 平方米以下，增值额不超过 20%，免土地增值税。尽可能利用这样优惠的税务条例，减少土地增值税的税务负担。

7.2.2　各项目成本的归集与控制及合同的订立执行

准确合理的成本归集与分配有助于开展合理的税务筹划工作，简化税额计算的过程，提高企业的财务工作效率。房地产企业一般将成本分为以下 6 类进行归集，具体每一类成本的内容如表 7-2 所示。

表 7-2

成本类别	成本内容
土地成本	土地出让金、转让款、契税、市政配套、耕地占用税、土地闲置费、拆迁补偿、安置费及相关税费等
前期工程费	前期发生的水文地质勘察、测绘、规划、设计、可行性研究、筹建及场地通平等前期费用
建筑安装工程	主要指土建工程，具体包括以下 4 种工程支出：①安装工程（强电安装、弱电安装、给排水安装、电梯安装、空调安装、消防安装、天然气安装和采暖安装）支出；②装饰工程（保温工程、门窗工程、栏杆工程和内外墙工程）支出；③基础工程（人工土石方、机械土石方、降水工程、桩基础和基坑）支出；④主体工程（钢筋工程、模板工程和填充墙工程）支出
基础设施建造费	开发过程中所发生的各项基础设施支出，主要包括开发项目内道路、供水、供电、供气、排污、排洪、通信、照明等社区管网工程费和环境卫生、园林绿化等园林环境工程费
公共配套设施费	开发项目内发生的、独立的、非营利性的，且产权属于全体业主的，或无偿赠予地方政府、政府公用事业单位的公共配套设施支出
开发间接费用	企业为直接组织和管理开发项目所发生的，且不能将其归属于特定成本对象的成本费用性支出。在核算中，开发间接费主要包括管理人员工资、职工福利费、折旧费、修理费、办公费、水电费、劳动保护费、工程管理费、周转房摊销以及项目营销设施建造费等

房地产相关成本可明确受益对象的直接计入相关物业，不能区分的则按共同成本归集后进行分摊。上述 6 类成本项目所对应的成本分摊方法如表 7-3 所示。

表 7-3

成本类别	成本性质	所得税分摊方法	土地增值税分摊方法
土地成本	共同成本	占地面积法	占地面积法
前期工程费	共同成本	建筑面积法	建筑面积法
建筑安装工程费	共同成本	预算造价法	预算造价法
基础设施费	共同成本	预算造价法	预算造价法
公共配套设施费	共同成本	建筑面积法	建筑面积法
开发间接费用	共同成本	建筑面积法	建筑面积法

房地产公司税收筹划依赖于良好的成本控制，公司须在项目成立之初，根据对规划设计及市场的研究与测算，制定合理的目标收入、目标成本和目标税负率，建立全面预算制度，对目标进行分解、细化、执行和反馈，依据市场的实际反应，适时调整相关成本，以达到合理的税负。

房地产合同需根据规划设计目标成本的要求，严格按招标程序及合同订立流程来订立，合同订立过程中需明确合同内容及合同范围，以便做成本的归集与调整。比如，对合同内容进行分拆，在总价不变的情况下，适度提高高增值物业的成本。同时须严格按合同内容执行，相关工程付款需做到工程业务进度、资金流向及发票内容等与金额相一致，以支撑成本的确定。

7.2.3 建筑合同订立的筹划

签订项目承包合同是项目实施建造阶段的重要工作之一。利用承包合同来进行税收筹划，可以在一定程度上达到节税的效果。比如房地产开发企业将开发的建筑工程项目以总包的形式发包给建筑公司，同时对关键设备如电梯进行分包。

现在对于总分包问题的增值税政策有如下两项。

- 选择一般计税方法计税的不适用差额计税。一般纳税人提供建筑服务，适用一般计税方法计税的，应以取得的全部价款和价外费用为销售额计算应纳税额。其间应取得分包工程承包人开具的增值税专用发票，进项税额可以抵扣销项税额。

◆ 一般纳税人选择适用简易计税方法计税的和小规模纳税人，应以取得的全部价款和价外费用扣除支付的分包款后的余额为销售额。因此，只有适用简易计税方法计税的纳税人的分包工程才可以扣除分包款。建筑业分包差额计算增值税的分包工程，其承包人必须具备相应资质，个人承揽分包工程业务的分包款不得扣除。

7.2.4　开发间接费用筹划

开发间接费用是房地产开发企业内部独立核算单位在开发现场组织管理开发产品而发生的各项费用。开发间接费用核算的内容包括工资、福利费、折旧费、修理费、办公费、水电费、劳动保护费、周转房摊销、利息支出以及其他费用。不同于管理费用，管理费用是房地产企业的行政管理部门为了组织、管理房地产开发及相关活动的费用支出。

按照现行企业所得税的有关规定，开发企业发生的当期费用允许在企业所得税税前扣除，如果将应计入开发间接费用的一些费用计入了当期费用，这样企业所得税当期就会少缴纳一部分金额（时间性差异），但是在进行该项目土地增值税清算时，扣除项目金额少扣除了应计入开发间接费用的 25%（永久性差异）。因土地增值税和企业所得税受开发项目的利润水平、是否销售、单一项目还是多项目开发等诸多因素的影响，建议企业根据各项目的实际情况来进行开发间接费的税收筹划。

开发企业取得竣工备案证明后，发生的费用直接计入当期损益，不在开发间接费用中核算。在实务操作时，除总部外，项目公司的公司部门设置全部是为项目开发服务的，所以在进行土地增值税清算时，可以和税务机关就此问题进行沟通，阐明理由，在账务处理时，项目公司各部门的费用向开发间接费用倾斜。如果项目当地税务部门无法认同，可以在进行土地增值税清算时按部门将费用调出，如此可以最大限度地加大开发间接费用，即加大开发成本，增加土地增值税计算时的扣除基数。

有些公司在实际工作中充分利用此政策，从人员归属上将除办公室、财务部和销售部外的员工尽可能划分到项目工作人员，其相关工资、福利等划归开发间接费；公司发生的费用也根据实际情况尽可能划归开发间接费。

7.2.5 配套设施费的筹划

公共配套设施费是指房地产开发中必须建造但不能有偿转让的非营利性公共配套设施所发生的支出。非营利性的公共配套设施主要是指物业办公场所、变电站、热力站、水厂、居委会、派出所、托儿所、幼儿园、学校、医院、邮电通讯、自行车棚和公共厕所等。关于公共配套设施费处理原则如图7-4所示。

原则 1	原则 2	原则 3
建成后产权属于全体业主所有的，其成本、费用可以扣除。	建成后无偿移交给政府、公用事业单位用于非营利性社会公共事业的，其成本、费用可以扣除。	建成后有偿转让的应计入收入，并准予扣除成本、费用。

图 7-4

由于各开发项目配套设施情况不同，必须先确定允许扣除的配套设施面积后再进行分摊。对于成片开发分期清算项目的公共配套设施费用，在先期清算时应按实际发生的费用进行分摊；后期清算时实际支付的公共配套设施费用分摊比例大于前期的金额时，允许在整体项目全部清算时，按照整体项目重新进行调整分摊。

7.3 项目销售阶段税收筹划

房地产开发企业项目销售包括预售未竣工产品和销售已竣工产品两个阶段，其中未竣工产品的预售时间点均不相同，但都必须在取得预售许可证的前提下才能进行。房地产开发企业收到的预售款项包括房屋的首付款、房款和定金等，应按适用税率上缴增值税、土地增值税和企业所得税。

房地产开发企业销售已经竣工的商品房时，按已确认的土地增值税和企业所得税的单位成本计算应缴纳的土地增值税和企业所得税，不再按预售方式计算和缴纳土地增值税和企业所得税。

实际情况中，很多项目在预售阶段及项目施工过程中完成绝大部分的销售工作，所以本筹划中所说的销售阶段主要指预售阶段。在这一阶段中主要包括以下几方面的筹划。

7.3.1　销售方式和促销活动的税务筹划

房地产开发企业在项目区域上建立项目公司，通过拉长企业收入链条增加环节，利用企业自身组织架构的变化来降低税收成本。通过分解收入，可降低土地增值税的计税收入，从而降低土地增值税金额。

销售折扣是企业惯用的促销手段，房地产企业利用销售折扣能在行业低迷时促进商品的销售。现行税法规定，如果销售额和折扣额在同一张销售发票上注明的，可按折扣后的销售额计算收入并计税；如果将折扣额另行开票，则必须全额计税。依据政策规定，房地产企业相关部门在开具发票时，将含有销售折扣的商品的销售额和折扣额在同一张销售发票上注明，按实际销售收入计算收入并计税，减少不必要的税负。

在销售时赠送家具、家电、小汽车或者买房免 n 年物业费等促销手段是近年来房地产开发企业的常用手段。进行上述优惠的正确做法一定是开发商将上述优惠体现在房价上，同时业主将得到的优惠在开发商控制的关联企业中消费掉，比如买房免 n 年物业费，免掉的物业费一定要体现在房价里，同时业主再把物业费交到与开发商关联的物业公司。

7.3.2　销售定价的筹划

由于土地增值税税负因素的影响，在开发成本一定的情况下，售价增长会使税后利润的绝对值相应增长，但土地增值税的存在会导致销售净利率有极大值。超过销售净利率极大值的售价，虽然会使税后净利润增加，但企业得到的净利润小于支付给国家的税款。因此，在项目进行销售定价时，对于土地增值税的筹划有两个方面。

- 一是对于普通住宅，《中华人民共和国土地增值税暂行条例》第八条规定纳税人建造普通标准住宅出售，增值额未超过扣除项目金额20% 的免征土地增值税。可以利用普通住宅免税的 20% 的临界点来进行筹划。
- 二是针对土地增值税税率的不同，来确定在相同税率里的最高售价，达到税率不变的情况下拥有较高的售价和税后利润。

假设房地产开发商建设普通住宅项目，售价为 X，开发成本为 C，其中：

土地增值税扣除项目 =C+C×10%+C×20%+5.5%X=1.3C+0.055X

增值额 =X−1.3C−0.055X=0.945X−1.3C

要想让土地增值税的增值率低于 20%，建立不等式关系如下。

0.945X−1.3C<（1.3C+0.055X）×20%，即 X<1.67C。

由此计算过程可得出结论，当普通住宅的售价低于开发成本的 1.67 倍时，土地增值税的增值率低于 20%，从而可以享受到国家的优惠政策，在售价幅度变化不大的情况下，获得最大的收益。但若市场环境繁荣，房地产开发商为了要获得更高的利润，可能选择放弃国家优惠政策来提高售价，虽然由于上缴更多的税款损失了一部分利润，但最终也获得了比享受优惠政策的价格更多的税后利润。

超越免税临界点后，在不同的增值率下售价区间为：增值率在 20％~50％，售价所在的区间为 1.67C~2.1253C，对应的税率为 30％；增值率在 50％~100％，售价所在的区间为 2.1253C~2.9213C，对应的税率为 40％；增值率在 100％~200％，售价所在的区间为 2.9213C~4.6707C，对应的税率为 50％；增值率在 200％以上时，售价所在的区间为 4.6707C 及以上，对应的税率为 60％。

由于有土地增值税超率累进税率的影响，企业的销售收入与销售利润间并不是完全的正比例增长，如果销售收入的增长不能大于增值税和土地增值税的增长，企业得到的税后利润将会低于销售收入增加前的税后利润。如此，房地产开发企业提高售价将不会有意义，所以在定价时我们需要充分考虑到土地增值税等各种税收对利润的影响，在可能的条件下充分利用国家对土地增值税的优惠政策，在不能适用优惠政策的时候，根据市场条件，争取在价位相近的情况下，适用较低的土地增值税税率，来实现企业利润的最大化。

7.3.3　代收费用和精装修住房的筹划

房地产开发企业按照政府有关部门的要求，在销售项目时，需要代收一部分费用，如水费、电费、燃气费和维修基金等。这些费用一般由房地产开发商先行收取，后续按规定转交委托单位。而对于房地产开发商收取的价外费用，如果代收费用是计入房价中向购买方一并收取的，应作为转让房地产所取得的收入计税；如果代收费用未计入房价中，而是在房价之外单独收取的，可以不作为转让房地产的收入。

对于代收费用作为转让收入计税的，在计算扣除项目金额时，可予以扣除，但不允许作为加计 20% 扣除的基数；对于代收费用未作为转让房地产的收入计税的，在计算增值额时不允许扣除代收费用。

在企业所得税计算上，如果代收费用不是房地产开发企业开具的发票，则不需要把代收费用计入收入而缴纳对应的企业所得税。

按规定，房地产开发企业销售已装修的房屋，其装修费用可以计入房地产开发成本。房地产开发商在提供给消费者高品质产品的同时，能通过适当提高装修成本的手段或分解收入的方式来降低土地增值税的税负，提高企业的税后利润。因此实际工作中很多地产公司并不将装修业务剥离给关联的装修企业，而是通过做精装修业务适当调高开发成本，以达到节税目的。

7.3.4　房地产项目公司产品交付业主及清算的税务筹划

项目公司在开发项目竣工验收后，依据与购房者签订的商品房交易合同，接受购房者的检验，通过之后“交钥匙”完成商品销售。购房者接受钥匙即意味着开发商在会计处理中，资产的风险和报酬已经转移，可以确认收入。虽然房屋产权在此时并未完成转移，但由于此步骤时间跨度较长，从开发商的大产权变更到小产权往往在交房后一到两年的时间里完成，所以业内实操中通用的做法就是以“交钥匙”来确认收入时间。

由于是项目公司，其存在的目的就是完成项目的开发出售并获得利润。如果在项目竣工验收后，其未销售的开发产品在总可售面积的15%以内，为了节约项目公司的管理成本，可以将未销售的开发产品统一销售给集团公司内部的其他公司或者外部的资产管理公司。

在进行土地增值税和企业所得税的清算后，对项目公司进行公司清算。项目公司税务清算的程序是先进行土地增值税和企业所得税的清算，再进行清算期的清算，即应出具清算期的会计报表审计报告、近3年的清税报告，经主管税务机关审核后注销税务登记，最后进行工商登记的注销。此步骤完成后也就意味着一个项目生命周期的结束。

7.3.5 剩余资产的税务筹划

项目竣工验收后，未销售开发产品在总可售面积15%以内的，考虑节约项目公司的管理成本和税务成本，可以对剩余资产进行统一出售安排，这时剩余资产售价可以略低于同期同类开发产品的售价。

剩余资产中，比例较大的为该项目的车库。住宅小区的车库按照产权的性质来分，可分为有产权和无产权，无产权车库多为人防面积，是小区全体业主的共同财产，无法销售，只允许出租；而有产权的车库可进行销售。在整体出售剩余资产时，出售价格将是我们税务筹划的关键点。

在核定土地增值税时，剩余资产中占比较大的车库被认定为非普通标准住宅，销售车库的收入将会提高非普通住宅的应税收入，所以定价需要根据项目整体清算中土地增值税的税率水平来确定。将车库收入并入非普通住宅的应税收入，结合本章7.3.2节销售定价的筹划来确认核实车库的定价。

7.3.6 房地产项目公司清算的税务筹划

企业清算是指企业由于经济和契约等原因，不能或不再继续经营时，按照国家有关法律法规以及企业具有法律效力的章程协议的约定，按照法定程序，对企业的资产、债务和债权进行结算，并对企业剩余资产进行分配，消灭企业法人资格的法律行为。房地产项目公司成立的目的就是为项目服务，当项目结束时，公司就完成了其存在的历史使命，为了减少企业的经营管理成本，或是按照公司章程的约定，项目公司要进行解散清算。

纳税人清算时，应当以清算期间作为一个纳税年度，其清算终了后的清算所得应按照规定缴纳企业所得税，即企业的清算年度，应划分为两个纳税年度。项目公司进行公司清算时需要注意清算开始的日期，清算日期不同，对两个纳税年度应纳税所得额的影响不同，企业可以通过合理调整正常经营所得和清算所得，来降低企业整体税负水平。

如果企业在清算年度有经营所得，预计清算为亏损状态，可尽量将清算支出提前支付，从而将清算日期推迟，利用税务政策来进行企业所得税的筹划，减少税负支出。

另外需要关注的是，房地产公司的企业所得税不是按照项目汇算清缴，而是按照年度汇算清缴的，在未完工期的利润是按照收入的 15% 扣除期间费用、税金，再抵补亏损后按照 25% 缴纳，这就要求公司在考虑上级费用控制预算的前提下筹划好期间费用，尤其是销售费用，尽可能做到不缴或少缴企业所得税；在完工年度结转损益的情况下，尽可能将地下车库等亏损的业态尽早结转，有效降低利润率，这就要求公司要尽早销售地下车库、夹层和小棚等业态，实行捆绑销售就是不失为好的策略。

7.4　项目竣工决算阶段税收筹划

竣工决算后，房地产开发企业面临土地增值税和企业所得税的清算，清算中，成本核算均需以取得的合法凭证为依据。因此，竣工决算后应尽早办理决算业务，并尽量全额取得相关成本的合法发票。下面分别就土地增值税和企业所得税的税收筹划进行讲述。

7.4.1 土地增值税清算单位的选择

准确确定清算单位（项目）是土地增值税清算工作的关键环节，清算单位不同，会导致不同的清算结果。

土地增值税以纳税人房地产成本核算的最基本的核算项目或核算对象为单位计算。房地产成本核算的最基本的核算项目或核算对象分为土地开发、房屋开发、配套设施开发和代建工程开发 4 类。以上 4 类核算项目或核算对象作为土地增值税清算单位来计算土地增值税，可以整体项目来计算土地增值额、增值率和土地增值税额，以实现税负的正负相抵。

土地增值税是以国家有关部门审批的房地产开发项目为单位进行清算的，对于分期开发的项目，以分期项目为单位清算。开发项目中同时包含普通住宅和非普通住宅的，应分别计算增值额。土地增值税清算单位中所称“单位”，指根据土地增值税清算工作的需要，按项目开发情况划分的，应作为单独鉴证对象的单项工程或单位工程。

按税法规定，纳税人建造普通标准住宅出售，增值额未超过扣除项目金额 20% 的，免征土地增值税。对纳税人既建普通住宅又搞其他房地产开发的，应分别核算增值额。不分别核算增值额或不能准确核算增值额的，其建造的普通标准住宅不能适用《土地增值税暂行条例》第八条（一）项的免税规定。

实际工作中，有些房地产开发企业的清算项目包括普通住宅和非普通住宅，能够单独计算两者的增值额却不愿意进行这项工作，放弃普通住宅免税的待遇，而希望将项目合并计算增值额。这往往出现在普通住宅发生负增值，而非普通住宅出现较大增值的情况下，普通住宅的免税条款失去了意义，未能充分利用普通住宅的税收优惠，如果把普通住宅和非普通住宅作为同一清算单位核算，通过正负相抵使项目的整体税负得以降低。

7.4.2 土地增值税清算时间的选择

房地产开发企业以清算单位为单元，当清算单位符合如图 7-5 所示的情形之一，纳税人应进行土地增值税的清算。

房地产企业主动清算项目土地增值税的情形	房地产开发项目全部竣工、完成销售的
	整体转让未竣工决算房地产开发项目的
	直接转让土地使用权的

图 7-5

如果出现如图 7-6 所示的情形之一的，房地产企业仍不进行土地增值税清算，主管税务机关可要求纳税人进行土地增值税清算。

主管税务机关可要求纳税人进行土地增值税清算的情形	已竣工验收的房地产开发项目，已转让的房地产建筑面积占整个项目可售建筑面积的比例在 85% 以上，或该比例虽未超过 85%，但剩余的可售建筑面积已经出租或自用的
	取得销售（预售）许可证满 3 年仍未销售完毕的
	纳税人申请注销税务登记但未办理土地增值税清算手续的
	省税务机关规定的其他情况

图 7-6

7.4.3　企业所得税清算的税收筹划

企业销售未完工开发产品取得的收入，应先按预计计税毛利率分季（或月）计算出预计毛利额，计入当期应纳税所得额。开发产品完工后，企业应及时结算其计税成本并计算此前销售收入的实际毛利额，同时将实际毛利额与其对应的预计毛利额之间的差额，计入当年度企业本项目与其他项目合并计算的应纳税所得额。

因此，纳税人应注意开发产品是否符合完工条件，如达到完工条件，应及时结算计税成本并计算此前销售收入的实际毛利额，年度企业所得税汇算清缴时，根据实际毛利额与其对应的预计毛利额之间的差额做纳税调整。

完工条件的确认是采用竣工、使用和产权等孰早的原则，开发产品只要符合如图 7-7 所示的条件之一的，就应进行完工时的税务处理。

应进行企业所得税清算的完工条件	开发产品竣工证明材料已报房地产管理部门备案
	开发产品已开始投入使用
	开发产品已取得了初始产权证明

图 7-7

房地产开发企业应按规定及时结算开发产品计税成本，并计算此前以预售方式销售开发产品所取得收入的实际毛利额，同时将开发产品实际毛利额与对应的预计毛利额之间的差额，计入当年（完工年度）应纳税所得额。

但在实务中，很多开发企业已经符合开发产品已开始投入使用的条件，但仍采用种种手段延迟结转收入，例如虽为业主办理了交房手续，但以办理竣工决算为收入结转的时点，通过延迟办理竣工决算拖延收入结转的时间；以款项收齐开具正式发票为结转收入的时点，收入确认由企业人为控制，推迟收入确认时间等。

房地产企业开发产品完工后，在年度纳税申报时，企业须出具对该项开发产品实际毛利额与预计毛利额之间差异调整情况的报告以及税务机关需要的其他相关资料，例如差异调整的税务鉴证报告、开发项目的地理位置及概况、占地面积、开发用途、初始开发时间、完工时间、可售面积及已售面积、预售收入及其毛利额、实际销售收入及其毛利额、开发成本及其实际销售成本等信息。

第8章

08

房地产企业各环节纳税实务

税务工作是房地产企业财务的重要模块之一。本章我们主要详述房地产企业在项目设立、建造、销售和清算等环节中的税务义务和实务，概括项目整个开发经营过程中涉及的相关纳税工作和账务处理。

【本章要点】

房地产企业项目设立环节的税务处理

房地产企业项目开发建设环节的税务处理

房地产企业销售环节的税务处理

房地产企业项目自持使用环节的税务处理

8.1 房地产企业项目设立环节的税务处理

房地产企业设立阶段主要涉及项目设立与项目公司组建和土地使用权的取得两项业务。该阶段在取得土地使用权过程中涉及的税种是契税和耕地占用税；签订合同、建立项目公司营业账簿等工作涉及的税种是印花税。

下面我们具体讲解这 3 种税的核算和对应的税务处理。

8.1.1 契税

契税是指不动产（土地、房屋）产权发生转移变动时，就当事人所订契约按产权价的一定比例向新业主（产权承受人）征收的一次性税收。契税除与其他税收有相同的性质和作用外，还具有自身的特征，如表 8-1 所示。

表 8-1

特征	具体描述
特征一	征收契税的宗旨是为了保障不动产所有人的合法权益。通过征税，契税征收机关便以政府名义发契税证明，承担保证产权的责任
特征二	纳税人是产权承受人。当发生房屋买卖、典当、赠予或交换行为时，按转移变动的价值，对产权承受人课征一次性契税
特征三	契税采用比例税率，即在房屋产权发生转移变动行为时，对纳税人依一定比例的税率课征

按照契税税法规定，房地产企业契税以国有土地使用权出让、出售和房屋买卖的成交价格为计税依据，即土地、房屋权属转移合同确定的价格。契税的计税依据包括承受者应交付的货币、实物、无形资产或者其他经济利益。

- 房地产企业取得的土地以协议方式出让的，其契税计税价格为成交价格，包括土地出让金、土地补偿费、安置补助费、地上附着物和青苗补偿费、拆迁补偿费以及市政建设配套费等承受者应支付的货币、实物、无形资产及其他经济利益。

- 房地产企业取得的土地以招拍挂方式出让的，其契税计税价格为拍卖的成交价格，包括土地出让金、市政建设配套费以及各种补偿费用等。

在一般业务中，房地产企业作为土地使用权、房屋权属的承受方，应当缴纳契税。但在土地使用权交换（指土地使用者之间相互交换土地使用权的行为）、房屋交换（指房屋所有者之间相互交换房屋的行为）等特殊业务中，作为契税计税依据的是所交换的土地使用权、房屋的价格差额。

- 对土地使用权、房屋交换，交换价格不相等的，由多交付货币、实物、无形资产或者其他经济利益的一方缴纳税款；对交换价格相等的，免征契税。
- 对于土地使用权与房屋所有权相互交换，交换价格不相等的，同样是由多交付货币、实物、无形资产或者其他经济利益的一方缴纳税款，交换价格相等的，同样免征契税。

由此，对于拆迁还建房产，如果开发方除还建的房产外，还另外向被拆迁户支付了货币、实物、无形资产或其他经济利益的，开发方应当就另外支付的部分按规定的税率缴纳契税；如果开发方与被拆迁户纯粹是以房换房（或以地换房），双方互不找差价的，则不缴纳契税；如果开发方只给予被拆迁户补偿费，即不存在还建房产的，则开发方应当按所支付给被拆迁户的全部价款和价外费用为计税依据，依照规定的适用税率缴纳契税。

契税实行 3% ~ 5% 的幅度税率，实行幅度税率是考虑到中国经济发展的不平衡，各地经济差别较大的实际情况。因此，各省、自治区、直辖市人民政府可以在 3% ~ 5% 的幅度税率规定范围内，按照该地区的实际情况确定具体税率。

契税的计算公式为：应纳税额 = 计税金额 × 适用税率。

房地产开发企业取得土地使用权缴纳的契税是按照实际用地面积计算，并一次性缴纳，因此可以不通过“应交税费”科目进行核算，而直接计入房地产项目的成本费用之中，即对应项目的开发成本中，即借记“开发成本——土地开发成本”科目，贷记“银行存款”或其他科目。

契税的纳税义务发生时间为纳税人签订土地、房屋权属转移合同的当天，或者纳税人取得其他具有土地、房屋权属转移合同性质凭证的当天。纳税人应当在纳税义务发生之日起 10 日内，向土地、房屋所在地的契税征收机关办理纳税申报，并在契税征收机关核定的期限内缴纳税款。

纳税人办理纳税事宜后，契税征收机关应当向纳税人开具契税完税凭证。纳税人应当持契税完税凭证和其他规定的文件材料，依法向土地管理部门、房产管理部门办理有关土地、房屋的权属变更登记手续。

上述契税征收机关为土地、房屋所在地的财政机关或者税务机关，具体征收机关由省、自治区、直辖市人民政府确定。

【实账处理】——尚领房地产公司关于契税的账务处理

尚领房地产公司于 2017 年 11 月参加当地土地主管部门“招拍挂”，于 12 月初支付竞拍保证金 6 000 万元，在 12 月底公司收到中标通知书，于 2018 年 1 月 30 日前支付完剩余的土地出让金 24 000 万元。

按照税法规定，当地契税税率为 5%。2018 年 3 月尚领房地产公司签订土地转移合同，编制会计分录如下。

应缴纳的契税 =（6 000+24 000）×5%=1 500（万元）

借：开发成本——土地开发成本　　15 000 000

　　贷：银行存款　　15 000 000

8.1.2　印花税

印花税是对经济活动和经济交往中书立、领受具有法律效力的凭证等行为所征收的一种税。因实际业务中采用在应税凭证上粘贴印花税票作为完税的标志而得名。

印花税的纳税人包括在中国境内设立、领受规定的经济凭证的企业、行政单位、事业单位、军事单位、社会团体、其他单位、个体工商户和其他个人。印花税具体征税范围如表 8-2 所示。

表 8-2

征税范围	具体征税项目	税率
经济合同	买卖合同	按支付价款的 0.3‰贴花
	承揽合同	按支付报酬的 0.3‰贴花
	建设工程合同	按支付价款的 0.3‰贴花
	融资租赁合同	按租金的 0.5‰贴花
	租赁合同	按租赁金额 1‰贴花。税额不足 1 元，按 1 元贴花
	运输合同	按运输费用 0.3‰贴花
	仓储保管合同	按仓储保管费用 1‰贴花
	借款合同	按借款金额 0.05‰贴花
	财产保险合同	按保险费收入 1‰贴花
	技术合同	按支付价款、报酬或使用费的 0.3‰贴花
	产权转移书据	按支付价款 0.5‰贴花
营业账簿		记载资金的账簿，按实收资本和资本公积的合计金额 0.5‰贴花并减半征收
权利、许可证照		按件贴花 5 元 / 件

在房地产企业设立阶段，土地使用权出让合同涉及的是产权转移书据。产权转移指的是财产权利关系的变更行为，表现为产权主体发生变更。产权转移书据是在产权的买卖、交换、继承、赠与和分割等产权主体变更过程中，由产权出让人与受让人之间所订立的民事法律文书。

我国印花税税目中的产权转移书据包括财产所有权、著作权、商标专用权、专利权、专有技术使用权这 5 项产权的转移书据。其中，财产所有权转移书据是指经政府管理机关登记注册的不动产、动产所有权转移所书立的书据，包括股份制企业向社会公开发行的股票，因购买、继承、赠予所书立的产权转移书据。其他 4 项则属于无形资产的产权转移书据。

土地使用权出让合同、土地使用权转让合同和商品房销售合同属于财产所有权转移书据，按照产权转移书据征收印花税。

另外，在房地产企业设立阶段涉及成立项目公司时，需对项目公司建账，建立专门的营业账簿，根据营业账簿的不同类别分别采用按金额计税和按件计税两种计税方法，目前已取消资金账簿以外的账簿的印花税。

印花税实行由纳税人根据规定自行计算应纳税额，购买并一次贴足印花税票（以下简称贴花）的缴纳办法。印花税还可以委托代征，税务机关委托经由发放或者办理应税凭证的单位代为征收印花税税款。

8.1.3 耕地占用税

一般而言，房地产企业取得土地使用权后均应缴纳城镇土地使用税，再根据所取得的土地是否为耕地决定是否需缴纳耕地占用税。耕地占用税是对占用耕地建房或从事其他非农业建设的单位和个人征收的税。

也就是说，占用耕地建房或从事非农业建设的单位或个人，为耕地占用税的纳税人，应依照本条例规定缴纳耕地占用税。耕地占用税的征税范围包括纳税人为建房或从事其他非农业建设而占用的国家和集体所有的耕地。

【提示】所谓“耕地”是指种植农业作物的土地，包括菜地、园地。其中，园地包括花圃、苗圃、茶园、果园、桑园和其他种植经济林木的土地。占用鱼塘及其他农用土地建房或从事其他非农业建设，也视同占用耕地，必须依法征收耕地占用税。

占用已开发从事种植、养殖的滩涂、草场、水面和林地等从事非农业建设的，由省、自治区、直辖市本着有利于保护土地资源和生态平衡的原则，结合具体情况确定是否征收耕地占用税。此外，在占用之前 3 年内属于上述范围的耕地或农用土地，也视为耕地。

国务院财政、税务主管部门根据人均耕地面积和经济发展情况确定各省、自治区、直辖市的平均税额。耕地占用税在纳税人获准占用耕地的环节征收，除对获准占用耕地后超过两年未使用者须加征耕地占用税外，此后不再征收耕地占用税。因而，耕地占用税具有一次性征收的特点。

耕地占用税以纳税人实际占用的耕地面积为计税依据，以每平方米土地为计税单位，按适用的定额税率计税，计算公式为：应纳税额 = 实际占用耕地面积（平方米）× 适用定额税率。耕地占用税的税额规定如图 8-1 所示。

1. 人均耕地不超过 1 亩的地区（以县级行政区域为单位，下同），每平方米为 10 ~ 50 元。
2. 人均耕地超过 1 亩但不超过 2 亩的地区，每平方米为 8 ~ 40 元。
3. 人均耕地超过 2 亩但不超过 3 亩的地区，每平方米为 6 ~ 30 元。
4. 人均耕地超过 3 亩的地区，每平方米为 5 ~ 25 元。

图 8-1

套用前述公式，变形为：应交耕地占用税 = 当地规定的平均每平方米税额 × 实际占用耕地面积，按计算出的应交耕地占用税税额借记"开发成本——房屋开发——土地征用及拆迁补偿费"科目，贷记"银行存款"科目。

土地管理部门在通知单位或者个人办理占用耕地手续时，应当同时通知耕地所在地同级税务机关，耕地占用税由当地税务机关负责征收。获准占用耕地的单位或个人应当在收到土地管理部门的通知之日起 30 日内到当地税务机关缴纳耕地占用税，土地管理部门凭耕地占用税完税凭证或者免税凭证和其他有关文件发放建设用地批准书。

【实账处理】——尚领房地产公司关于耕地占用税的账务处理

尚领房地产公司于 2017 年 11 月参加当地土地主管部门"招拍挂"，于 12 月初支付竞拍保证金 6 000 万元，在 12 月底公司收到中标通知书，于 2018 年 1 月 30 日前支付完剩余的土地出让金 24 000 万元。

按照土地属性，尚领房地产公司中标取得的这片土地属耕地，应按每平方米 15 元缴纳耕地占用税，该片土地的耕地面积为 50 万平方米。尚领房地产公司决定将该土地用于建造对外出售的房屋建筑物。

2018 年 1 月尚领房地产公司缴纳耕地占用税，编制会计分录如下。

应缴纳的耕地占用税 =50 × 15=750（万元）

借：开发成本——房屋开发——土地征用及拆迁补偿费　　7 500 000

　贷：银行存款　　7 500 000

8.2 房地产企业项目开发建设环节的税务处理

房地产企业开发建设阶段主要涉及土地使用权占用和开发建设工程业务，由于土地使用权使用过程中涉及的税种是城镇土地使用税，签订开发建设合同涉及的税种是印花税，印花税已经在8.1.2节讲述，此节不再赘述。下面我们具体讲解城镇土地使用税的核算和对应的税务处理。

城镇土地使用税是指国家在城市、县城、建制镇和工矿区范围内，对使用土地的单位和个人，以其实际占用的土地面积为计税依据，按照规定的税额计算征收的一种税。

也就是说，在城市、县城、建制镇和工矿区范围内使用土地的单位和个人为城镇土地使用税的纳税义务人，应当依照相关条例的规定缴纳城镇土地使用税。

城镇土地使用税以实际占用的土地面积为计税依据，适用地区幅度差别定额税率，即采用有幅度的差别税额。按大、中、小城市和县城、建制镇、工矿区分别规定每平方米城镇土地使用税年应纳税额，每平方米年税额标准具体规定如下。

◆ 大城市1.5～30元。

◆ 中等城市1.2～24元。

◆ 小城市0.9～18元。

◆ 县城、建制镇、工矿区0.6～12元。

城镇土地使用税根据实际使用土地的面积，按税法规定的单位税额缴纳，其计算公式为：应纳城镇土地使用税额＝应税土地的实际占用面积×适用单位税额。

每月按应缴付的城镇土地使用税，借记“税金及附加”科目（新规定实施前计入“管理费用”科目），贷记“应交税费——应交城镇土地使用税”科目；定期缴付城镇土地使用税时，按实际缴付金额借记“应交税费——应交城镇土地使用税”科目，贷记“银行存款”科目。

城镇土地使用税均采取按年征收，分期缴纳的方式。纳税人新征用的土地，依照下列规定缴纳城镇土地使用税。

- ◆ 征收的耕地，自批准征收之日起满一年时开始缴纳城镇土地使用税。
- ◆ 征收的非耕地，自批准征收次月起缴纳城镇土地使用税。

其中，以出让或转让方式取得土地使用权的，应从合同约定交付时间的次月起缴纳，合同未约定时间的，从合同签订的次月起缴纳。土地使用税由土地所在地的税务机关征收。

土地管理机关应当向土地所在地的税务机关提供土地使用权属资料。纳税人首次申报前，应在税务机关办理信息登记，填写《土地使用税信息登记表》。信息登记后即可办理申报，并填写《城镇土地使用税申报表》。

【实账处理】——尚领房地产公司关于城镇土地使用税的账务处理

尚领房地产公司于 2017 年 11 月参加当地土地主管部门“招拍挂”，于 12 月初支付竞拍保证金 6 000 万元，在 12 月底公司收到中标通知书，于 2018 年 1 月 30 日前支付完剩余的土地出让金 24 000 万元。

按照土地属性，尚领房地产公司中标取得的这片土地属耕地，应按每平方米 15 元缴纳耕地占用税，该片土地的耕地面积为 50 万平万米。尚领房地产公司决定将该土地用于建造对外出售的房屋建筑物。

2018 年 1 月尚领房地产公司缴纳耕地占用税，从 2019 年 1 月起缴纳城镇土地使用税，当地城镇土地使用税每平方米年税额为 10 元。按季度实际缴付城镇土地使用税。

每月应缴纳的城镇土地使用税 =50×10÷12=41.67（万元），每月计提时应编制的会计分录如下。

借：税金及附加　　416 700

　　贷：应交税费——应交城镇土地使用税　　416 700

1 季度末缴纳城镇土地使用税时编制如下会计分录。

城镇土地使用税税额 =41.67×3=125.01（万元）

借：应交税费——应交城镇土地使用税　　1 250 100
　贷：银行存款　　1 250 100

8.3 房地产企业销售环节的税务处理

房地产开发企业在销售环节涉及预售收取房款和竣工结算，因此会涉及增值税和由于增值税引起的附加税、土地增值税以及企业所得税。下面我们根据不同税种的税务处理做具体讲解。

8.3.1 增值税

增值税是以商品（含应税劳务）在流转过程中产生的增值额作为计税依据而征收的一种流转税。从计税原理上说，增值税是对商品生产、流通和劳务服务中多个环节的新增价值或商品的附加值征收的一种流转税。该税实行价外税，也就是由消费者负担。

自 2016 年 5 月 1 日起，我国就已全面推开营改增试点，将建筑业、房地产业、金融业和生活服务业全部纳入营改增试点。按照营改增之后的最新规定，房地产开发企业实行分类管理，以年应税销售额 500 万元为标准，分为一般纳税人和小规模纳税人。对于销售收入未达上述标准，但各项会计制度健全，税务资料完整的企业，也可以申请办理成为一般纳税人。

建筑业一般纳税人适用一般计税方法，适用税率为 10%；小规模纳税人适用简易计税方法，适用税率为 5%。自 2019 年 4 月 1 日后，原一般计税方法下的 10% 的增值税税率调整为 9%。

有一种较为特殊的情况是，房地产老项目可采用一般计税或者简易计税，这其中的房地产老项目是指《建筑工程施工许可证》注明的合同开工日期在 2016年4月30日前的项目，或者《建筑工程施工许可证》未注明合同开工日期，或者未取得《建筑工程施工许可证》但建筑工程承包合同注明的开工日期在 2016 年 4 月 30 日前的建筑工程项目。

针对这种特殊情况，开发商作为一般纳税人也可自行选择有利于自身的税负方式。但一经选择简易计税方法，36 个月内不得变更为一般计税方法。

房地产开发企业的销售模式中，预售模式是主流。预售模式下的预售款包括分期取得的预售款（首付款 + 按揭 + 尾款）、全款取得的预售款。定金属于预售款；诚意金、认筹金和订金不属于预售款，但是合同成立且用于抵房款时，应当依法预缴或者申报增值税。部分税务机关对诚意金等有更加细致的规定。

例如，房地产开发企业以订金、意向金、诚意金和认筹金等各种名目向购房人收取的款项不同时符合下列条件的，均属于预售款性质，应按规定预缴增值税。

- ◆ 收取的款项不超过 5 万元（含 5 万元）。
- ◆ 收取的款项从收取之日起 3 个月内退还给购房人。

对于这类项目采取的预缴方式，预缴税率为 5%，应预缴增值税的计算公式为：应预缴税款 = 预售款 ÷（1+ 适用税率或征收率）× 5%。

房地产开发企业中的一般纳税人销售房地产老项目，适用一般计税方法计税的，应以取得的全部价款和价外费用，按照 5% 的预征率在不动产所在地预缴税款后，向机构所在地主管税务机关进行纳税申报。一般纳税人应在取得预售款的次月纳税申报期内向主管税务机关预缴税款。

房地产开发企业中的一般纳税人在商品房竣工交房验收确定为收入后，采用一般计税方法计税的，按照全部价款和价外费用，扣除当期销售房地产项目对应的土地价款后的余额计算应纳税额。即：

销售额 =（全部价款和价外费用 − 当期允许扣除的土地价款）÷（1+ 适用税率）

当期允许扣除的土地价款 =（当期销售房地产项目建筑面积 ÷ 房地产项目可供销售建筑面积）× 支付的土地价款

【提示】在如上公式中，“当期销售房地产项目建筑面积”是指当期进行纳税申报的增值税销售额对应的建筑面积；“房地产项目可供销售建筑面积”是指房地产项目可以出售的总建筑面积，不包括销售房地产项目时未单独作价结算的配套公共设施的建筑面积；“支付的土地价款”是指向政府、土地管理部门或受政府委托收取土地价款的单位直接支付的土地价款。

在计算销售额时从全部价款和价外费用中扣除土地价款，应当取得省级以上（含省级）财政部门监（印）制的财政票据。一般纳税人应建立台账，登记土地价款的扣除情况，扣除的土地价款不得超过纳税人实际支付的土地价款。一般纳税人销售自行开发的房地产老项目适用简易计税方法计税的，以取得的全部价款和价外费用为销售额，不得扣除对应的土地价款。

应缴纳的增值税 = 销售额 ÷（1+ 适用税率或征收率）× 适用税率或征收率 – 已预缴税款。

按现行增值税制度规定，企业发生相关成本费用允许扣减销售额的，发生成本费用时，按应付或实际支付的金额，借记“主营业务成本”“存货”或“工程施工”等科目，贷记“应付账款”“应付票据”或“银行存款”等科目。待取得合规增值税扣税凭证且纳税义务发生时，按照允许抵扣的税额，借记“应交税费——应交增值税（销项税额抵减）”或“应交税费——简易计税”科目（小规模纳税人应借记“应交税费——应交增值税”科目），贷记“主营业务成本”“存货”或“工程施工”等科目。

基于以上规定，房地产企业扣除土地价款后的差额计征增值税的账务处理如下：房地产企业支付土地出让金、征地和拆迁补偿费用、土地前期开发费用时，借记“开发成本——土地开发成本 / 土地征用及拆迁补偿费”科目，贷记“银行存款”科目。房地产企业交房结转收入扣除土地出让金、征地和拆迁补偿费用、土地前期开发费用，抵减销项税额冲减“主营业务成本”时，借记“应交税费——应交增值税（销项税额抵减）”，贷记“主营业务成本”科目。

【实账处理】——尚领房地产公司在商品房销售时增值税的账务处理

尚领房地产公司按其年收入计算确定一般纳税人，适用一般计税方法。2018 年 10 月 30 日从销售定金转入预售款 120 万元，另外收取客户预售款800万元。该项目的《建筑工程施工许可证》注明的合同开工日期是2018年6月1日。

2019年6月竣工交房，结转该项目销售收入并补齐房款差额280万元，当月允许抵扣的土地价款为400万元，假设本月另有可抵扣的进项税额为20万元。尚领房地产公司根据有关原始凭证，编制会计分录如下。

①销售定金转入时

借：预收账款——销售定金　　1 200 000

　　贷：预收账款——销售款　　1 200 000

②收到预售时的预售款

借：银行存款　　8 000 000

　　贷：预收账款——销售款　　8 000 000

③ 2018年11月该公司预缴增值税=9 200 000/（1+10%）×5%=418 181.82（元），账务处理如下。

借：应交税费——预交增值税　　418 181.82

　　贷：银行存款　　418 181.82

④ 2019年6月该项目竣工验收后结转收入时

2018年收到的所有预售款与2019年客户补齐的房款差额都是含税价，总和1 200万元（120+800+280）中，确认为主营业务收入的金额为10 932 443.70元【9 200 000÷（1+10%）+2 800 000÷（1+9%）】，应交税费为1 067 556.30元【9 200 000÷（1+10%）×10%+2 800 000÷（1+9%）×9%】。

借：预收账款——销售款　　9 200 000

　　银行存款　　2 800 000

　　贷：主营业务收入　　10 932 443.70

　　　　应交税费——应交增值税（销项税额）　　1 067 556.30

⑤ 2019年6月允许扣除的土地价款为400万元，相应的抵扣额=4 000 000÷（1+6%）×6%=226 415.09（元），同时将预交增值税结转

至未交增值税，账务处理如下。

借：应交税费——应交增值税（销项税额抵减）　　226 415.09

　　贷：主营业务成本　　226 415.09

借：应交增值税——未交增值税　　418 181.82

　　贷：应交增值税——预交增值税　　418 181.82

⑥本月可以抵扣的进项税额为 200 000 元，应转出的未交增值税 = 1 067 556.30-200 000-226 415.09=641 141.21（元）。

借：应交税费——应交增值税（转出未交增值税）　　641 141.21

　　贷：应交税费——未交增值税　　641 141.21

⑦扣减预交增值税 418 181.82 元，应纳税额 =641 141.21-418 181.82 =222 959.39（元），会计处理如下。

借：应交税费——未交增值税　　222 959.39

　　贷：银行存款　　222 959.39

8.3.2　城市维护建设税、教育费附加和地方教育附加

城市维护建设税、教育费附加和地方教育附加这“一税两费”是由于增值税引起的附加税。

（1）城市维护建设税

为了加强城市的维护建设，扩大和稳定城市维护建设资金，凡缴纳消费税、增值税的单位和个人，都是城市维护建设税的纳税义务人，都应当依照规定缴纳城市维护建设税。城市维护建设税以纳税人实际缴纳的消费税和增值税税额合计数为计税依据，与消费税和增值税同时缴纳。城市维护建设税的应纳税额 =（实际缴纳的增值税 + 实际缴纳的消费税）× 适用税率。城市维护建设税税率如下。

- 纳税人所在地在市区的，税率为 7%。
- 纳税人所在地在县城、镇的，税率为 5%。

- ◆ 纳税人所在地不在市区、县城或镇的，税率为 1%。
- ◆ 纳税人在外地发生缴纳增值税、消费税的，按纳税发生地的适用税率计征城市维护建设税。

企业缴纳的城市维护建设税通过“应交税费——城市维护建设税”科目核算。当月计提时，按应纳城市维护建设税借记“税金及附加”科目，贷记“应交税费——城市维护建设税”科目。实际上缴城市维护建设税时，借记“应交税费——城市维护建设税”科目，贷记“银行存款”科目。

（2）教育费附加

教育费附加是由税务机关负责征收，同级教育部门统筹安排，同级财政部门监督管理，专门用于发展地方教育事业的预算外资金。

- ◆ 凡缴纳增值税、消费税的单位和个人，都应当按照规定缴纳教育费附加。
- ◆ 凡缴纳增值税、消费税的单位和个人，均为教育费附加的纳费义务人。
- ◆ 凡代征增值税、消费税的单位和个人，亦为代征教育费附加的义务人。

以纳税人实际缴纳的增值税、消费税的税额为计费依据，应纳教育费附加 =（实际缴纳的增值税 + 实际缴纳的消费税）× 3%。纳费人申报缴纳增值税、消费税的同时，申报缴纳教育费附加。

企业缴纳的教育费附加通过“应交税费——应交教育费附加”科目核算。当月计提时，按应纳教育费附加借记“税金及附加”科目，贷记“应交税费——应交教育费附加”科目。实际上缴教育费附加时，借记“应交税费——应交教育费附加”科目，贷记“银行存款”科目。

（3）地方教育附加

地方教育附加是指根据国家有关规定，为实施“科教兴省”战略，增加地方教育的资金投入，促进各省、自治区、直辖市教育事业发展而开征的一项地方政府性基金。该收入主要用于各地方的教育经费的投入补充。

按照地方教育附加使用管理规定，在各省、直辖市的行政区域内，凡缴纳增值税、消费税的单位和个人，都应按规定缴纳地方教育附加。

地方教育附加以单位和个人实际缴纳的增值税、消费税的税额为计征依据，应纳地方教育附加 =（实际缴纳的增值税 + 实际缴纳的消费税）× 2%。纳费人申报缴纳增值税、消费税的同时，申报缴纳地方教育附加。

企业缴纳的地方教育附加，通过"应交税费——应交地方教育附加"科目核算。当月计提时，按应纳地方教育附加借记"税金及附加"科目，贷记"应交税费——应交地方教育附加"科目。实际上缴地方教育附加时，借记"应交税费——应交地方教育附加"科目，贷记"银行存款"科目。

企业应当于月度终了后规定时间内（一般纳税人为次月 15 日内）在进行增值税和消费税申报的同时，进行地方教育附加的纳费申报。

对于以一个月为一期缴纳增值税和消费税的企业，应当在次月 15 日内缴纳当月全部增值税和消费税税额时，同时按照纳税申报表确定的应纳税额全额缴纳城市维护建设税、教育费附加和地方教育费附加。

城市维护建设税、教育费附加和地方教育费附加的纳税期限和纳税地点也与增值税和消费税相同。

【实账处理】——尚领公司城市维护建设税、教育费附加和地方教育附加的账务处理

尚领房地产公司按其年收入确定属于一般纳税人，适用一般计税方法。2018 年 10 月 30 日从销售定金转入预售款 120 万元，另外收取客户预售款 800 万元。该项目的《建筑工程施工许可证》注明的合同开工日期是 2018 年 6 月 1 日。项目所在地为市区，按 7% 税率缴纳城市维护建设税。按新税率核算增值税。尚领房地产公司根据有关原始凭证，编制会计分录如下。

计算得出 2018 年 11 月预收增值税 =9 200 000/（1+10%）×5%=418 181.82（元）

2018 年 11 月应缴纳当月的城市维护建设税 =418 181.82×7% =29 272.73（元）

2018 年 11 月应缴纳当月的教育费附加 =418 181.82 × 3%=12 545.45（元）

2018 年 11 月应缴纳当月的地方教育附加 =418 181.82 × 2%=8 363.64（元）

①计提城市维护建设税、教育费附加和地方教育附加时

借：税金及附加　　50 181.82（贷方之和）

　　贷：应交税费——应交城市维护建设税　　29 272.73

　　　　　　　　——应交教育费附加　　12 545.45

　　　　　　　　——应交地方教育附加　　8 363.64

②实际缴纳城市维护建设税、教育费附加和地方教育附加时

借：应交税费——应交城市维护建设税　　29 272.73

　　　　　　——应交教育费附加　　12 545.45

　　　　　　——应交地方教育费附加　　8 363.64

　　贷：银行存款　　50 181.82

8.3.3　土地增值税

土地增值税是指转让国有土地使用权、地上的建筑物及其附着物并取得收入的单位和个人，以转让所取得的收入包括货币收入、实物收入和其他收入减去法定扣除项目金额后的增值额为计税依据向国家缴纳的一种税赋，不包括以继承、赠与方式无偿转让房地产的行为。

也就是说，土地增值税的纳税人为转让国有土地使用权及地上建筑物和其他附着物产权，并取得收入的单位和个人。

征税对象是指有偿转让国有土地使用权及地上建筑物和其他附着物产权所取得的增值额。

土地价格增值额是指转让房地产取得的收入减除规定的房地产开发成本、费用等支出后的余额。

土地增值税以计税依据按照四级超率累进税率进行征收。土地增值税税率如表 8-3 所示。

表 8-3

级数	计税依据	适用税率	速算扣除系数
1	增值额未超过扣除项目金额 50% 的部分	30%	0
2	增值额超过扣除项目金额 50%、未超过扣除项目金额 100% 的部分	40%	5%
3	增值额超过扣除项目金额 100%、未超过扣除项目金额 200% 的部分	50%	15%
4	增值额超过扣除项目金额 200% 的部分	60%	35%

纳税人建设普通住宅出售的，增值额未超过扣除金额 20% 的，免征土地增值税。

与其他税种相比，土地增值税具有如图 8-2 所示的 4 个特点。

以转让房地产的增值额为计税依据

土地增值税的增值额是以征税对象的全部销售收入额扣除与其相关的成本、费用、税金及其他项目金额后的余额，与增值税的增值额有所不同。

征税面比较广

凡在我国境内转让房地产并取得收入的单位和个人，除税法规定免税的外，均应依照土地增值税条例规定缴纳土地增值税。换言之，凡发生应税行为的单位和个人，不论其经济性质，也不分内、外资企业或中、外籍人员，无论专营或兼营房地产业务，均有缴纳土地增值税的义务。

实行超率累进税率

土地增值税的税率是以转让房地产增值率的高低为依据来确认，按照累进原则设计，实行分级计税，增值率高的，税率高，多纳税；增值率低的，税率低，少纳税。

实行按次征收

土地增值税在房地产发生转让的环节，实行按次征收，每发生一次转让行为，就应根据每次取得的增值额征一次税。

图 8-2

按照税法规定，土地增值税只对“转让”国有土地使用权的行为征税，对“出让”国有土地使用权的行为不征税。土地增值税既对转让国有土地使用权的行为征税，也对转让地上建筑物及其他附着物产权的行为征税。土地增值税只对有偿转让的房地产征税，对以继承、赠予等方式无偿转让的房地产不予征税。

综上所述，房地产企业在商品房销售环节，或者作为转出方转让土地环节需进行土地增值税清算和缴纳。

土地增值税的征收方式除了按四级超率累进税率征收外，还有核定征收这一方式。房地产开发企业有下列情形之一的，税务机关可以参照与其开发规模和收入水平相近的当地企业的土地增值税税负情况，按不低于预征率的征收率核定征收土地增值税。

- 依照法律、行政法规的规定应当设置但未设置账簿的。
- 擅自销毁账簿或者拒不提供纳税资料的。
- 虽设置账簿，但账目混乱或者成本资料、收入凭证、费用凭证等残缺不全，难以确定转让收入或扣除项目金额的。
- 符合土地增值税清算条件，未按照规定的期限办理清算手续，经税务机关责令限期清算，逾期仍不清算的。
- 申报的计税依据明显偏低，又无正当理由的。

如果企业的情况符合上述条件之一，那么土地增值税就会被核定征收。关于土地增值税的预征率，国家税务总局规定东部区域省份预征率不得低于2%，中部和东北区域省份不得低于 1.5%，西部区域省份不得低于 1%，各地要根据不同类型房地产确定恰当的预征率。各地在预征率基础上确定当地的核定征收率。核定征收的计算公式如下所示。

应纳税额 = 房产销售总收入 × 核定征收率

一般情况下，房地产企业在房地产销售转让环节都需要进行土地增值税清算，按四级超率累进税率缴纳土地增值税。

土地增值税的计税基础是转让房地产的增值额，即以征税对象的全部销售收入额扣除与其相关的成本、费用、税金及其他项目金额后的余额作为计税基础。

营改增后，纳税人转让房地产的土地增值税应税收入不含增值税。适用增值税一般计税方法的纳税人，其转让房地产的土地增值税应税收入不含增值税销项税额；适用简易计税方法的纳税人，其转让房地产的土地增值税应税收入不含增值税应纳税额。其中，可以扣除的相关成本、费用、税金及其他项目具体包括的内容如表 8-4 所示。

表 8-4

可扣除的具体项目	具体项目内容
取得土地使用权所支付的金额	纳税人为取得土地使用权所支付的地价款和按国家统一规定交纳的有关费用和税金
开发土地和新建房及配套设施的成本	纳税人房地产开发项目实际发生的成本，包括土地征用及拆迁补偿费、前期工程费、建筑安装工程费、基础设施费、公共配套设施费和开发间接费用等
开发土地和新建房及配套设施的费用	与房地产开发项目有关的销售费用、管理费用、财务费用。财务费用中的利息支出，凡能够按转让房地产项目计算分摊并提供金融机构证明的，允许据实扣除，但最高不能超过按商业银行同类同期贷款利率计算的金额。其他房地产开发费用，按规定计算的金额之和的 5% 以内计算扣除。凡不能按转让房地产项目计算分摊利息支出或不能提供金融机构证明的，房地产开发费用按规定计算的金额之和的 10% 以内计算扣除
旧房及建筑物的评估价格	在转让已使用的房屋及建筑物时，由政府批准设立的房地产评估机构评定的重置成本价乘以成新度折扣率后的价格。评估价格须经当地税务机关确认
与转让房地产有关的税金	在转让房地产时缴纳的城市维护建设税、印花税，因转让房地产缴纳的教育费附加，可视同税金予以扣除
加计扣除	对从事房地产开发的纳税人可按规定计算的金额之和，加计 20% 的扣除

土地增值税税额 = 增值额 × 适用税率 − 扣除项目金额 × 速算扣除系数，不同范围的增值额对应的具体公式如表 8-5 所示。

表 8-5

增值额范围	对应的土地增值税计算公式
增值额未超过扣除项目金额 50%	土地增值税税额 = 增值额 ×30%
增值额超过扣除项目金额 50%，未超过 100%	土地增值税税额 = 增值额 ×40% − 扣除项目金额 ×5%
增值额超过扣除项目金额 100%，未超过 200%	土地增值税税额 = 增值额 ×50% − 扣除项目金额 ×15%
增值额超过扣除项目金额 200%	土地增值税税额 = 增值额 ×60% − 扣除项目金额 ×35%

土地增值税的纳税人应向房地产所在地主管税务机关办理纳税申报，并在税务机关核定的期限内缴纳。“房地产所在地”是指房地产的坐落地，纳税人转让的房地产坐落在两个或以上地区的，应按房地产所在地分别申报纳税。土地增值税的纳税人应在转让房地产合同签订后的 7 日内，到房地产所在地主管税务机关办理纳税申报，并向税务机关提交房屋及建筑物产权、土地使用权证书，土地转让、房产买卖合同，房地产评估报告及其他与转让房地产有关的资料。

在还没有正确计算出房地产项目增值率的情况下，为确保税款平稳，均匀地流入国库，税务局往往采取预先征收土地增值税的办法。因此，房地产企业根据税法规定应预缴土地增值税。

为方便纳税人，简化土地增值税预征税款计算，房地产开发企业采取预收款方式销售自行开发的房地产项目的，可按照以下方法计算土地增值税预征计征依据：土地增值税预征的计征依据 = 预售款 − 应预缴增值税税款，应预缴的土地增值税 =（预售款 − 应预缴增值税税款）× 土地增值税预征率。

预缴土地增值税时，按预缴金额借记“应交税费——预交土地增值税”科目，贷记“银行存款”科目。

在房地产销售转让环节进行土地增值税清算和缴纳时，按计算出应缴纳的土地增值税借记“税金及附加”科目，按已预缴的土地增值税，贷记“应交税费－预交土地增值税”科目；按抵减已预缴部分后剩余的应交土地增值税，贷记“银行存款”科目。

【实账处理】——尚领房地产公司关于土地增值税的账务处理

尚领房地产公司一个立项（在此强调一个土地增值税清算对象）开发两幢楼，2016 年 11 月其中一幢销售期房预售收入 1 000 万元（含增值税销项税），另一栋房已竣工交房，之前已预缴了 25 万元的土地增值税，现应进行土地增值税清算。

已竣工交房的商品房共取得的收入是 3800 万元（不含增值税销项税），为该已交商品房项目支付的土地出让金是 600 万元，房地产开发成本为 1 000 万元，专门为开发该项目支付的贷款利息为 120 万元。为转让该项目应当缴纳城市维护建设税、教育费附加及印花税共计 210.9 万元。当地政府规定，企业可以按土地使用权出让费、房地产开发成本之和的 5% 计算扣除其他房地产开发费用。

另外，税法规定，从事房地产开发的企业可以按土地出让费和房地产开发成本之和的 20% 加计扣除。假设都属于增值税的老项目，按照 5% 的征收率计算增值税，另外项目当地确定的土地增值税预征率为 2%。尚领房地产公司根据有关原始凭证，编制会计分录如下。

期房预缴土地增值税 =[1000−1000/(1+5%)×3%]×2%≈971.43×2% =19.43（万元）。

①期房预缴土地增值税时

借：应交税费——预交土地增值税　　194 300

　　贷：银行存款　　194 300

已竣工交房的商品房可扣除项目金额 =600+1 000+120+210.9+（600+1 000）×5% +（600+1 000）×20% =2 330.9（万元）

增值额 =3 800−2 330.9=1 469.1（万元）

增值额占扣除项目金额比例 =1 469.1÷2 330.9=63.03%

应缴纳的土地增值税 =1 469.1×40%−2 330.9×5%=587.64−116.55=471.09（万元）

②相关账务处理如下。

借：税金及附加　　4 710 900

　贷：应交税费——应交土地增值税　　250 000

　　银行存款　　4 460 900

8.3.4　企业所得税

企业所得税是对企业生产经营所得及其他所得征收的一种税。房地产企业由于具有生产经营所得及其他所得，同样需要缴纳企业所得税。企业所得税的征税对象是纳税人取得的所得，包括销售货物所得、提供劳务所得、转让财产所得、股息红利等权益性投资所得、利息所得、租金所得、特许权使用费所得、接受捐赠所得和其他所得。居民企业应当就其来源于中国境内、境外的所得缴纳企业所得税。房地产企业根据所得的来源对应缴纳企业所得税。企业所得税的征税对象“收入所得”是指企业实际收入扣除实际发生的与取得收入有关的、合理的支出之后的余额。

所得税法规定法定税率为 25%，内资企业和外资企业一致，国家需要重点扶持的高新技术企业为 15%，小型微利企业为 20%，非居民企业为 10%。计算企业所得税时，企业所得税应纳税额 = 当期应纳税所得额 × 适用税率，其中，应纳税所得额 = 收入总额 − 准予扣除项目金额。

企业所得税的纳税年度是从公历 1 月 1 日起至 12 月 31 日止。纳税人在一个纳税年度中间开业，或者由于合并、关闭等原因，使该纳税年度的实际经营期不足 12 个月的，应当以其实际经营期为一个纳税年度；纳税人清算时，应当以清算期间为一个纳税年度。企业所得税按年计算，但为了保证税款及时、均衡入库，对企业所得税采取分期（按月或季）预缴、年终汇算清缴的办法。纳税人预缴所得税时，应当按纳税期限的实际数预缴，按实际数预缴有困难的，可以按上一年度应纳税所得额的 1/12 或 1/4，或者经当地税务机关认可所得税的其他方法分期预缴所得税。预缴方法一经确定，不得随意改变。企业应当自月份或者季度终了之日起 15 日内，无论盈利或亏损，都应向税务机关报送预缴企业所得税纳税申报表，预缴税款。企业应当自年度终了之日起 5 个月内，向税务机关报送年度企业所得税纳税申报表，并汇算清缴，结清应缴应退税款。企业在报送企业所得税纳税申报表时，应当按照规定附送财务会计报告和其他有关资料。纳税人在规定的申报期申报确有困难的，可报经主管税务机关批准，延期申报。除国家另有规定外，企业所得税由纳税人在其所在地（指纳税人的实际经营管理所在地）主管税务机关就地缴纳。

依据《企业所得税法》规定，企业所得税的缴纳方式是按月或季预缴、按年汇算清缴。在每月或每季有利润的情况下，房地产企业需以利润额为依据计算得出预缴的企业所得税，借记“应交税费－应交企业所得税”科目，贷记“银行存款”科目。在季度预缴所得税时企业销售未完工开发产品取得的预售款收入，在会计处理上未计入销售收入，但应先按预计计税毛利率分季（或月）计算出预计毛利额，计入当期应纳税所得额。

房地产开发企业实行按照预计毛利率预缴企业所得税，按照工程项目的属性不同，预缴的毛利率不同。已经销售的部分，应预缴的企业所得税＝（销售收入－成本费用）×25%。未实现收入但已预售的部分，应预缴的企业所得税＝（预售收入 × 预计毛利率－费用、税金）×25%。

企业销售未完工开发产品的计税毛利率由各省、自治、直辖市国家税务总局按下列规定进行确定。

- 开发项目位于省、自治区、直辖市和计划单列市人民政府所在地城市城区和郊区的，不得低于 15%。
- 开发项目位于地级市城区及郊区的，不得低于 10%。
- 开发项目位于其他地区的，不得低于 5%。
- 属于经济适用房、限价房和危改房的，不得低于 3%。

【实账处理】——尚领房地产公司关于企业所得税预缴的账务处理

尚领房地产公司一个立项开发两幢楼，2016 年第四季度其中一幢销售期房预售收入 800 万元，另一栋房已竣工交房，现应进行 2016 年第四季度企业所得税预缴。

已竣工交房的商品房共取得 2016 年第四季度收入是 1 000 万元，为该已交房商品房项目第四季度支付的房地产开发成本为 400 万元，专门为开发该项目支付的贷款利息为 20 万元。为转让该项目应当缴纳城市维护建设税、教育费附加及印花税共计 70.9 万元。

另外，为未完工的期房 2016 年第四季度支付的费用税金等合计 20 万元。尚领房地产企业适用企业所得税税率 25%，当地销售未完工开发产品的计税毛利率为 10%。尚领房地产公司根据有关原始凭证，计算 2016 年第四季度应预缴的企业所得税并编制会计分录如下。

期房预缴企业所得税 =（800×10%−20）×25%=15（万元）

已完工交房的商品房预缴企业所得税 =（1 000−400−20−70.9）×25% =127.28（万元）

共预缴企业所得税 =15+127.28=142.28（万元）

借：应交税费——应交企业所得税　　1 422 800

　贷：银行存款　　1 422 800

无论是已完工交房的商品房季度企业所得税的预缴，还是年度企业所得税汇算清缴，企业所得税的征税对象“应纳税所得额”都是企业实际取得的收入扣除发生的与取得收入有关的、合理的支出（包括成本、费用、税金、损失和其他支出）后的余额。因此，掌握企业所得税的扣除项目是企业所得税计算的重点和难点。

企业所得税法定扣除项目是据以确定企业所得税应纳税所得额的项目。企业所得税条例规定，企业应纳税所得额是企业的收入总额减去成本、费用、损失以及准予扣除项目的金额后的余额。成本是纳税人为生产、经营商品和提供劳务等所发生的各项直接耗费和各项间接费用；费用是指纳税人为生产经营商品和提供劳务等所发生的销售费用、管理费用和财务费用；损失是指纳税人生产经营过程中的各项营业外支出、经营亏损和投资损失等。除此以外，在计算企业应纳税所得额时，对于纳税人的财务会计处理和税收规定不一致的，应按照税收规定予以调整。企业所得税法定扣除项目除成本、费用和损失外，税收有关规定中还明确了一些需按税收规定进行纳税调整的扣除项目，主要包括如表 8-6 所示的一些。

表 8-6

项目	具体内容
利息支出的扣除	纳税人在生产、经营期间，向金融机构借款的利息支出，按实际发生数扣除；向非金融机构借款的利息支出，不高于按照金融机构同类、同期贷款利率计算的数额以内的部分，准予扣除
计税工资的扣除	允许据实扣除的工资、薪金必须是“合理的”，对明显不合理的工资、薪金，则不予扣除
职工福利费、工会经费和职工教育经费的扣除	在职工福利费、工会经费和职工教育经费方面，按“工资薪金总额”的对应提取比例（提取比例分别为 14%、2%、8%）计算出的金额为限额据实扣除。其中，职工教育经费超过限额部分，准予在以后纳税年度结转扣除
公益性捐赠的扣除	纳税人的公益、救济性捐赠，在年度会计利润的 12% 以内的，允许扣除。超过 12% 的部分准予结转以后 3 年内扣除
广告费和业务宣传费支出	发生的符合条件的广告费和业务宣传费支出，除国务院财政、税务主管部门另有规定外，不超过当年销售收入 15% 的部分，准予扣除；超过 15% 部分，准予在以后纳税年度结转扣除。仍有余额不能在当年扣除的，准予结转下一年度继续扣除，但次年仍需采用符合规定的扣除基数和比例标准。企业通过正式签订《房地产销售合同》或《房地产预售合同》所取得的收入，应确认为销售收入的实现。预售收入可以作为计算广告费、业务宣传费和业务招待费的基数
业务招待费的扣除	业务招待费是指纳税人为生产经营业务的合理需要而发生的交际应酬费用。税法规定，纳税人发生的与生产经营业务有关的业务招待费，由纳税人提供确实记录或单据，分别在下列限度内准予扣除。企业发生的与生产经营有关的业务招待费支出按照发生额的 60% 扣除，但最高不得超过当年销售收入的 5‰。企业筹办期发生的业务招待费直接按实际发生额的 60%、广告费和业务宣传费按实际发生额，计入筹办费，按筹办费税务处理办法进行税前扣除。当年度超过规定标准的业务招待费不能结转到以后年度继续税前扣除
职工养老基金和待业保险基金的扣除	职工养老基金和待业保险基金，在省级税务部门认可的上交比例和基数内，准予在计算应纳税所得额时扣除
企业提取的专项基金	企业依照法律、行政法规有关规定提取的用于环境保护、生态恢复等方面的专项资金，准予扣除。上述专项资金提取后改变用途的，不得扣除
财产保险费的扣除	纳税人缴纳的财产保险费，允许在计税时扣除。但保险公司给予纳税人的无赔款优待，应计入企业的应纳税所得额

续表

序号	具体内容
固定资产租赁费的扣除	纳税人以经营租赁方式租入固定资产的租赁费，可以直接在税前扣除；以融资租赁方式租入固定资产的租赁费，不得直接在税前扣除，但租赁费中的利息支出、手续费可在支付时直接扣除
坏账准备金、呆账准备金以及商品削价准备金的扣除	纳税人提取的坏账准备金、呆账准备金，在计算应纳税所得额时准予扣除，提取的标准暂按财务制度执行。纳税人提取的商品削价准备金准予在计税时扣除
转让固定资产支出的扣除	纳税人转让固定资产支出是指转让、变卖固定资产时所发生的清理费用等支出，准予在计税时扣除
总机构管理费的扣除	纳税人支付给总机构的与该企业生产经营有关的管理费，应当提供总机构出具的管理费汇集范围、定额、分配依据和方法的证明文件，经主管税务机关审核后，准予扣除
国债利息收入的扣除	纳税人购买国债的利息收入，不计入应纳税所得额
其他收入的扣除	包括各种财政补贴收入、减免或返还的流转税，除国务院、财政部和国家税务总局规定有指定用途的，可以不计入应纳税所得额，其余则应并入企业应纳税所得额计算征税
亏损弥补的扣除	纳税人发生的年度亏损，可以用下一年度的所得弥补，下一纳税年度的所得不足弥补的，可以逐年延续弥补，但最长不得超过 5 年
开办费的扣除	企业可以在开始经营之日的当年一次性扣除，也可以按照新税法有关长期待摊费用的处理规定处理，但一经选定，不得改变。企业在新税法实施后，以前年度的未摊销完的开办费也可根据上述规定处理。企业筹办期间不计算为亏损年度
城市维护建设税、教育费附加和土地增值税的扣除	对于房地产开发经营企业来说，增值税、城市维护建设税、教育费附加和土地增值税，在房地产预售环节都要按规定纳税。根据财务会计规定，除增值税外，这些税费一般是通过税金及附加核算。企业发生的期间费用、已销开发产品计税成本、税金及附加、土地增值税等准予当期按规定扣除。因此，房地产企业在预售环节，缴纳的税费是可以在所得税前扣除的
可以预提（或应付）的成本费用的扣除	其中出包工程未最终办理结算而未取得全额发票的，在有相关合同、协议或其他证明资料的前提下，可以预提合同总金额的 10%，计入成本对象的开发成本中；公共配套设施尚未建造或尚未完工的，可以按照预算造价合理预提建造费用，该公共配套设施必须符合在售

续表

序号	具体内容
可以预提（或应付）的成本费用的扣除	房合同、协议或广告、模型中明确承诺建造并且不可撤销，或按照法律法规规定必须配套建造的条件；应向政府上交但尚未上交的报批报建费用和物业完善费用可以按规定预提。物业完善费用是指按规定应由房地产开发企业承担的物业管理基金、公共维修基金或其他专项基金

在计算应纳税所得额时，如表 8-7 所示的支出不得扣除。

表 8-7

序号	具体内容
1	资本性支出。是指纳税人购置、建造固定资产，以及对外投资的支出。企业的资本性支出不得直接在税前扣除，应以提取折旧的方式逐步摊销
2	无形资产受让、开发支出。是指纳税人购置无形资产以及自行开发无形资产的各项费用支出。无形资产受让、开发支出也不得直接扣除，应在其受益期内分期摊销
3	向投资者支付的股息、红利等权益性投资收益款项
4	企业所得税税款
5	资产减值准备。固定资产、无形资产计提的减值准备，不允许在税前扣除；其他资产计提的减值准备，在转化为实质性损失之前，不允许在税前扣除
6	违法经营的罚款和被没收财物的损失。纳税人违反国家法律、法规和规章，被有关部门处以的罚款以及被没收财物的损失，不得扣除
7	各项税收的滞纳金、罚金和罚款。纳税人违反国家税收法规，被税务部门处以的滞纳金和罚款、司法部门处以的罚金及其他各项罚款，不得在税前扣除
8	自然灾害或者意外事故损失有赔偿的部分。纳税人遭受自然灾害或者意外事故，保险公司给予赔偿的部分，不得在税前扣除
9	超过国家允许扣除的公益、救济性捐赠，以及非公益、救济性捐赠。纳税人用于非公益、救济性捐赠，及超过年度利润总额 12% 部分的捐赠，不允许扣除
10	各种赞助支出
11	与取得收入无关的其他各项支出

年末，在当年的利润总额基础上通过纳税调整得出应纳税所得额后，依照适用税率，计算得出当年应缴企业所得税额，借记“所得税费用”科目，

贷记“应交税费——应交企业所得税”科目。

扣除已预缴的季度企业所得税后，如果计算得出当年应缴企业所得税额大于已预缴的金额，需按差额补交企业所得税，借记“应交税费——应交企业所得税”科目，贷记“银行存款”科目。如果计算得出当年应缴企业所得税额小于已预缴的金额，可申请退税或抵下一年的预缴款。

【实账处理】——尚领房地产公司关于企业所得税汇算清缴的账务处理

尚领房地产公司 2016 年共有 2 个立项开发 10 幢商品房楼，当年取得的销售期房预售收入 2 500 万元，已竣工交房部分实现的销售收入为 5 500 万元，2016 年四季度一共预缴 200 万元企业所得税。其中支付土地出让金为 1 500 万元，为商品房支付并取得相应的工程款发票的房地产开发成本为 1 000 万元，另有部分未付工程未最终办理结算且未取得全额发票的工程款，该工程款的合同款为 2 000 万元，专门为开发该商品房支付的贷款利息为 50 万元。

为开发销售该商品房已缴纳土地增值税、城市维护建设税、教育费附加及印花税共计 100 万元。另外，企业发生各费用合计 1 800 万元，业务招待费为 100 万元，其余广告费、职工福利费和宣传费等均不超过当年可扣除限额。

尚领房地产企业适用企业所得税税率 25%，当地销售未完工开发产品的计税毛利率为 10%。

尚领房地产公司根据有关原始凭证，计算 2016 年汇算清缴时应预缴的企业所得税并编制会计分录如下。

可扣除业务招待费的标准为 5 500×5‰和 100×60% 的较小值，即 27.5 万元，超过标准的 72.5 万元不能税前扣除。

2016 年企业所得税应纳税所得额 =5 500−1 500−1 000−2 000×10%−50−100−（1 800−72.5）+2 500×10%=1 172.5（万元）

应缴纳企业所得税 =1 172.5×25%=293.13（万元），已预缴 200 万元，应补缴 93.13 万元企业所得税。

借：所得税费用　　　　2 931 300
　　贷：应交税费——应交企业所得税　　　　2 931 300
借：应交税费——应交企业所得税　　　　931 300
　　贷：银行存款　　　　931 300

8.4　房地产企业项目自持使用环节的税务处理

房地产企业自持使用阶段主要涉及土地使用权占用和开发产品用于自用或者出租业务，因此，土地使用权使用过程中涉及的税种是城镇土地使用税，开发产品用于自用或者出租业务涉及的税种是印花税、房产税和增值税。由于印花税、城镇土地使用税已经在前面章节讲述，此节不再赘述。下面我们具体讲解房产税和由于出租房产产生的增值税的核算和对应的税务处理。

8.4.1　房产税

房产税是以房屋为征税对象，按房屋的计税余值或租金收入为计税依据，向产权所有人征收的一种财产税。

房产税的征税对象是房产，所谓房产，指有屋面和围护结构，能够遮风避雨，可供人们在其中生产、学习、工作、娱乐、居住或储藏物资的场所。但独立于房屋的建筑物如围墙、暖房、水塔、烟囱和室外游泳池等不属于房产。但室内游泳池属于房产。

由于房地产开发企业开发的商品房在出售前，对企业而言是一种产品，因此，对房地产开发企业建造的商品房，在售出前不征收房产税；但对售出前房地产开发企业已使用或出租、出借的商品房应按规定征收房产税。

房产税由产权所有人缴纳，负有缴纳房产税义务的有单位与个人。产权属于全民所有的，由经营管理单位缴纳；产权出典的，由承典人缴纳；产权所有人、承典人不在房产所在地的，或者产权未确定及租典纠纷未解决的，由房产代管人或使用人缴纳。因此，上述产权所有人，经营管理单位、承典人、房产代管人或者使用人，统称房产税的纳税人。

房产税征收标准有从价和从租两种情况，具体如表 8-8 所示。

表 8-8

税征收标准	具体内容	房产税应纳税额的计算
从价计征	从价计征的，其计税依据为房产原值一次减去 10% ~ 30% 后的余值，从价计征 10% ~ 30% 的具体减除幅度由省、自治区、直辖市人民政府确定。房产原值应包括与房屋不可分割的各种附属设备或一般不单独计算价值的配套设施，主要有暖气、卫生和通风等，纳税人对原有房屋进行改建、扩建的，要相应增加房屋的原值。房地产企业将开发产品房屋用于自用或出借时采用从价计征。房产税税率采用比例税率，按照房产余值计征的，年税率为 1.2%	从价计征，以房产原值为计税依据的，计算公式为：应纳税额 = 房产原值 ×（1- 扣除比例）× 税率（1.2%）
从租计征	从租计征的（即房产出租的），以房产租金收入为计税依据。房地产企业将开发产品房屋用于出租时采用从租计征。房产税税率采用比例税率，按房产租金收入计征的，年税率为 12%	从租计征，以房产租金收入为计税依据的，计算公式为：应纳税额 = 房产租金收入 × 税率（12%）

不同用途的房产，其缴纳房产税的开始时间不同，具体如下。

- ◆ 纳税人将原有房产用于生产经营，从生产经营之月起，缴纳房产税。
- ◆ 纳税人自行新建房屋用于生产经营，从建成后次月起，缴纳房产税。
- ◆ 纳税人出租、出借房产，自交付出租、出借房产后次月起，缴纳房产税。
- ◆ 房地产开发企业自用、出租、出借该企业建造的商品房，自房屋使用或交付后次月起，缴纳房产税。

房产税实行按年计算、分期缴纳的征收方式，具体纳税期限由省、自治区、直辖市人民政府确定。房产税在房产所在地缴纳，房产不在同一地方的纳税人，应按房产的坐落地点分别向房产所在地的税务机关纳税。

每月按应缴付的房产税，借记“税金及附加”科目（新规定实施前计入“管理费用”科目），贷记“应交税费——应交房产税”科目；定期缴付房产税时，按实际缴付金额借记“应交税费——应交房产税”科目，贷记“银行存款”科目。

【实账处理】——尚领房地产公司关于房产税的账务处理

尚领房地产公司于2018年7月底，账面的“固定资产——房产”原值为200万元。按照当地政府规定，按房产原值扣除30%后作为房产余值，并按适用税率1.2%纳税。

7月初，尚领房地产公司将房产原值为100万元的房屋租给其他单位使用，每月取得的租金收入为1万元。该出租部分按其租金收入适用12%的年税率纳税。房产税按年计算，分季缴纳。试计算企业7～9月应纳房产税并进行会计处理。

7～9月自用房屋部分每月应缴纳的房产税=（2 000 000−1 000 000）×（1−30%）×1.2%÷12=700（元），7～9月出租房屋部分每月应缴纳的房产税=10 000×12%÷12=100（元），每月计提房产税时编制会计分录如下。

借：管理费用——房产税　　800

　　贷：应交税费——应交房产税　　800

9月底应缴纳的房产税

借：应交税费——应交房产税　　2 400

　　贷：银行存款　　2 400

8.4.2　出租房产产生的增值税

从2016年全面推开营改增试点开始，房地产开发企业出租房产取得不动产租赁收入的行为需缴纳增值税。同样是缴纳增值税，但应税行为与8.3.1节中所述由于销售商品房缴纳的增值税不同。

房地产开发企业中的一般纳税人，出租自行开发的房地产老项目（2016

年 4 月 30 日前取得的不动产），可以选择适用简易计税方法，按照 5% 的征收率计算应纳税额。

纳税人出租自行开发的房地产老项目与其机构所在地不在同一县（市）的，应按照上述计税方法在不动产所在地预缴税款后，向机构所在地主管税务机关进行纳税申报。应缴税款计算公式为：

应缴税款 = 应预缴税款 = 含税销售额 ÷（1+5%）× 5%

房地产开发企业中的一般纳税人，出租其 2016 年 5 月 1 日后自行开发的与机构所在地不在同一县（市）的房地产项目，应按照 3% 预征率在不动产所在地预缴税款后，向机构所在地主管税务机关进行纳税申报。不动产所在地与机构所在地在同一县（市、区）的，纳税人应向机构所在地主管税务机关申报纳税。应缴税款计算公式：

应预缴税款 = 含税销售额 ÷（1+9%）× 3%

应缴税款 = 含税销售额 ÷（1+9%）× 10%

一般纳税人出租其 2016 年 4 月 30 日前取得的不动产适用一般计税方法计税的，按照出租 2016 年 5 月 1 日后自行开发的房地产项目的规定执行。

房地产开发企业中的小规模纳税人，出租自行开发的房地产项目，按照 5% 的征收率计算应纳税额。纳税人出租自行开发的房地产项目与其机构所在地不在同一县（市）的，应按照上述计税方法在不动产所在地预缴税款后，向机构所在地主管税务机关进行纳税申报。应缴税款计算公式：

应缴税款 = 应预缴税款 = 含税销售额 ÷（1+5%）× 5%

【实账处理】——尚领房地产公司关于房产出租时增值税的账务处理

尚领房地产公司 2019 年 7 月初将房产原值为 100 万元的房屋租给其他单位使用，每月取得的租金收入为 1 万元。尚领房地产公司属一般纳税人，用于出租的房产取得的时间是 2017 年 1 月，适用增值税一般计税方法。公司的机构所在地在广州，但用于出租的房产在佛山。试计算企业 7 月因出租房产应纳增值税（用新税率）并进行会计处理。

7月出租房屋部分每月应缴纳的增值税=10 000÷（1+9%）×9%=825.69（元），每月应预缴的增值税=10 000÷（1+9%）×3%=275.23（元）。

①7月底计提出租收入增值税时

借：应收账款　10 000

　贷：其他业务收入　9 174.31

　　应交税费——应交增值税（销项税额）　825.69

②8月在佛山预缴增值税时

借：应交税费——预缴增值税（销项税额）　275.23

　贷：银行存款　275.23

借：应交税费——应交增值税（销项税额）　275.23

　贷：应交税费——预缴增值税（销项税额）　275.23

③8月在广州申报缴纳增值税时

应补缴增值税=825.69−275.23=550.46（元）

借：应交税费——应交增值税（销项税额）　550.46

　贷：银行存款　550.46

第 9 章

09

房地产企业会计对账、查账与结账

作为房地产开发经营企业的会计人员，除了要负责项目工程、日常管理活动、销售活动以及税务业务中的财务工作外，还要负责企业各账目的对账、查账和结账工作。这 3 项工作是企业做账正确性的保障，不容忽视。

【本章要点】

房地产企业查账流程

房地产企业对账流程

房地产企业结账流程

9.1 房地产企业查账流程

为保障当月会计核算和账簿记录的正确性，月末每一家公司的财务部门都需对当月的收入、成本等账目进行检查和核对，检查是否所有成本和收入都合理完整地计入当月，确保当月已发生并应承担的所有收入和成本已经运用一定的记账方法在账簿上记录，即使当月没有发生相应的现金流。

而在对账、查账工作的基础上计算并记录本期各收入、成本科目的发生额和期末余额，并对相关收入和成本进行结转属于结账工作。下面我们从查账技巧和查账内容两个方面对查账工作内容进行详细讲解。

9.1.1 查账定义和方法

查账是指对会计账簿、会计凭证、财务报表以及其他财会资料和信息进行检查和分析，找出其异常和舞弊之处。有时，查账还需对统计核算资料、业务核算资料和其他经济信息资料进行分析审查。

由此看来，查账是以国家政策、法律、法规的规定以及企业的制度规范为依据，运用一定技术、方法、经验和技巧，对企事业单位的经济信息资料（主要是会计账目）进行审查、验证、分析和查对，以发现管理漏洞和员工的违法舞弊行为的一种经济监督活动。查账的基本方法大致可划分为两类，即查核书面资料的方法和验证账实的方法，在查账过程中可结合使用。

（1）查核书面资料的方法

查核书面资料的方法是指通过对凭证、账簿、报表以及其他各种书面资料的复核和核对，借以验证账证、账表和账账等是否相符，审查其反映的经济活动是否合法。复核是指对有关业务记录的数字进行计算。核对是指账证、账账和账表等之间有关内容的核查、对比。

查核书面资料的方法按不同的划分依据有不同的方法，如表 9-1 所示。

表 9-1

划分依据	具体方法	方法介绍
按检查的顺序	顺查法	常用于检查业务繁杂的账目，其结果比较精确。过程如下：第一、逐笔审查经济业务原始凭证记录的合法性、真实性。第二、审查每笔经济业务记账凭证记录的账务处理、对应关系以及金额计算的正确性。第三、审查各种账簿记录是否正确一致。第四、审查会计报表与有关报表的一致性。也就是查证、账、表的过程
	逆查法	常用于业务量较少的账目检查，往往针对事先已掌握的情况。过程如下：第一、核对财务报表；第二、核对总账→日记账→明细账；第三、核对汇总凭证和记账凭证。第四、核对原始凭证。也就是查表、账、证的过程
按检查的范围	抽查法	是从全部会计资料中抽取部分资料进行审查的方法，即有目的地抽取几个账户、几大品种或特定时间的有关会计资料做重点检查
	全查法	是对全部经济活动的资料做全面审查的方法。该法一般适用于较小单位或问题较多单位的账务检查

（2）验证账实的方法

验证账实的方法有以下 4 种，具体介绍如表 9-2 所示。

表 9-2

方法	方法介绍
盘存法	考核实物资产与账户余额是否相符，借以证实账户余额是否真实、准确。该法适用于对原材料、燃料等重点物资的检查，从而发现“账外之账”和“账外之物”等情况
询证法	对有疑点的往来账目采用查证的方法，包括查询和函证两种。查询是指发现账目疑点，有目的地向有关人员了解情况。函证是指为弄清某项业务发函查对的方法
调节法	是对银行存款账的验证方法，验证银行存款日记账，看是否准确真实
鉴定法	是对需交专业技术部门化验鉴定、证实书面资料真伪的手段

房地产企业月末查账一般会着重查核产品的成本和收入。下面根据查账的重点内容具体讲解如何查账。

9.1.2 查账主要内容

每月月末，财务应核对销售部交来的销售清单，核对清单上的产品金额是否与“预收账款”账户里的明细金额一致，核对时应一一对照房屋面积、房屋位置、销售单价、销售总价、已收款金额和欠款金额等要素。核对一致后，按照已经销售的面积计算应确认的销售收入。

按确认的销售收入进行账务处理，借记“预收账款”科目，贷记“主营业务收入”科目。打印出收入凭证后，与销售清单、销售发票合并装订存档。

每月月末，财务部应根据工程施工合同清单和结算单进行梳理计算。一般施工合同按照成本类别分别进行分类归档，也就是按照土地征用及拆迁补偿费、前期工程费、基础设施建设费、建筑安装工程费和公共配套设施费等类别进行分类归档，同时列出清单。清单的要素一般有合同编号、合同名称、合同金额、增加/减少金额和结算数。每月月末需对清单进行复核，检查是否有错漏，核对业务系统中的合同数据是否已全部更新至合同清单。整理出来之后，分别算出各个类别合同的结算数。各个合同的结算数与账面同类别的科目余额进行核对，看是否有差异，若有，找出它们的差异原因。

一般有以下原因造成合同金额与账面金额不一致。

◆ 原因一

款项已经支付，但是施工单位没有开具发票，由于在预付账款挂着，造成账面金额比合同金额要少。

◆ 原因二

施工单位还没有结算，发票也没有开具，造成账面金额比合同金额少。

【提示】在这两种情况下，财务部应催促工程部同事跟进工程结算工作且催促收回发票。月末财务部应根据当月工程结算清单，核对工程合同结算进度和金额，预提当月应承担的工程成本，但预提金额不能超过合同总金额的10%。按当月应承担的工程成本，借记“开发成本”科目，贷记“应付账款-预提费用”科目。

◆ 原因三

施工单位没有开具质保金发票。财务部应督促施工单位开出质保金发票，但由于质保金属于以后能收回的应收账款款项，不涉及成本，因此不用预提。

◆ 原因四

施工单位因为疏忽多开发票，但是企业没有付款，在这样的情况下，一般要把按多开发票金额的成本冲回，保证成本符合实际发生金额。

◆ 原因五

有一部分成本，由于金额较小，既没有签合同，也没有做结算，但是实际上已经发生。把这一部分成本按照类别，添加到合同清单里面，并进行成本预提，按实际金额借记“开发成本”科目，贷记“应付账款——预提费用”科目。月末根据对应的产品将开发成本分配结转至各对应的开发产品，按对应的分配额借记“开发产品”科目，贷记“开发成本”科目。

根据开发产品的成本，结合开发产品的结转面积，计算出开发产品成本单价，结转开发产品到产品销售成本。其中，结转面积 = 可销售面积 + 车库面积 + 开发商可以办理不动产权证的公共配套面积，开发产品成本单价 = 开发产品 / 结转面积。

根据上述公式中当月的开发产品成本单价和已经销售面积，计算出当月的产品销售成本。产品销售成本 = 开发产品成本单价 × 已经销售面积。按当月产品销售成本借记“主营业务成本”科目，贷记“开发产品”科目。

要注意，开发产品和主营业务成本是有区别的，开发产品归集的是全部成本对象，也就是说，开发产品是发生的全部成本。而主营业务成本仅仅归集的是已经销售的产品的成本。只有在全部物业已经售罄，并且开发商没有自留物业的时候，两者才相等。最后把主营业务收入和主营业务成本结转到本年利润。

下面来看一个公司收回出租的写字楼后的账务处理案例。

【实账处理】——尚领房地产公司当月收入与成本计提后的账务处理

尚领房地产公司在华南区域共有一个项目，截至 2019 年 12 月底已建好 3 栋商品房，同时有 7 栋商品房在建。3 栋商品房在预售阶段已全部售空，签订好销售合同，于 12 月全部办理验收移交手续。

月末，财务部根据销售清单进行查账核对，确定 3 栋商品房的销售收入为 12 000 万元，其中截至 11 月底已预收 10 000 万元，另有 3 080 万元（含增值税 12 000×10%=1 080 万元）尾款在 12 月收到。

另外，月末对该项目的工程合同清单进行查账复核清理，截至 11 月底该项目工程成本支出计入开发成本，金额累计为 20 000 万元，其中 3 栋已验收移交的商品房的开发成本为 6 000 万元。

截止 12 月底，该项目未结算的工程款项为 660 万元，未超过合同总金额的 10%，月末对该部分的工程款项进行计提。另有在 12 月支付已验收移交商品房的工程支出 840 万元。月末需对该项目的已移交 3 栋商品房的开发成本进行结转，经查账复核后确定计入该项目的开发产品成本合计 7 500 万元。由于 3 栋商品房于 12 月全部办理验收移交确定收入，月末需对该项目的开发产品成本进行结转。那么，12 月财务人员就可以编制出如下会计分录，并登记入账。

①计提未结算的工程成本支出时

借：开发成本——房屋开发成本——基础设施费用　　6 600 000

　　贷：应付账款——预提费用　　6600 000

②支付当月工程支出时

借：开发成本——房屋开发成本——基础设施费用　　8 400 000

　　贷：银行存款　　8 400 000

③开发成本结转时

借：开发产品　　75 000 000

　　贷：开发成本——房屋开发成本　　75 000 000

④开发产品结转时

借：主营业务成本　　75 000 000

　　贷：开发产品　　75 000 000

⑤ 12 月确认结转营业收入时

借：银行存款　　30 800 000

　　预收账款　　100 000 000

贷：主营业务收入	120 000 000
应交税费——应交增值税	10 800 000

9.2　房地产企业对账流程

为保障当月会计核算和账簿记录是正确的，月末每家公司的财务部门都需对当月的财务记账工作进行检查、核对，看是否有漏记或者错记科目发生额，确保当月发生的所有经济业务已经运用一定的记账方法在账簿上记录。下面我们从对账内容和对账技巧两个方面对对账工作内容进行详细讲解。

9.2.1　对账定义和技巧

对账，是指核对账目。为了保证账簿记录的真实、正确、可靠，对账簿和账户所记录的有关数据加以检查和核对就是对账工作。财务人员应坚持对账制度，通过对账工作，检查账簿记录内容是否完整，有无错记或漏记，总分类账与明细分类账数字是否相等，往来单位款项数字是否一致，以做到账证相符、账账相符和账实相符。

在往来账方面，与对方单位核对余额之前，应将全部经济业务入账并结出余额，然后进行往来账自查。自查时先审查往来账余额的大小及方向，看是否有不正常的余额和方向，如果出现异常情况，应重点审查相应的明细账。审查明细账时，应当逐笔浏览该账户借贷有无不正常的发生额，有无异常摘要，如果存在不正常的发生额或者摘要，应审查相应的记账凭证及原始凭证，以确定往来账无错记金额等错误发生。逐笔审查期初至期末业务的记账凭证及原始凭证，并记录日期、金额和发票编号等，以备在对方单位对账时使用。

在往来账自查无误的基础上，与对方单位进行余额核对，如果双方余额一致，则表明双方业务记录无误；如果双方余额不一致，则要计算两者差额，并对差额的大小及方向进行分析，查看是否有与差额相同的业务发生，判断是否存在未达账项，是否需要编制“余额调节表”进行调节，查看是否有与差额的1/2相同金额的业务发生，判断是否有账户方向记错的业务。

双方期末余额不一致时，还可以分段核对余额，也就是按月或按季度核对余额，如果其中某一时点的余额一致，则可以判断该时点的业务记录无误，只需核对该时点之后的账目。造成双方余额不一致的原因有很多，如果通过分析差额无法确定双方余额不一致的原因，则需进行发生额核对。核对发生额有以下两种方法。

- 核对双方的业务发生额，可不按时间顺序逐笔核对，而是分别核对借方发生额或者贷方发生额。
- 核对单位往来账中的借方发生额或者贷方发生额，找出借方发生额或者贷方发生额对应的业务。若此类业务对余额不产生影响，则问题可能存在于没有借贷对应关系的业务中，如此可缩小核对的范围，从而减少工作量。

9.2.2 对账主要内容

月末财务部门进行检查和核对财务记账的工作主要包括以下两个方面：往来单位款项的核对和账簿核对。

（1）往来单位款项的核对

与往来单位核对账项，主要是针对会计单位的债权债务与相关单位进行核对，验证双方记录是否相符。注意，在与对方单位核对余额之前，应将全部经济业务入账并结出余额，然后进行往来账自查。

房地产企业一般以集团形式成立，内部有各种分公司、子公司或者关联公司存在，且不同的分公司、子公司和关联公司之间有相互业务的发生，例如同属一个集团下的物业公司为地产公司提供物业服务，地产公司为物业公司提供租赁服务等。因此往来账包括内部公司往来账和外部公司往来账，但无论内部或外部，都需要进行往来账的核对。

在会计电算化环境下，一般房地产企业会建立内部系统，提供内部公司往来账自动对账功能，即系统根据用户设置的对账条件进行逐笔检查，对达到对账标准的记录进行勾对，未勾对的即为未达账项。系统进行自动对账的条件一般包括业务发生的日期、结算式、结算票号和发生金额相同等。对于外部公司往来账，则需要寄出往来款对账单给外部单位，用以双方确认往来金额，如图 9-1 所示为某公司客户往来对账函。

客户对账函

××公司：

因我公司与贵公司业务往来频繁，为确保账目准确无误，故询证本公司与贵公司的往来账项目等事项。下列数据均录自本公司账簿，如与贵公司记录相符，请在本函下端“数据证明无误”处签章以示确认；如有不符，请在“数据有误”处列明不符项。本公司谨此对贵公司表示谢意。

本公司与贵公司的往来账项如下：

对账时间：201×年 1 月 26 日至 201×年 2 月 25 日

期初余额：53,875.50 元

本期发货金额：12,000.00 元

本期实际收款：　元

期末余额：65,875.50 元

发货明细见下表：

日期	货品名称	规格	单位	数量	单价	销售货款
201×年 2 月 12 日	油墨	1*13	公斤	50	25	1,250.00
201×年 2 月 12 日	油墨	1*14	公斤	400	25	10,000.00
201×年 2 月 12 日	油墨	1*15	公斤	15	25	375.00
201×年 2 月 12 日	油墨	1*15	公斤	15	25	375.00

注：请财务资金审查无误后，转款。

201×年 2 月 25 日

××××有限公司

结论：

1、数据正确无误　　　　2、数据有误，请列明不符项

客户（签名）（盖章）　　　　客户（签名）（盖章）

年 月 日　　　　年 月 日

图 9-1

标准化的对账单是保证对账工作规范化、程式化的基础，一般包括这些项目：会计科目、期初余额、本期发生额、期末余额、差异及原因、挂账时间、拟采取的措施、编制人及批准人签字等，对账依据应附在对账单后作为备查。

（2）账簿核对

期末要对账簿记录和会计凭证进行核对，以发现错误之处并进行更正，这也是保证账证、账账和账实相符的基础。

要做到账证相符，必须在月结工作中对账簿记录和会计凭证进行核对，

以发现错误之处并进行更正，这是保证账账、账实相符的基础。核对账证是否相符的主要方法如下。

- ◆ 看总账与记账凭证汇总表是否相符。
- ◆ 看记账凭证汇总表与记账凭证是否相符。
- ◆ 看明细账与记账凭证及所涉及的支票号码和其他结算票据种类等是否相符。

账账相符是指各种账簿之间的核对相符，主要包括本单位各种账簿之间的有关指标应该核对相符和本单位同其他单位的往来账项应该核对相符。具体方法如表 9-3 所示。

表 9-3

核对项	核对内容
总分类账有关账户的余额核对	看总账资产类科目各种账户与负债、所有者权益类科目各账户的余额合计数是否相符。即：总账资产类账户余额 =Σ 总账负债、所有者权益账户余额、总账各账户借方发生额（或贷方发生额）=Σ 总账各账户贷方发生额（或借方发生额）
总分类账簿与所属明细分类账簿核对	看总账各账户与所辖明细账户的各项目之和是否相符。即总分类账户与其所属的各明细分类账户之间本期发生额的合计数应相等、总分类账户与其所属的各明细分类账户之间的期初或期末余额合计数应相等
总分类账簿与序时账簿核对、明细分类账簿之间核对	看会计部门的总账、明细账与有关职能部门的账、卡之间是否相符。会计部门的有关财产物资的明细分类账的余额应该同财产物资保管部门和使用部门经管的明细记录的余额定期核对相符。各种有关债权、债务明细账的余额应当经常或定期同有关的债务人、债权人核对相符。现金、银行存款日记账余额应该同总分类账有关账户的余额定期核对相符。已缴国库的税金以及其他预算缴款应该同征收机关按照规定的时间核对数据相符

账实核对指各种财产物资的账面余额与实际数额核对，主要方法如下。

- ◆ 现金日记账的账面余额与现金实际库存数额每日核对，并填写库存现金核对情况报告单作为记录。发生长、短款时，应立即列作“待处理财产损溢”，待查明原因经批准后再进行处理。单位会计主管应经常检查此项账目。对库存现金进行清查核对时，出纳人员必须在场，不允许以借条、收据充抵现金。要查明库存现金是否超过限额、是否存在坐支问题。

◆ 银行存款日记账的账面余额与开户银行对账单核对。每收到一张银行对账单，经管人员应在3日内核对完毕，每月编制一次《银行存款余款调节表》，会计主管人员每月至少检查一次，并写出书面检查意见。

◆ 有价证券账户应与单位实存有价证券（如国库券、重点企业债券、股票或收款票据等）核对相符，每半年至少核对一次。

◆ 商品、产品和原材料等明细账的账面余额应定期与库存数相核对；对其他财产物资账户也要定期核对。年终要进行一次全面的清查。

◆ 各种债权、债务类明细账的账面余额要与债权、债务人账面记录核对、清查。对于核对、清查结果，要及时以书面形式向会计主管人员汇报，并报单位领导人。对于存在的问题应采取措施，积极解决。

◆ 出租、租入、出借、借入财产等账簿，除合同期满应进行清结外，至少每半年核对一次，以保证账实相符。

通过上述对账工作，做到账证、账账和账实相符，使会计核算资料真实、正确、可靠。总的来说，对账过程中需要涉及如图9-2所示的核对工作。

图9-2

9.3 房地产企业结账流程

在完成了查账、对账工作后，要对相关收入和成本进行结转。下面从月度结账流程和结账账务处理这两个方面进行详细讲解。

9.3.1 月度结账流程

结账是为了总结某一个会计期间内的经济活动的财务收支状况，据以编制财务会计报表，而对各种账簿的本期发生额和期末余额进行的计算总结。

直观地说，就是结算各种账簿记录，它是在将一定时期内所发生的经济业务全部登记入账的基础上，将各种账簿的记录结算出本期发生额和期末余额的过程。结账的内容包括如图 9-3 所示的 4 方面。

1. 检查本期内日常发生的经济业务是否已全部登记入账，若发现漏账、错账，应及时补记、更正。
2. 在实行权责发生制的单位，应按照权责发生制的要求，进行账项调整的账务处理，以计算确定本期的成本、费用、收入和财务成果。
3. 将损益类科目转入“本年利润”科目，结平所有损益类科目。
4. 在本期全部经济业务登记入账的基础上，结算出所有账户的本期发生额和期末余额。计算登记各种账簿的本期发生额和期末余额。

图 9-3

在结账的过程中，包括了前述查账、对账的内容以及在查账和对账的基础上发现漏错账并补入漏记的经济业务的账务处理和更正错记的账务处理。

结账的具体步骤如图 9-4 所示。

第一步：先对本月所有凭证重新审核核对，减少差错

月末结账以日常会计凭证为基础，要求日常的会计凭证数据和分录准确无误，在月末结账时重新进行核对。

↓

第二步：对以下项目进行账实核对

①现金；②银行存款；③存货。

↓

第三步：核对税务报表与应交税费明细账等账户的勾稽关系

主要是对进项税额、销项税额和进项税额转出等其他应交税费的明细科目进行核对，核对无误后编制所有当月税务申报表。

↓

第四步：查看所有明细科目余额，对于方向和余额有异常的科目进行调整

比如，对应收应付账的核对应做到查看应收账款、应付账款、预收账款和预付账款有无串户情况，期末余额为负时看是否需要调整。

↓

第五步：计入结转收入成本的会计分录

用查账方式复查月度产品成本、收入的金额，以查核后的结果准确计入结转收入成本的会计分录，具体方法详见 9.1.2 节内容。

↓

第六步：进行往来单位款项的核对和账簿核对

用对账方式进行往来单位款项的核对和账簿核对，通过对账，查漏补缺，找出错漏的经济业务，并补入和更正对应的账务处理，具体方法详见 9.2.2 节内容。

↓

第七步：编制月末结账的转账分录

这部分的具体内容详见第 10 章。

图 9-4

在图 9-5 的第二步中，各项目的核对方法如表 9-4 所示。

表 9-4

项目	核对方法
现金	在结账日前进行清盘，编制盘点表。对结平的现金账户可以证明所有分录中有现金的分录正确；不平时应查现金日记账和所有现金相关凭证，查清原因进行处理
银行存款	编制银行存款余额调节表对平银行账。确保每一笔银行收款和支出都有对应的正确的账务处理，保证银行存款账户余额与月末银行账户实际余额一致。若有银行未达账项，需准确反映在银行存款余额调节表里
存货	需核实的存货包括原材料、在产品和产成品等。在月末时应进行盘点，并对盘点结果与明细账进行核对，如有差异，应查明原因进行处理

在图 9-4 的第三步中，进项税额、销项税额和进项税额转出等其他应交税费的明细科目的核对方法如下。

◆ 运用银行存款余额调节表的原理对税务进项税额认证清单、四小票软件清单（包括运费、海关完税凭证、废旧物资、农产品收购）和企业的“应交税费——应交增值税（进项税额）”明细账进行核对。可以参照银行存款余额调节表编制进项税额调节表。调节的项目主要有：在同一张税票中应做进项转出的（固定资产等税法规定不可以抵扣的项目）金额、进货退回或折让证明单的时间性差异。

◆ 核对销项税额时，可以将金税开票的销项清单、普通发票及无票收入清单和企业的“应交税费——应交增值税（销项税额）”进行核对。

◆ 对于进项税额转出等其他应交税费的明细科目，可以按以上原理进行核对。

9.3.2 结账账务处理

房地产企业绝大部分的支出都计入开发成本、开发产品，按销售进度结转至主营业务成本，房地产企业的收入按实际的销售进度结转至主营业务收入，具体结转方式在前面章节已具体说明，在此不再赘述。

在月末，除了结转至收入、成本的账务处理以外，房地产企业需依据实际经济业务情况，对未产生现金流的成本费用进行计提，对已付但长期受益的资产进行折旧和费用摊销，对应交税费、收入、成本和费用等科目进行结转。下面我们对成本费用计提摊销、收入成本费用等科目进行结转这两部分进行具体讲解。

（1）成本费用计提摊销

成本费用计提摊销主要是指资产折旧、计提当月的职工薪酬、税费和财务费用确认。为了反映房地产企业固定资产折旧情况，企业应根据资产使用期间的损耗情况选择相应的折旧方法对固定资产进行折旧处理。

我国会计准则中可选用的折旧方法包括年限平均法、工作量法、双倍余额递减法和年数总和法。固定资产的折旧方法一经确定，不得随意变更。下面对这 4 种折旧方法进行具体的讲解，相关内容如表 9-5 所示。

表 9-5

<table>
<tr><th>折旧方法</th><th>计算公式</th><th>适用范围</th></tr>
<tr><td>年限平均法（直线法）</td><td>①年折旧率 =（1 －预计净残值率）÷ 预计使用寿命（年）×100%
②月折旧额 = 固定资产原价 × 年折旧率 ÷12</td><td>在实际的工作中得到了最广泛的使用</td></tr>
<tr><td>工作量法</td><td>①单位工作量折旧额 = 固定资产原价 ×（1 －预计净残值率）÷ 预计总工作量
②某项固定资产月折旧额 = 该项固定资产当月工作量 × 单位工作量折旧额</td><td>实际工作中，在运输企业和其他专业车队中、客货汽车和某些价值大而又不经常使用或季节性使用的大型机器设备等可以用工作量法来计提折旧</td></tr>
<tr><td>双倍余额递减法</td><td>①年折旧率 =2÷ 预计使用寿命（年）×100%
②月折旧额 = 固定资产净值 × 年折旧率 ÷12</td><td rowspan="2">这两种方法可统称为“加速折旧法”，加速折旧法具有其科学性和合理性，根据其特点，适用于技术进步快、在国民经济中具有重要地位的企业，如电子生产企业、船舶工业企业、飞机制造企业、汽车制造企业和化工医药等。但房地产企业中自用房产一般不采用加速折旧法</td></tr>
<tr><td>年数总和法</td><td>①年折旧率 = 尚可使用寿命 ÷ 预计使用寿命的年数总和 ×100%
②月折旧额 =（固定资产原价 − 预计净残值）× 年折旧率 ÷12</td></tr>
</table>

房地产企业一般设置“累计折旧”账户，该账户是固定资产的调整账户（备抵账户），反映的是固定资产的累计折旧情况，也就是反映固定资产因磨损

而造成的价值减少情况。该账户贷方登记每期计提的固定资产折旧额，借方登记固定资产因出售、报废等而转销的折旧额。期末贷方余额反映的是企业固定资产的累计折旧情况。该账户只需进行总分类核算，如果需要了解某项资产的已提折旧情况，可从固定资产卡片中的原值、净残值、预计使用年限和已使用年限等数据中计算求得。

房地产企业的固定资产一般包括用来自用的商品房、用于建商品房的大型设备以及为完成业务而购置的办公设备等。关于固定资产的折旧年限的相关规定已在本书 4.2.1 节中做了详细介绍。

土地使用证上的使用时间大于 20 年的，按土地使用证上的时间来折旧。

房地产开发企业每月计提的固定资产折旧额，要根据资产的受益情况计入相关的成本费用账户。其中，开发现场使用的固定资产折旧额要计入“开发间接费用”账户；企业管理部门发生的固定资产折旧额要计入“管理费用”账户；专设销售部门发生的固定资产折旧额要计入“销售费用”账户。每月月末，房地产企业应对各类资产按对应的折旧方法计算出当月应计提的折旧额，借记“开发间接费用”“管理费用”或“销售费用”科目，贷记“累计折旧”科目。

按照会计制度的权责发生制原则，当月的职工薪酬应计入当月的费用，但由于实际工作中，我们一般在下月发放上月的职工薪酬，因此月末应对当月的职工薪酬进行计提。财务部在收到当月职工薪酬报表时，应复核报表与上月的职工薪酬报表是否有较大的差异，是否存在人事变动，与人事部协商复核确定当月预计的职工薪酬报表后，按当月的工资、社保和住房公积金金额借记“管理费用”“销售费用”或“开发成本”等科目，贷记“应付职工薪酬——工资”“应付职工薪酬——社保费”和“应付职工薪酬——住房公积金”等科目。下月实际支付时，借记“应付职工薪酬——工资”“应付职工薪酬——社保费”和“应付职工薪酬——住房公积金”等科目，贷记“银行存款”科目。

若实际支付的金额与计提金额不符时，在实际支付时将差额调整至“管理费用”“销售费用”或“开发成本”等科目的借方或贷方。一般来说，从事生产经营和劳务服务人员的薪酬部分，应计入产品开发成本；对于应由在建工程、无形资产负担的职工薪酬，应计入建造固定资产或无形资产成本。管理部门（公司高层领导、综合部、财务部和公司办公室等）员工工资应计入管理费用；销售部门的员工工资应计入销售费用。职工福利、职工教育经费和工会经费等可以依公司规定由公司依据金额大小确定是否需要计提。

同样，按照会计制度的权责发生制原则，当月的税费应计入当月的费用。但由于实际工作中，房地产企业应缴纳的增值税随着当月确定收入时计提。财务部根据当月确定的收入和预缴的增值税，按照附加税的计算公式计算出当月应计提下月缴纳的附加税后，借记“税金及附加”科目，贷记“应交税费——应交城建税”“应交税费——应交教育费附加”和“应交税费——应交地方教育附加”等科目。下月实际支付时，借记“应交税费——应交城建税”“应交税费——应交教育费附加”和“应交税费——应交地方教育附加”等科目，贷记“银行存款”科目。

若实际支付的金额与计提金额不符，在实际支付时将差额调整至“税金及附加”科目的借方或贷方。财务部根据签署的合同数量进行贴花，在购买印花税贴花时，借记“待摊费用”科目，贷记“银行存款”科目；当月根据所签订的合同进行贴花，月末计算贴花的印花税额，借记“税金及附加”科目，贷记“待摊费用”科目。

房产税和土地使用税是按年计算、按季预缴，部分地方城市可按年征收。按照权责发生制原则，房地产企业可计算当月应承担的房产税和土地使用税，借记“税金及附加”科目，贷记“应交税费——应交土地使用税”和“应交税费——应交房产税”科目。下月实际支付时，借记“应交税费——应交土地使用税”和“应交税费——应交房产税”科目，贷记“银行存款”科目。若实际支付的金额与计提金额不符时，在实际支付时将差额调整至“税金及附加”科目的借方或贷方。

在每月进行银行支出操作时会产生银行手续费，也会产生一些银行账户维护费和利息收入。月末结账时一般应合计当月产生的手续费和维护费的支出，计算当月的财务费用支出，借记“财务费用”科目，贷记“银行存款”科目；按照当月的利息收入，借记“银行存款”科目，贷记“财务费用”科目。

（2）收入成本费用等科目进行结转

月末结账的第二部分是将收入、成本费用等科目进行结转，结平损益类科目，使当月损益类科目余额为0。所谓的“结转”，是会计工作中重要的具体业务。结转（或期末结转）是指期末结账时将某一账户的余额或差额转入另一账户。这里会涉及两个账户，前者作为转出账户，后者作为转入账户。

一般情况下，结转后，转出账户将没有余额。根据会计制度，可以每月结转损益类科目，也可以每月不结转，待年底时一次性结转。每月结转的方法叫作“账结法”，年底一次性结转的方法叫作“表结法”。下面我们具体讲解每月结转的账结法，也是现在大部分公司采用的方法。

账结法下，每月月末均需编制转账凭证，将在账上结计出的各损益类账户的余额转入“本年利润”科目。结转后，“本年利润”科目的本月合计数反映当月实现的利润或发生的亏损，“本年利润”科目的本年累计数反映本年累计实现的利润或发生的亏损。

账结法在各月均可通过“本年利润”科目提供当月及本年累计的利润（或亏损）额，但增加了转账环节和工作量，每月都要重复使用损益类科目和“本年利润”科目进行当期盈亏的计算和结转。

账结法月末结转通常是指编制结账分录结转科目，结转后账户结清。每个会计期间（即月结时）通过编制转账凭证将损益类科目余额转入“本年利润”科目，损益类科目月末不留余额，资产负债表上“本年利润”科目填列的是科目实际余额。

本年利润是指企业某个会计年度净利润（或净亏损），它是由企业利润组成内容计算确定的，是企业从公历年1月至12月逐步累计而形成的一个动态指标。本年利润是一个汇总类账户，其贷方登记企业当期所实现的各项收入，包括主营业务收入、其他业务收入和营业外收入等；借方登记企业当期所发生的各项费用与支出，包括主营业务成本、税金及附加、其他业务成本、销售费用、管理费用、财务费用、营业外支出和所得税费用等。

结转收入时，借记“主营业务收入”“其他业务收入”和“营业外收入”

等科目，贷记“本年利润”科目。结转期间费用时，借记“本年利润”科目，贷记“管理费用”“销售费用”和“财务费用”等科目。结转成本支出时，借记“本年利润”科目，贷记“主营业务成本”“其他业务成本”和“营业外支出”等科目。结转税费时，借记“本年利润”科目，贷记“税金及附加”和“所得税费用”科目。结转应交增值税科目、转出多交增值税时，借记“应交税费——应交增值税”科目，贷记“应交税费——未交增值税”科目。转出未交增值税时，借记“应交税费——未交增值税”科目，贷记“应交税费——应交增值税”科目。

年末（12 月底），除编制以上结转分录外，还需对“本年利润”全年累计的账户余额进行结转。

如果“本年利润”科目为贷方余额，则说明本年盈利了，应对其进行分配，将余额转入“未分配利润”科目，即借记“本年利润”科目，贷记“利润分配——未分配利润”科目。

如果“本年利润”科目为借方余额，表明本年度经营结果为亏损，则将期末余额直接结转至“利润分配”账户，留待以后年度弥补，即借记“利润分配——未分配利润”科目，贷记“本年利润”科目。

如果年初“利润分配”科目余额在借方，说明以前年度亏损，用本年度结转的利润弥补，弥补后余额仍在借方的，说明还有亏损留待以后年度弥补；弥补后余额在贷方的，说明截止到本年年末公司弥补以前年度亏损后开始实现盈利，则需要根据利润总额的 10% 进行法定盈余公积金的计提，借记“利润分配——提取法定盈余公积”科目，贷记“盈余公积——法定盈余公积”科目。

根据公司情况，自主决定是否计提任意盈余公积金，如需计提，则借记“利润分配——提取任意盈余公积”科目，贷记“盈余公积——任意盈余公积”科目。公司根据利润分配后的余额，结合公司发展情况自主确定是否向股东分配股利，如需分配股利，按公司决议确定的股利分配金额，借记“利润分配——应付现金股利”科目，贷记“应付股利”科目。

【实账处理】——尚领房地产公司 12 月结账账务处理

尚领房地产公司 2019 年 12 月末进行结账，按预计的当月职工薪酬表可知，当月销售部门工资总额 10 万元，社保 1.6 万元，住房公积金 2.5 万元；管理部门工资总额为 12 万元，社保 1.92 万元，住房公积金 3 万元；从事生产经营人员的工资总额为 35 万元，社保 5.6 万元，住房公积金 8.75 万元。按公司规定，职工福利、工会经费和职工教育经费不进行计提，支付时进入费用。

当月用于商品房建设应计入开发成本的资产折旧额为 6 万元，用于公司管理应计入管理费用的资产折旧额为 3 万元。

当月销售收入 12 000 万元，当月应交增值税金额为 1 200 万元，附加税金额为 144 万元，当月应计提的土地使用税为 20 万元。当月共发生的银行手续费合计 1 200 元，利息收入为 560 元。

12 月当月结转的主营业务收入为 12 000 万元，结转的主营业务成本为 7 500 万元，当月的其他业务收入和成本都为 0。当月的税金及附加为 152 万元。当月的管理费用共 300 万元，销售费用共 300 万元，财务费用共 5 万元。截至月底未交的增值税额为 1 200 万元。

当年年初，公司的利润分配余额在借方，为 500 万元。当年全年累计本年利润余额在贷方，为 5 000 万元。截至当年年末，利润总额为 4 500 万元，按 10% 计提法定盈余公积金，按 100 万元计提任意盈余公积金。股东大会决议以 500 万元向股东分配股利。

那么，12 月财务人员就可以编制如下会计分录，并登记入账。

①月末结账

第一部分，计提成本费用时，管理费用 =12+1.92+3=16.92（万元），销售费用 =10+1.6+2.5=14.1（万元），开发成本 =35+5.6+8.75=49.35（万元）。

借：管理费用	169 200
销售费用	141 000
开发成本——房屋开发成本——职工薪酬	493 500

贷：应付职工薪酬——工资　570 000

——社保费　91 200

——住房公积金　142 500

其中，工资 =10+12+35=57（万元），社保费 =1.6+1.92+5.6=9.12（万元），住房公积金 =2.5+3+8.75=14.25（万元）。

借：管理费用——折旧费　30 000

开发成本——房屋开发成本——折旧费　60 000

贷：累计折旧　90 000

城建税 =1 200×7%=84（万元），教育费附件 =1 200×3%=36（万元），地方教育附加 =1 200×2%=24（万元）。

借：税金及附加　1640 000

贷：应交税金——应交城建税　840 000

——教育费附加　360 000

——地方教育附加　240 000

——应交土地使用税　200 000

借：财务费用　手续费　1 200

贷：银行存款　1 200

借：银行存款　560

贷：财务费用——利息收入　560

第二部分，结转收入成本费用等科目。

借：主营业务收入　120 000 000

贷：本年利润　120 000 000

借：本年利润　75 000 000

贷：主营业务成本　75 000 000

借：本年利润	7 570 000
贷：管理费用	3 000 000
销售费用	3 000 000
财务费用	50 000
税金及附加	1 520 000
借：应交税费——未交增值税	12 000 000
贷：应交税费——应交增值税	12 000 000

②年末结转本年利润

借：本年利润	50 000 000
贷：利润分配——未分配利润	50 000 000
借：利润分配——提取法定盈余公积	4 500 000
——提取任意盈余公积	1 000 000
——应付现金股利	5 000 000
贷：盈余公积——法定盈余公积	4 500 000
——任意盈余公积	1 000 000
应付股利	5 000 000

第10章

10

财务报表的编制

财务报表是反映企业或预算单位一定时期资产、利润和资金状况的会计报表。我国财务报表的种类、格式和编报要求等均由统一的会计制度做出规定，要求企业定期编报。财务报表包括资产负债表、利润表、现金流量表、所有者权益变动表和附注。财务报表是财务报告的主要部分，不包括董事报告、管理分析及财务情况说明书等列入财务报告或年度报告的资料。那么，公司应如何编制财务报表呢？

【本章要点】

资产负债表的编制

利润表的编制

现金流量表的编制

所有者权益变动表的编制

财务报表附注

10.1 资产负债表的编制

资产负债表表示企业在一定日期（通常为各会计期末）的财务状况（即资产、负债和所有者权益的状况）的主要会计报表。资产负债表的功用除了企业内部除错、经营方向确定和防止弊端外，也可让所有阅读者在最短时间内了解企业经营状况。

下面我们从资产负债表的结构内容和编制方法两个方面对资产负债表进行详细讲解。

10.1.1 资产负债表的内容和结构

资产负债表是反映企业在某一特定日期（如月末、季末、年末）全部资产、负债和所有者权益情况的会计报表，是企业经营活动的静态体现，根据“资产＝负债＋所有者权益”这一平衡公式，依照一定的分类标准和次序，将某一特定日期的资产、负债、所有者权益的具体项目予以适当的排列编制而成。

资产负债表表明权益在某一特定日期所拥有或控制的经济资源、所承担的现有义务和所有者对净资产的要求权，它是一张揭示企业在一定时点财务状况的静态报表。

资产负债表利用会计平衡原则，将合乎会计原则的资产、负债和所有者权益交易科目分为“资产”和“负债及所有者权益”两大区块，在经过分录、转账、分类账、试算和调整等会计程序后，以特定日期的静态企业情况为基准，浓缩成一张报表。

资产负债表对资产、负债和所有者权益各项目予以适当排列，它反映的是企业资产、负债和所有者权益的总体规模与结构，即资产有多少，资产中流动资产、固定资产各有多少，流动资产中货币资金有多少、应收账款有多少以及存货有多少等。

在资产负债表中，企业通常按资产、负债和所有者权益分类分项反映。

- ◆ 资产按流动性大小进行列示，具体分为流动资产、长期投资、固定资产、无形资产及其他资产。
- ◆ 负债也按流动性大小进行列示，具体分为流动负债、长期负债等。
- ◆ 所有者权益则按实收资本、资本公积、盈余公积和未分配利润等项目分项列示。

资产负债表的基本结构一般是按各种资产变化先后顺序逐一列在表的左方，反映单位所有的各项财产、物资、债权和权利；所有的负债和所有者权益则逐一列在表的右方，负债一般列于右上方，分别反映各种长期和短期负债的项目，所有者权益列在右下方，反映所有者的资本和盈余。左右两方的数额应相等。

资产负债表主要由表首、正表两部分组成。

- ◆ 表首部分包括报表名称、报表编号、编制单位、编制日期和计量单位等。
- ◆ 正表部分是资产负债表的核心内容，具体说明企业财务状况的各个项目。

资产负债表的格式一般有两种：报告式资产负债表和账户式资产负债表。各种格式的介绍如表 10-1 所示。

表 10-1

格式	具体描述
报告式资产负债表	报告式资产负债表是上下结构，上半部分列示资产，下半部分列示负债和所有者权益。具体排列形式又有两种：一是按“资产＝负债＋所有者权益”的原理排列；二是按“资产－负债＝所有者权益”的原理排列
账户式资产负债表	账户式资产负债表是左右结构，其中，左边列示资产，右边列示负债和所有者权益

按会计制度规定，我国的资产负债表采用账户式。

根据财务报表信息列报的可比性要求，财务报表至少应当提供所有列报项目上一可比会计期间的比较数据，即资产负债表要填列“年初余额”和“期末余额”两栏，如图 10-1 所示。

资产负债表

会企 01 表

编制单位： 年 月 日 单位： 元

资产	期末余额	年初余额	负债和所有者权益（或股东权益）	期末余额	年初余额
流动资产：			流动负债：		
货币资金			短期借款		
交易性金融资产			交易性金融负债		
衍生金融资产			衍生金融负债		
应收票据及应收账款			应付票据及应付账款		
预付款项			预收款项		
其他应收款			合同负债		
存货			应付职工薪酬		
合同资产			应交税费		
持有待售资产			其他应付款		
一年内到期的非流动资产			持有待售负债		
其他流动资产			一年内到期的非流动负债		
流动资产合计			其他流动负债		
非流动资产：			流动负债合计		
债权投资			非流动负债：		
其他债权投资			长期借款		
长期应收款			应付债券		
长期股权投资			其中：优先股		
其他权益工具投资			永续债		
其他非流动金融资产			长期应付款		
投资性房地产			预计负债		
固定资产			递延收益		
在建工程			递延所得税负债		
生产性生物资产			其他非流动负债		
油气资产			非流动负债合计		
无形资产			负债合计		
开发支出			所有者权益（或股东权益）：		
商誉			实收资本（或股本）		
长期待摊费用			其他权益工具		
递延所得税资产			其中：优先股		
其他非流动资产			永续债		
非流动资产合计			资本公积		
			减：库存股		
			其他综合收益		
			盈余公积		
			未分配利润		
			所有者权益（或股东权益）合计		
资产总计			负债和所有者权益（或股东权益）总计		

图 10-1

10.1.2 资产负债表的编制方法

资产负债表的编制，主要是通过对日常会计核算记录的数据加以归集、整理，使之成为有用的财务信息。

企业资产负债表各项目数据的来源，主要通过表 10-2 所示的几种方式取得。

表 10-2

数据的来源	具体描述
根据总账科目余额直接填列	资产负债表大部分项目的填列都是根据有关总账账户的余额直接填列，如“应收票据”项目根据“应收票据”总账科目的期末余额直接填列；“短期借款”项目根据“短期借款”总账科目的期末余额直接填列。 “交易性金融资产”“工程物资”“递延所得税资产”“短期借款”“交易性金融负债”“应付票据”“应交税费”“递延所得税负债”“预计负债”“实收资本”“资本公积”和“盈余公积”等，都以此项方式填列
根据总账科目余额计算填列	如“货币资金”项目，根据“库存现金”“银行存款”和“其他货币资金”科目的期末余额合计数计算填列；“其他应收款”项目，应根据“应收利息”“应收股利”和“其他应收款”的期末余额相加再减去对应的“坏账准备”科目的期末余额填列
根据明细科目余额计算填列	如“应收票据及应收账款”项目，如果企业的应收账款与预收账款没有混用，应根据“应收票据”的期末余额加上“预收账款”的期末余额减去对应的“坏账准备”的期末余额填列；如果企业的应收账款与预收账款混用，应根据“应收票据”的期末余额加上“应收账款”明细账的期末借方余额和“预收账款”明细账的期末借方余额再减去对应的“坏账准备”科目的期末余额填列；“以公允价值计量且变动计入当期损益的金融资产”项目，根据“交易性金融资产”期末余额填列
根据科目余额减去其备抵项目后的净额填列	如“存货”项目，根据“存货”科目的期末余额，减去“存货跌价准备”科目余额后的净额填列；又如“固定资产”项目，应根据“固定资产”科目的期末余额，减去“累计折旧”和“固定资产减值准备”科目的期末余额后的金额，再加减“固定资产清理”科目的期末余额填列。“在建工程”项目，应根据“在建工程”科目的期末余额，减去“在建工程减值准备”科目的期末余额后的金额，再加上“工程物资”科目的期末余额，再减去“工程物资减值准备”科目的期末余额后的金额填列

续表

数据的来源	具体描述
根据总账科目和明细科目余额分析计算填列	如“长期借款”项目，根据“长期借款”总账科目期末余额，扣除“长期借款”科目所属明细科目中反映的将于一年内到期的长期借款部分，分析计算填列

资产负债表的“年初数”栏内各项数字，根据上年末资产负债表“期末数”栏内各项数字填列，“期末数”栏内各项数字根据会计期末各总账账户及所属明细账户的余额填列。

如果当年度资产负债表规定的各个项目的名称和内容同上年度不一致，则按编报当年的口径对上年年末资产负债表各项目的名称和数字进行调整，填入本表“年初数”栏内。

10.2 利润表的编制

利润表是反映企业在一定会计期间的经营成果的财务报表。利润表可以为报表的阅读者提供做出合理的经济决策所需要的有关资料，可用来分析利润增减变化的原因，分析公司的经营成本并做出投资价值评价等。

下面我们从利润表的结构内容和编制方法这两个方面对利润表进行详细讲解。

10.2.1 利润表的内容和结构

利润表是反映企业一定会计期间（如月度、季度、半年度或年度）生产经营成果的会计报表。企业一定会计期间的经营成果既可能表现为盈利，也可能表现为亏损，因此，利润表也被称为损益表。它全面揭示了企业在某一特定时期实现的各种收入、发生的各种费用、成本或支出以及企业实现的利润或发生的亏损情况。

利润表是根据“收入 - 费用 = 利润”的基本关系来编制的，其具体内容取决于收入、费用和利润等会计要素及其内容，即利润表项目是收入、费用和利润要素内容的具体体现。从反映企业经营资金运动的角度看，它是一种反映企业经营资金动态表现的报表，主要提供有关企业经营成果方面的信息，属于动态会计报表。

利润表一般有表首、正表两部分。

- 表首说明报表名称、编制单位、编制日期、报表编号、货币名称和计量单位等。
- 正表是利润表的主体，反映形成经营成果的各个项目和计算过程。

利润表正表的格式一般有两种：单步式利润表和多步式利润表。这两种格式的介绍如表 10-3 所示。

表 10-3

格式	具体描述
单步式利润表	是将当期所有的收入列在一起，然后将所有的费用列在一起，两者相减得出当期净损益
多步式利润表	是通过对当期的收入、费用、支出项目按性质加以归类，按利润形成的主要环节列示一些中间性利润指标，如营业利润、利润总额和净利润，分步计算当期净损益

在我国，利润表采用多步式，每个项目通常分为“本月数”和“本年累计数”两栏分别列示。“本月数”栏反映各项目的本月实际发生数，“本年累计数”反映各项目自年初起至报告期末止的累计实际发生数。

在中期和年度利润表中，应将“本月数”栏改成“上年数”栏，填列上年同期累计实际发生数。每个项目一般分为“本年金额”和“上年金额”，“上年金额”也反映各项目上年全年累计实际发生数。

如果上年度利润表与本年度利润表的项目名称和内容不一致，则按编报当年的口径对上年度利润表项目的名称和数字进行调整，填入本表“上年金额”栏。

如图 10-2 所示为利润表的结构展示。

利润表

会企 02 表

编制单位：　　　　　　　　　　　　　　年　　月　　　　　　　　　　　　单位：元

项目	本期金额	上期金额
一、营业收入		
减：营业成本		
税金及附加		
销售费用		
管理费用		
研发费用		
财务费用		
其中：利息费用		
利息收入		
资产减值损失		
信用减值损失		
加：其他收益		
投资收益（损失以“-”号填列）		
其中：对联营企业和合营企业的投资收益		
净敞口套期收益（损失以“-”号填列）		
公允价值变动收益（损失以“-”号填列）		
资产处置收益（损失以“-”号填列）		
二、营业利润（亏损以“-”号填列）		
加：营业外收入		
减：营业外支出		
三、利润总额（亏损总额以“-”号填列）		
减：所得税费用		
四、净利润（净亏损以“-”号填列）		
（一）持续经营净利润（净亏损以“-”号填列）		
（二）终止经营净利润（净亏损以“-”号填列）		
五、其他综合收益的税后净额		
（一）不能重分类进损益的其他综合收益		
1. 重新计量设定受益计划变动额		
2. 权益法下不能转损益的其他综合收益		
3. 其他权益工具投资公允价值变动		
4. 企业自身信用风险公允价值变动		
……		
（二）将重分类进损益的其他综合收益		
1. 权益法下可转损益的其他综合收益		
2. 其他债权投资公允价值变动		
3. 金融资产重分类计入其他综合收益的金额		
4. 其他债权投资信用减值准备		
5. 现金流量套期储备		
6. 外币财务报表折算差额		
……		
六、综合收益总额		
七、每股收益：		
（一）基本每股收益		
（二）稀释每股收益		

图 10-2

10.2.2　利润表的编制方法

多步式利润表主要分 4 步计算企业的利润（或亏损），具体如图 10-3 所示。

第一步，以主营业务收入为基础，减去主营业务成本和税金及附加，计算主营业务利润。

第二步，以主营业务利润为基础，加上其他业务利润和其他各种收益，减去销售费用、管理费用和财务费用，计算出营业利润。

第三步，以营业利润为基础，加上补贴收入和营业外收入，减去营业外支出，计算出利润总额。

第四步，以利润总额为基础，减去所得税费用，计算净利润（或净亏损）。

图 10-3

计算利润时，企业应以收入为起点，计算出当期的利润总额和净利润额。其利润总额和净利润额的形成的计算步骤如下。

【第一步：计算主营业务利润】

目的：是考核企业主营业务的获利能力

公式：主营业务利润 = 主营业务收入 - 主营业务成本 - 税金及附加

公式特点：主营业务成本、税金及附加与主营业务直接有关，先从主营业务收入中直接扣除，计算出主营业务利润。

【第二步：计算企业的营业利润】

目的：考核企业生产经营活动的获利能力

公式：营业利润 = 主营业务利润 + 其他业务利润 - 管理费用 - 销售费用 - 财务费用 + 各种收益

公式特点：主营业务利润和其他业务利润加上各种收益再减去管理费用、销售费用和财务费用后，得出的营业利润近似净利的概念。公式中，将管理费用、销售费用和财务费用作为营业利润的扣减项目，意味着不仅主营业务应负担管理费用、销售费用和财务费用，其他业务也应负担管理费用、销售费用和财务费用。

【第三步：计算当期利润总额】

目的：考核企业的综合获利能力

公式：①利润总额 = 营业利润 + 营业外收支净额 + 补贴收入，②营业外收支净额 = 营业外收入 - 营业外支出

【第四步：计算当期净利润额】

目的： 考核企业最终获利能力

公式： 当期净利润额 = 利润总额 - 所得税费用

多步式利润表的优点在于，便于对企业利润形成的渠道进行分析，明了盈利或亏损的主要原因，使管理更具有针对性，同时也有利于不同企业之间进行比较，还可以预测企业未来的盈利能力。

利润表“本月数”栏反映各项目的本月实际发生数，一般根据账户的本期发生额分析填列，如表 10-4 所示。

表 10-4

项目	反映	填列
营业收入	企业经营业务所得的收入总额	根据“主营业务收入”和“其他业务收入”账户的本月发生额分析填列
营业成本	企业经营业务发生的实际成本	根据“主营业务成本”和“其他业务成本”账户的本月发生额分析填列
税金及附加	企业经营业务应负担的消费税、城市维护建设税、资源税、土地增值税和教育费附加等	根据“税金及附加”账户的本月发生额分析填列
销售费用	企业在销售商品和商品流通企业在购入商品等过程中发生的费用	根据“销售费用”账户的本月发生额分析填列
管理费用	企业行政管理等部门发生的费用	根据“管理费用”账户的本月发生额分析填列
研发费用	企业发生的研发费用	根据“研发费用”账户的本月发生额分析填列
财务费用	企业发生的一些利息收支和手续费等	根据“财务费用”账户的本月发生额分析填列
资产减值损失	企业发生的各项减值损失	根据“资产减值损失”账户的本月发生额分析填列
公允价值变动损益	企业交易性金融资产等公允价值变动所形成的当期利得和损失	根据“公允价值变动损益”账户的本月发生额分析填列
投资收益	企业以各种方式对外投资所取得的收益	根据“投资收益”账户的本月发生额分析填列；如为投资损失，以“-”号填列
营业外收入	企业发生的与其生产经营无直接关系的各项收入	根据“营业外收入”账户的本月发生额分析填列

续表

项目	反映	填列
营业外支出	企业发生的与其生产经营无直接关系的各项支出	根据“营业外支出”账户的本月发生额分析填列
所得税费用	企业按规定从本期损益中减去的所得税	根据“所得税费用”账户的本月发生额分析填列

【提示】利润表中“营业利润”“利润总额”和“净利润”等项目，均根据有关项目计算填列，计算公式在计算步骤中已具体说明。

“本年累计数”栏应根据上月利润表的“本年累计数”栏各项目数额，加上本月利润表的“本月数”栏各项目数额后的合计数填入该栏相应项目内。

利润表分项列示了企业在一定会计期间内因销售商品、提供劳务和对外投资等所取得的各种收入以及与各种收入相对应的费用、损失，并将收入与费用、损失加以对比，结出当期的净利润。这一将收入与相关的费用、损失进行对比并结出净利润的过程，会计上称为配比，其目的是衡量企业在特定时期或特定业务中所取得的成果，以及为取得这些成果所付出的代价，为考核经营效益和效果提供数据。

10.3 现金流量表的编制

现金流量表的出现，主要是用于分析一家企业或机构在短期内有没有足够现金去应付开销。下面我们从现金流量表的结构内容和编制方法两个方面对现金流量表进行详细讲解。

10.3.1 现金流量表的结构和内容

现金流量表是指反映企业在一定会计期间现金和现金等价物流入和流出情况的报表。现金是指企业库存现金以及可以随时用于支付的存款；现金等价物是指企业持有的期限短、流动性强、易于转换为已知金额现金、价值变动风险很小的投资。

现金流量表是财务报表的3个基本报表之一，所反映的是在一固定期间（通常是每季或每年）内，一家企业或机构的现金（包含银行存款）增减变动的情况。现金流量表主要是想反映出资产负债表和利润表中各个项目对现金流量的影响，并根据其用途划分为经营、投资及融资3个活动分类。现金流量表可用于分析一家企业或机构在短期内有没有足够现金去应付开销和公司经营、投资及融资3个活动具体现金流量情况。

作为一个分析的工具，现金流量表的主要作用是判定公司短期生存能力，特别是缴付账单的能力。现金流量表是以收付实现制为编制基础，反映企业在一定时期内现金收入和现金支出情况的报表。在权责发生制下，这些流入或流出的现金，其对应收入和费用的归属期不一定是本会计年度，但是一定是在本会计年度收到或付出的。

企业一定时期内现金流入和现金流出是由各种因素产生的，现金流量表首先要对企业各项经营活动产生和运用的现金流量进行合理的分类。现金流量按其产生的原因和支付的用途不同，分为以下三大类：经营活动产生的现金流量、投资活动产生的现金流量和筹资活动产生的现金流量，相关介绍如表10-5所示。

表10-5

类型	具体描述
经营活动产生的现金流量	指企业投资活动和筹资活动以外的所有交易活动和事项的现金流入和流出量，包括销售商品、提供劳务和经营租赁等活动收到的现金和购买商品、接受劳务、广告宣传、交纳税金等活动支付的现金
投资活动产生的现金流量	指企业长期资产的购建和对外投资活动（不包括现金等价物范围的投资）的现金流入和流出量，包括收回投资、取得投资收益和处置长期资产等活动收到的现金和购建固定资产、在建工程及无形资产等长期资产和对外投资等活动所支付的现金等
筹资活动产生的现金流量	指企业接受投资和借入资金导致的现金流入和流出量，包括接受投资、借入款项和发行债券等活动收到的现金和偿还借款、偿还债券、支付利息及分配股利等活动支付的现金等

上表中的三大类现金流量也是现金流量表 3 个主要的组成部分，分别反映企业在经营活动、投资活动和筹资活动中产生的现金流量。每一种活动产生的现金流量又分别揭示流入、流出总额，使会计信息更具明晰性和有用性。

分析现金流量及其结构，可以了解企业现金的来龙去脉和现金收支构成，评价企业经营状况、创现能力、筹资能力和资金实力，如图 10-4 所示。

经营活动产生的现金流量分析

将销售商品、提供劳务收到的现金与购进商品、接受劳务付出的现金进行比较，在企业经营正常、购销平衡的情况下，二者比较是有意义的。比率大，说明企业的销售利润大，销售回款良好，创现能力强。将销售商品、提供劳务收到的现金与经营活动流入的现金总额比较，可大致说明企业产品销售现款占经营活动流入的现金的比重有多大。比重大，说明企业主营业务突出，营销状况良好。将本期经营活动现金净流量与上期比较，增长率越高，说明企业成长性越好。

投资活动产生的现金流量分析

当企业扩大规模或开发新的利润增长点时，需要大量的现金投入，投资活动产生的现金流入量补偿不了流出量，投资活动现金净流量就为负数；但如果企业投资有效，将会在未来产生现金净流入用于偿还债务、创造收益，企业不会有偿债困难。因此，分析投资活动现金流量，应结合企业目前的投资项目进行，不能简单地以现金净流入还是净流出论优劣。

筹资活动产生的现金流量分析

一般来说，筹资活动产生的现金净流入量越大，企业面临的偿债压力也越大，但如果现金净流入量主要来自于企业吸收的权益性资本，则不仅不会面临偿债压力，资金实力反而增强。因此，在分析时，可将吸收权益性资本收到的现金与筹资活动现金总流入比较，所占比重大，说明企业资金实力增强，财务风险降低。

现金流量构成分析

首先，分别计算经营活动现金流入、投资活动现金流入和筹资活动现金流入占现金总流入的比重，了解现金的主要来源。一般来说，经营活动现金流入占现金总流入比重大的企业，经营状况较好，财务风险较低，现金流入结构较为合理。其次，分别计算经营活动现金支出、投资活动现金支出和筹资活动现金支出占现金总流出的比重，它能具体反映企业的现金用于哪些方面。一般来说，经营活动现金支出比重大的企业，其生产经营状况正常，现金支出结构较为合理。

图 10-4

图 10-5 所示为现金流量表主表结构。

现金流量表

会企 03 表

编制单位： 年 月 单位：元

项目	本月金额	本年累计金额
一、经营活动产生的现金流量：		
销售商品、提供劳务收到的现金		
收到的税费返还		
收到其他与经营活动有关的现金		
经营活动现金流入小计		
购买商品、接受劳务支付的现金		
支付给职工以及为职工支付的现金		
支付的各项税费		
支付其他与经营活动有关的现金		
经营活动现金流出小计		
经营活动产生的现金流量净额		
二、投资活动产生的现金流量：		
收回投资收到的现金		
取得投资收益收到的现金		
处置固定资产、无形资产和其他长期资产收回的现金净额		
处置子公司及其他营业单位收到的现金净额		
收到其他与投资活动有关的现金		
投资活动现金流入小计		
购建固定资产、无形资产和其他长期资产支付的现金		
投资支付的现金		
取得子公司及其他营业单位支付的现金净额		
支付其他与投资活动有关的现金		
投资活动现金流出小计		
投资活动产生的现金流量净额		
三、筹资活动产生的现金流量：		
吸收投资收到的现金		
取得借款收到的现金		
收到其他与筹资活动有关的现金		
筹资活动现金流入小计		
偿还债务支付的现金		
分配股利、利润或偿付利息支付的现金		
支付其他与筹资活动有关的现金		
筹资活动现金流出小计		
筹资活动产生的现金流量净额		
四、汇率变动对现金及现金等价物的影响		
五、现金及现金等价物净增加额		
加：期初现金及现金等价物余额		
六、期末现金及现金等价物余额		

图 10-5

如图 10-6 所示为现金流量表附表结构。

现金流量表补充资料

年　月　日　　　　企××表

编制单位：　　　　单位：元

补充资料	本期发生额	上期发生额
1.将净利润调节为经营活动的现金流量		
净利润		
加：计提的资产减值准备		
固定资产折旧		
无形资产和长期待摊费用摊销		
处置固定资产、无形资产和其他长期资产的损失（减：收益）		
固定资产报废损失（收益以“-”号填列）		
公允价值变动损失（收益以“-”号填列）		
财务费用（收益以“-”号填列）		
投资损失（收益以“-”号填列）		
递延所得税资产减少（增加以“-”号填列）		
递延所得税负债增加（减少以“-”号填列）		
存货的减少（增加以“-”号填列）		
经营性应收项目的减少（增加以“-”号填列）		
经营性应付项目的增加（减少以“-”号填列）		
其他		
2.经营活动产生的现金流量净额		
不涉及现金收支的重大投资和筹资活动		
债务转为资本		
一年内到期的可转换公司债券		
融资租入固定资产		
……		
3.现金及现金等价物净变动情况		
现金的期末余额		
减：现金的期初余额		
加：现金等价物的期末余额		
减：现金等价物的期初余额		
现金及现金等价物的净增加额		

图 10-6

10.3.2　现金流量表的编制方法

从现金流量表的结构可以看出，现金流量表将企业的全部业务活动划分为经营活动、投资活动和筹资活动三大类，在表上分段揭示三大类活动所提供的现金净额、现金净额的合计数与汇率折算差额之和，即企业年度内的现金增减净额。

若合计数为正数，说明企业期末的现金比期初增加，为本期现金净流入量；若合计数为负数，说明企业期末的现金比期初减少，为本期现金净流出量。

这一增加或减少的金额，应与资产负债表上现金及现金等价物的期初数与期末数的差额相等。

现金流量表分为主表和附表（即补充资料）两大部分。

- 主表的各项目金额实际上就是每笔现金流入、流出的归属。
- 附表的各项目金额则是相应会计账户的当期发生额或期末与期初余额的差额。

在主表中，各具体项目是在分析非现金账户记录的基础上填列。这种方法是以复式记账的基本原理为依据，根据本期的利润表以及期末资产负债表中的非现金项目的变动编制现金流量表。

按照复式记账的原理，任何影响现金的交易，也一定同时影响某些非现金资产、负债和所有者权益（包括收入、费用）的变动。非现金账户的变动可以明确地反映现金交易的性质，通过对非现金账户变动的分析，可以计算出各类性质的现金流入和流出量。大部分企业通常采用此法编制现金流量表，部分项目的计算公式如表 10-6 所示。

表 10-6

主表活动类型	主表具体项目	内容	计算公式
经营活动收到的现金	销售商品、提供劳务收到的现金	销售商品、提供劳务收到的现金（含销项税额、销售材料、代购代销业务）	主营业务收入 + 销项税额 + 其他业务收入（不含租金）+（应收票据期初余额 − 应收票据期末余额）+（应收账款期初余额 − 应收账款期末余额）+（预收账款期末余额 − 预收账款期初余额）− 计提的应收账款坏账准备期末余额 + 本期收回前期核销坏账 − 本期计提的坏账准备 − 本期核销坏账 − 现金折扣 − 票据贴现利息支出 − 视同销售的销项税 − 以物抵债的减少 + 收到的补价

续表

主表活动类型	主表具体项目	内容	计算公式
经营活动收到的现金	收到的税费返还	返还的增值税、消费税、关税、所得税和教育费附加等	依据税金及附加、补贴收入、应收补贴款、现金和银行存款中收到的返还税费计算
	收到的其他与经营活动有关的现金	罚款收入、个人赔偿和经营租赁收入等	营业外收入相关明细本期贷方发生额 + 其他业务收入相关明细本期贷方发生额 + 其他应收款相关明细本期贷方发生额 + 其他应付款相关明细本期借方发生额 + 银行存款利息收入
经营活动支付的现金	购买商品、接受劳务支付的现金	购买商品、接受劳务支付的现金（扣除购货退回，含进项税）	主营业务成本 + 进项税 + 其他业务支出（不含租金）+（存货期末余额 − 存货期初余额）+（应付票据期初余额 − 应付票据期末余额）+（应付账款期初余额 − 应付账款期末余额）+（预付账款期末余额 − 预付账款期初余额）+ 存货损耗 + 工程领用、投资、赞助的存货 − 收到非现金抵债的存货 − 成本中非物料消耗（人工、水电、折旧）− 接受投资、捐赠的存货 − 视同购货的进项税 + 支付的补价
	支付给职工以及为职工支付的现金	支付给职工的工资、奖金、津贴、劳动保险、社会保险、住房公积金和其他福利费（不含离退休人员）	（应付职工薪酬期初余额 − 应付职工薪酬期末余额）+（应付福利费期初余额 − 应付福利费期末余额）+ 成本、制造费用、管理费用中的工资、福利费、社保费和住房公积金等
	支付的各项税费	本期实际缴纳的增值税、消费税、关税、所得税、教育费附加、矿产资源补偿费、“四税”等各项税费（含属于的前期、本期、后期，不含计入资产的耕地占用税）	所得税 + 税金及附加 + 已交增值税等有关税金项目，即实际缴纳的各种税金和附加税，不包括进项税
	支付其他与经营活动有关的现金	罚款支出、差旅费、业务招待费、保险支出、经营租赁支出和离退休人员的福利费等	依据制造费用、销售费用、管理费用和营业外支出中的罚款支出、差旅费、业务招待费、保险支出以及经营租赁支出计算

续表

主表活动类型	主表具体项目	内容	计算公式
投资活动收到的现金	收回投资收到的现金	短期股权、短期债权；长期股权、长期债权本金（不含长债利息、非现金资产）	（长期股权投资期初数－长期股权投资期末数）+（长期债权投资期初数－长期债权投资期末数），该公式中，如期初数小于期末数，则在投资所支付的现金项目中核算
	取得投资收益收到的现金	收到的股利、利息、利润（不含股票股利）	利润表投资收益－(应收利息期末数－应收利息期初数)-(应收股利期末数－应收股利期初数)
	处置固定资产、无形资产和其他长期资产收回的现金净额	处置固定资产、无形资产和其他长期资产收到的现金，减去处置费用后的净额，包括保险赔偿；负数在“支付其他与投资活动有关的现金”中反映	依据固定资产清理、现金和银行存款中有关处置资产收回的现金计算
	处置子公司及其他营业单位收到的现金净额	本项目反映企业处置子公司及其他营业单位所取得的现金减去子公司或其他营业单位持有的现金和现金等价物以及相关处置费用后的净额。负数在“支付其他与投资活动有关的现金”中反映	依据现金、银行存款中有关处置子公司及其他营业单位所取得的现金减去子公司或其他营业单位持有的现金和现金等价物以及相关处置费用的现金计算
	收到其他与投资活动有关的现金	收回购买时宣告未付的股利及利息	依据应收股利、应收利息、现金和银行存款等收到的股利及利息计算
投资活动支付的现金	购建固定资产、无形资产和其他长期资产所支付的现金	购建固定资产、无形资产和其他长期资产支付的现金，分期购建资产首期付款（不含以后期付款、利息资本化部分、融资租入资产租赁费）	（在建工程期末数－在建工程期初数）（剔除利息）+（固定资产期末数－固定资产期初数）+（无形资产期末数－无形资产期初数）+（其他长期资产期末数－其他长期资产期初数），公式中，如期末数小于期初数，则在“处置固定资产、无形资产和其他长期资产收回的现金净额”中核算

续表

主表活动类型	主表具体项目	内容	计算公式
投资活动支付的现金	投资支付的现金	进行股权性投资、债权性投资支付的本金、佣金及手续费等附加费	（短期投资期末数－短期投资期初数）+（长期股权投资期末数－长期股权投资期初数）（剔除投资收益或损失）+（长期债权投资期末数－长期债权投资期初数）（剔除投资收益或损失），公式中，如期末数小于期初数，则在“收回投资所收到的现金”中核算
	取得子公司及其他营业单位支付的现金净额	反映企业取得子公司及其他营业单位购买出价中以现金支付的部分，减子公司或其他营业单位持有的现金和现金等价物后的净额。负数在“收到其他与投资活动有关的现金”项目反映	依据现金、银行存款中取得子公司及其他营业单位购买出价中以现金支付的部分，减去子公司或其他营业单位持有的现金和现金等价物后的净额计算
	支付其他与投资活动有关的现金	支付发行股票时宣告未付的股利及利息	依据应付股利、应付利息、现金和银行存款支付的股利及利息计算
筹资活动收到的现金	吸收投资收到的现金	发行股票、债券收入净值（扣除发行费用，不含企业直接支付的审计、咨询等费用）	（实收资本或股本期末数－实收资本或股本期初数）+（应付债券期末数－应付债券期初数）
	取得借款收到的现金	举借各种短期借款、长期借款收到的现金	（短期借款期末数－短期借款期初数）+（长期借款期末数－长期借款期初数）
	收到其他与筹资活动有关的现金	接受现金捐赠等	依据资本公积、现金和银行存款的有关明细账计算，包括投资人未按期缴纳股权的罚款现金收入等
筹资活动支付的现金	偿还债务支付的现金	偿还借款本金、债券本金（不含利息）	（短期借款期初数－短期借款期末数）+（长期借款期初数－长期借款期末数）（剔除利息）+（应付债券期初数－应付债券期末数）（剔除利息）

续表

主表活动类型	主表具体项目	内容	计算公式
筹资活动支付的现金	分配股利、利润或偿付利息支出的现金	支付给其他单位的股利、利息和利润	应付股利借方发生额 + 利息支出 + 长期借款利息 + 在建工程利息 + 应付债券利息 − 预提费用中“计提利息”贷方余额 − 票据贴现利息支出
	支付其他与筹资活动有关的现金	捐赠支出、融资租赁支出、企业直接支付的发行股票债券的审计、咨询等费用	依据现金、银行存款有关明细账计算得出，包括发生筹资费用所支付的现金、融资租赁所支付的现金、减少注册资本所支付的现金（收购本公司股票，退还联营单位的联营投资等）以及企业以分期付款方式购建固定资产除首期付款支付的现金以外的其他各期所支付的现金等

现金流量表附表是现金流量表中不可或缺的一部分，以下是对现金流量表附表填列进行的总结。一般情况下，附表项目可以直接取相应会计账户的发生额或余额，如表 10–7 所示。

表 10–7

附表主要项目	取值内容
净利润	取利润表“净利润”项目
资产减值准备	取“管理费用”账户所属“计提的坏账准备”及“计提的存货跌价准备”、“营业外支出”账户所属“计提的固定资产减值准备”、“计提的在建工程减值准备”“计提的无形资产减值准备”、“投资收益”账户所属“计提的短期投资跌价准备”和“计提的长期投资减值准备”等明细账户的借方发生额
固定资产折旧	取“制造费用”“管理费用”“营业费用”和“其他业务支出”等账户所属的“折旧费”明细账户借方发生额
无形资产摊销	“累计摊销”明细账户贷方发生额
长期待摊费用摊销	“长期待摊费用”明细账户贷方发生额

续表

附表主要项目	取值内容
处置固定资产、无形资产和其他长期资产的损失	取“营业外收入”“营业外支出”“其他业务收入”和“其他业务支出”等账户所属“处置固定资产净收益”“处置固定资产净损失”“出售无形资产收益”和“出售无形资产损失”等明细账户的借方发生额与贷方发生额的差额。若为处置损失，调节为经营活动现金流量时，应加回；若为收益，应当扣除
固定资产报废损失	取“营业外支出”账户所属“固定资产盘亏”明细账户借方发生额与“营业外收入”账户所属“固定资产盘盈”贷方发生额的差额。若为报废损失，调节为经营活动现金流量时，应加回；若为收益，应当扣除
公允价值变动损失	取“公允价值变动损益”科目的发生额填列。如为持有损失，调节为经营活动现金流量时，应加回；若为收益，应扣除
财务费用	取“财务费用”账户所属“利息支出”明细账户借方发生额，不包括“利息收入”等其他明细账户发生额
投资损失	取“投资收益”账户发生额，但不包括“计提的短期投资跌价准备”和“计提的长期投资减值准备”明细账户发生额。如为投资净损失，调节为经营活动现金流量时，应加回；若为净收益，应当扣除
递延所得税资产减少	取“递延所得税资产”账户期初、期末余额的差额。若递延所得税资产减少（期初大于期末），在调节为经营活动现金流量时应当加回；若递延所得税资产增加（期末大于期初），在调节为经营活动现金流量时应当扣除
递延所得税负债增加	取“递延所得税负债”账户期初、期末余额的差额。若递延所得税负债减少（期初大于期末），在调节为经营活动现金流量时应当扣除；若递延所得税负债增加（期末大于期初），在调节为经营活动现金流量时应当加回
存货的减少	取与经营活动有关的“原材料”“库存商品”和“生产成本”等所有存货账户的期初、期末余额的差额。如期末数大于期初数，按差额扣除；如期末数小于期初数，按差额加回
经营性应收项目的减少	取与经营活动有关的“应收账款”“其他应收款”和“预付账款”等账户的期初、期末余额的差额。如期末数大于期初数，按差额扣除；如期末数小于期初数，按差额加回

续表

附表主要项目	取值内容
经营性应付项目的增加	取与经营活动有关的"应付账款""预收账款""应付职工薪酬""应付福利费""应交税费""长期应付款"和"其他应付款"等账户的期初、期末余额的差额。如果期末数大于期初数，按差额加回；如期末数小于期初数，按差额扣除

现金流量表附表中包括不涉及现金收支的重大投资和筹资活动的披露。不涉及现金收支的重大投资和筹资活动反映企业一定期间内影响资产或负债但不形成该期现金收支的所有投资和筹资活动的信息。

这些投资和筹资活动虽然不涉及当期现金收支，但对以后各期的现金流量有重大影响。例如，企业融资租入设备，将形成的负债计入"长期应付款"账户，当期并不支付设备款及租金，但以后各期必须为此支付现金，从而在一定期间内形成了一项固定的现金支出。

因此，相关会计准则规定，企业应当在附注中披露不涉及当期现金收支但影响企业财务状况或在未来可能影响企业现金流量的重大投资和筹资活动，主要包括以下一些。

- 债务转为资本，反映企业本期转为资本的债务金额。
- 一年内到期的可转换公司债券，反映企业一年内到期的可转换公司债券的本息。
- 融资租入固定资产，反映企业本期融资租入的固定资产价值。

10.4 所有者权益变动表的编制

所有者权益变动表是反映公司本期（年度或中期）内截至期末所有者权益变动情况的报表，它应当全面反映一定时期所有者权益变动的情况。在所有者权益变动表中，企业还应当单独列示反映下列信息。

- ◆ 所有者权益总量的增减变动。
- ◆ 所有者权益增减变动的重要结构性信息。
- ◆ 直接计入所有者权益的利得和损失。

下面我们从所有者权益变动表的结构内容和编制方法两个方面对所有者权益变动表进行详细讲解。

10.4.1 所有者权益变动表的结构和内容

为了清楚地表明构成所有者权益的各组成部分当期的增减变动情况，所有者权益变动表应当以矩阵的形式列示。

- ◆ 一方面，列示导致所有者权益变动的交易或事项，改变了以往仅仅按照所有者权益的各组成部分反映所有者权益变动情况的列示效果，而是从所有者权益变动的来源对一定时期内所有者权益变动情况进行全面反映。按照所有者权益各组成部分（包括实收资本、资本公积、其他综合收益、盈余公积、未分配利润和库存股等）及其总额列示交易或事项对所有者权益的影响。
- ◆ 另一方面，企业需要比较所有者权益变动表中的项目，所以所有者权益变动表的各项目被分为“本年金额”和“上年金额”两栏分别填列。

所有者权益变动表至少应当单独列示反映下列信息的项目。

- ◆ 净利润。
- ◆ 直接计入所有者权益的利得和损失项目及其总额。
- ◆ 会计政策变更和差错更正的累积影响金额。
- ◆ 所有者投入资本和向所有者分配利润等。
- ◆ 按照规定提取的盈余公积。
- ◆ 实收资本（或股本）、资本公积、盈余公积和未分配利润的期初、期末余额及其调节情况。

所有者权益变动表的具体格式如图 10-7 所示。

所有者权益变动表

会企04表

编制单位： 年度 金额单位：元

项目	本年金额										上年金额									
	实收资本（或股本）	其他权益工具			资本公积	减：库存股	其他综合收益	盈余公积	未分配利润	所有者权益合计	实收资本（或股本）	其他权益工具			资本公积	减：库存股	其他综合收益	盈余公积	未分配利润	所有者权益合计
		优先股	永续债	其他								优先股	永续债	其他						
一、上年年末余额																				
加：会计政策变更																				
前期差错更正																				
其他																				
二、本年年初余额																				
三、本期增减变动金额（减少以“-”号填列）																				
（一）综合收益总额																				
（二）所有者投入和减少资本																				
1.所有者投入的普通股																				
2.其他权益工具持有者投入资本																				
3.股份支付计入所有者权益的金额																				
4.其他																				
（三）利润分配																				
1.提取盈余公积																				
2.对所有者（或股东）的分配																				
3.其他																				
（四）所有者权益内部结转																				
1.资本公积转增资本（或股本）																				
2.盈余公积转增资本（或股本）																				
3.盈余公积弥补亏损																				
4.设定受益计划变动额结转留存收益																				
5.其他综合收益结转留存收益																				
6.其他																				
四、本年年末余额																				

图 10-7

10.4.2 所有者权益变动表的编制方法

所有者权益变动表“上年金额”栏内各项数字，应根据上年度所有者权益变动表 “本年金额”栏内所列数字填列。

如果上年度所有者权益变动表规定的项目的名称和内容与本年度不一致，应对上年度所有者权益变动表各项目的名称和金额按照本年度的规定进行调整，填入本年度所有者权益变动表“上年金额”栏内。

所有者权益变动表“本年金额”栏内各项数字一般应根据“实收资本（或股本）”“其他权益工具”“资本公积”“盈余公积”“其他综合收益”“利润分配”“库存股”和“以前年度损益调整”等科目及其明细科目的发生额分析填列，具体如表 10-8 所示。

表 10-8

所有者权益变动表主要项目	取值内容
“上年年末余额”项目	反映企业上年度资产负债表中实收资本（或股本）、资本公积、盈余公积和未分配利润的年末余额

续表

所有者权益变动表主要项目	取值内容
“会计政策变更”和“前期差错更正”项目	分别反映企业采用追溯调整法处理的会计政策变更的累积影响金额和采用追溯重述法处理的会计差错更正的累积影响金额。应根据“盈余公积”“利润分配”和“以前年度损益调整”等科目的发生额分析填列，并在“上年年末余额”的基础上调整得出“本年年初金额”项目
“综合收益总额”项目	反映企业当年的综合收益总额，应根据当年利润表中“其他综合收益的税后净额”和“净利润”项目填列，并对应列在“其他综合收益”和“未分配利润”栏
“所有者投入和减少资本”项目	反映企业当年所有者投入的资本和减少的资本
“所有者投入的普通股”项目	反映企业接受投资者投入形成的实收资本（或股本）和资本公积，应根据“实收资本”和“资本公积”等科目的发生额分析填列，并对应列在“实收资本”和“资本公积”栏
“其他权益工具持有者投入资本”项目	反映企业接受其他权益工具持有者投入资本，应根据“其他权益工具”等科目的发生额分析填列，并对应列在“其他权益工具”栏
“股份支付计入所有者权益的金额”项目	反映企业处于等待期中的权益结算的股份支付当年计入资本公积的金额，应根据“资本公积”科目所属的“其他资本公积”二级科目的发生额分析填列，并对应列在“资本公积”栏
“利润分配”项目	反映当年对所有者（或股东）分配的利润（或股利）金额和按照规定提取的盈余公积金额，并对应列在“未分配利润”和“盈余公积”栏
“提取盈余公积”项目	反映企业按照规定提取的盈余公积，应根据“盈余公积”和“利润分配”科目的发生额分析填列
“对所有者（或股东）的分配”项目	反映对所有者（或股东）分配的利润（或股利）金额，应根据“利润分配”科目的发生额分析填列
“所有者权益内部结转”项目	反映不影响当年所有者权益总额的所有者权益各组成部分之间当年的增减变动，包括资本公积转增资本（或股本）、盈余公积转增资本（或股本）和盈余公积弥补亏损等
“资本公积转增资本（或股本）”项目	反映企业以资本公积转增资本（或股本）的金额，应根据“实收资本”和“资本公积”等科目的发生额分析填列
“盈余公积转增资本（或股本）”项目	反映企业以盈余公积转增资本或股本的金额，应根据“实收资本”和“盈余公积”等科目的发生额分析填列

续表

所有者权益变动表主要项目	取值内容
“盈余公积弥补亏损”项目	反映企业以盈余公积弥补亏损的金额，应根据“盈余公积”和“利润分配”等科目的发生额分析填列

10.5 财务报表附注

财务报表附注是对资产负债表、利润表、现金流量表和所有者权益变动表等报表中列示项目的文字描述或明细资料，以及对未能在这些报表中列示项目的说明等，可以使报表使用者全面了解企业的财务状况、经营成果和现金流量。财务报表附注中的内容非常重要，主要包括：企业所采用的主要会计处理方法；会计处理方法的变更情况、变更的原因及对财务状况和经营业绩的影响；发生的非经常性项目；一些重要报表项目的明显情况；或有事项；期后事项；以及其他对理解和分析财务报表重要的信息。

财务报表附注是财务报表的补充，主要是对会计报表不能包括的内容或者披露不详尽的内容做进一步的解释说明。附注应当按照如下顺序披露有关内容。

一、企业的基本情况

1. 企业注册地、组织形式和总部地址。

2. 企业的业务性质和主要经营活动，如企业所处的行业、所提供的主要产品或服务、客户的性质、销售策略以及监管环境的性质等。

3. 母公司以及集团最终母公司的名称。

4. 财务报告的批准报出者和财务报告批准报出日，或者以签字人及其签字日期为准。

5. 营业期限有限的企业，还应当披露有关其营业期限的信息。

二、财务报表的编制基础

企业应当根据本准则的规定判断企业是否持续经营，并披露财务报表是否以持续经营为基础编制。

三、遵循企业会计准则的声明

企业应当声明编制的财务报表符合企业会计准则的要求，真实、完整地反映了企业的财务状况、经营成果和现金流量等有关信息，以此明确企业编制财务报表所依据的制度基础。

如果企业编制的财务报表只是部分地遵循了企业会计准则，附注中不得做出这种表述。

四、重要会计政策和会计估计

根据财务报表列报准则的规定，企业应当披露采用的重要会计政策和会计估计，不重要的会计政策和会计估计可以不披露。

1. 重要会计政策的说明

由于企业经济业务的复杂性和多样化，也存在不止一种可供选择的会计政策，某些经济业务可以有多种会计处理方法。例如，存货的计价可以有先进先出法、加权平均法和个别计价法等；固定资产的折旧可以有平均年限法、工作量法、双倍余额递减法和年数总额法等。企业在发生某项经济业务时，必须从允许的会计处理方法中选择适合本企业特点的方法。企业选择不同的会计处理方法，可能极大地影响企业的财务状况和经营成果，进而编制出不同的财务报表。为了有助于报表使用者理解，有必要对这些会计政策加以披露。

需要特别指出的是，说明会计政策时还需要披露下列两项内容。

①财务报表项目的计量基础。会计计量属性包括历史成本、重置成本、可变现净值、现值和公允价值，这直接显著影响报表使用者的分析，这项披露要求便于使用者了解企业财务报表中的项目是按何种计量基础予以计量的，如存货是按成本还是可变现净值计量等。

②会计政策的确定依据，主要是指企业在运用会计政策过程中所做的对报表中确认的项目金额最具影响的判断。例如，企业如何判断持有的金融资产是持有至到期的投资而不是交易性投资；又比如，对于拥有的持股不足 50% 的关联企业，企业为何判断企业拥有控制权而将其纳入合并范围；再比如，企业如何判断与租赁资产相关的所有风险和报酬已转移给企业，从而符合融资租赁的标准；以及投资性房地产的判断标准是什么等，这些判断对在报表中确认的项目金额具有重要影响。因此，这项披露要求有助于使用者理解企业选择和运用会计政策的背景，增加财务报表的可理解性。

2. 重要会计估计的说明

财务报表列报准则强调了对会计估计不确定因素的披露要求，企业应当披露会计估计中所采用的关键假设和不确定因素的确定依据，这些关键假设和不确定因素在下一会计期间内很可能导致对资产、负债账面价值进行重大调整。

在确定报表中确认的资产和负债的账面金额过程中，企业有时需要对不确定的未来事项在资产负债表日对这些资产和负债的影响加以估计。例如，固定资产可收回金额的计算需要根据其公允价值减去处置费用后的净额与预计未来现金流量的现值两者之间的较高者确定，在计算资产预计未来现金流量的现值时需要对未来现金流量进行预测，并选择适当的折现率，应当在附注中披露未来现金流量预测所采用的假设及其依据、所选择的折现率为什么是合理的等。又如，为正在进行中的诉讼提取准备时最佳估计数的确定依据等。这些假设的变动对这些资产和负债项目金额的确定影响很大，有可能会在下一个会计年度内做出重大调整。因此，强调这一披露要求，有助于提高财务报表的可理解性。

五、会计政策和会计估计变更以及差错更正的说明

企业应当按照《企业会计准则第28号——会计政策、会计估计变更和差错更正》及其应用指南的规定，披露会计政策和会计估计变更以及差错更正的有关情况。

六、报表重要项目的说明

企业应当以文字和数字描述相结合，尽可能以列表形式披露报表重要项目的构成或当期增减变动情况，并且报表重要项目的明细金额合计应当与报表项目金额相衔接。在披露顺序上，一般应当按照资产负债表、利润表、现金流量表和所有者权益变动表的顺序及其项目列示的顺序披露。

七、其他需要说明的重要事项

这主要包括或有和承诺事项、资产负债表日后非调整事项、关联方关系及其交易等，具体的披露要求须遵循相关准则的规定。

财务报表附注是为了便于财务报表使用者理解财务报表的内容而对财务报表的编制基础、编制依据、编制原则和方法及主要项目等所作的解释。它是对财务报表的补充说明，是财务会计报告体系的重要组成部分。随着经济环境的复杂化以及人们对相关信息要求的提高，附注在整个报告体系中的地位日益突出。但在我国，对报表附注的重视性却不令人满意，其编制和使用状况也存在着局限性。

第 11 章

11

房地产公司 2018 年 12 月会计做账实例

为了让大家更系统、全面地了解房地产开发经营公司会计的整个会计工作的流程和内容，本章将以某个公司从取得土地使用权开始，到最终的利润核算、结转和分配工作为主线，综合介绍房地产开发经营公司会计可能涉及的各种账务处理，加深对会计工作的认识和理解。

【本章要点】

房地产开发公司 12 月新取得土地使用权的核算

房地产开发公司 12 月在建楼盘开发建设阶段的期间费用核算

房地产开发公司 12 月完工楼盘开发产品成本核算

房地产开发公司 12 月完工楼盘开发产品销售收入、成本核算

房地产开发公司 12 月利润核算、结转和分配

11.1　房地产开发公司 12 月新取得土地使用权的核算

尚领房地产公司于 2018 年 11 月参加当地土地主管部门“招拍挂”，于 11 月初支付竞拍保证金 3 000 万元，在 12 月初尚领房地产公司收到中标通知书，于 12 月 30 日前支付完剩余的土地出让金 15 000 万元并签订土地转移合同。

按照税法规定，当地契税税率为 5%。按照土地属性，尚领房地产公司中标取得的这片土地属耕地，应按每平方米 15 元缴纳耕地占用税，该片土地的耕地面积为 50 万平方米。

尚领房地产公司决定将该土地用于建造对外出售的房屋建筑物。根据有关合同、中标通知书和银行单据，编制会计分录如下。

①支付竞拍保证金时

借：其他应收款——竞买保证金　　30 000 000

　　贷：银行存款　　30 000 000

②在 2018 年 12 月初收到中标通知书时

借：预付账款——定金　　30 000 000

　　贷：其他应收款——竞买保证金　　30 000 000

③在 12 月 30 日支付剩余的土地出让金时

借：开发成本——房屋开发——土地征用及拆迁补偿费　　180 000 000

　　贷：预付账款——定金　　30 000 000

　　　　银行存款　　150 000 000

④在 12 月 31 日计算应缴纳契税时

应缴纳的契税 =（3 000+15 000）×5%=900（万元）

借：开发成本——房屋开发——土地征用及拆迁补偿费　　9 000 000

　　贷：银行存款　　9 000 000

⑤在 12 月 31 日计算应缴纳耕地占用税时

应缴纳的耕地占用税 =50×15=750（万元）

借：开发成本——房屋开发——土地征用及拆迁补偿费　　7 500 000

　　贷：银行存款　　7 500 000

11.2 房地产开发公司 12 月在建楼盘开发建设阶段的期间费用核算

尚领房地产公司 2018 年 12 月发生商业区和别墅区设计费、可行性研究费等前期工程费 500 万元。12 月与施工企业进行住宅区工程款结算，当月结算住宅区和别墅区的建筑安装工程款为 1 000 万元，当月结算的住宅区和别墅区的基础设施费为 700 万元，当月项目共产生的开发间接费用为 400 万元，当月共发生的营利性公共配套设施费为 500 万元。

尚领房地产公司持有的项目分为商业区、住宅区和别墅区 3 个区域，其中，住宅区占地面积 4 万平方米，建筑面积 50 万平方米；别墅区占地面积 6 万平方米，建筑面积 20 万平方米；商业区占地面积 3 万平方米，开发产品为 3 层裙房和 20 层写字楼，总建筑面积 60 万平方米，裙房建筑面积 10 万平方米，写字楼建筑面积 50 万平方米。

为建设住宅区、别墅区和商业区开发产品，2017 年 4 月尚领房地产公司合并招标，由甲建筑公司中标，签订发包工程年度合同总值为 15 000 万元。其中，住宅区的预算造价为 9 000 万元，别墅区的预算造价为 6 000 万元。

按照公司财务制度的规定，前期工程费、开发间接费用和营利性公共配套设施费按建筑面积法进行分摊，建筑安装工程款和基础设施费按预算造价法进行分摊。尚领房地产企业 12 月在开发建设阶段的期间费用核算以及应编制的会计分录如下。

①前期工程费的归集

借：生产成本——房屋开发成本——待分摊成本——前期工程费　　5 000 000

　　贷：银行存款　　5 000 000

②前期工程费的分摊

前期工程费应在商业区和别墅区之间分摊，根据项目公司的财务制度，确定前期工程费按建筑面积法进行分摊。

别墅区的前期工程费 =500×20÷80=125（万元）

商业区的前期工程费 =500×60÷80=375（万元）

借：生产成本——房屋开发成本——别墅区——前期工程费　　1 250 000

　　生产成本——房屋开发成本——商业区——前期工程费　　3 750 000

　　贷：生产成本——房屋开发成本——待分摊成本——前期工程费　　5 000 000

③建筑安装工程费和基础设施费的归集

借：生产成本——房屋开发成本——待分摊成本——建筑安装工程费　　10 000 000

　　贷：银行存款　　10 000 000

借：生产成本——房屋开发成本——待分摊成本——基础设施费　　7 000 000

　　贷：银行存款　　7 000 000

④建筑安装工程费和基础设施费的分摊

按照公司财务制度，确定建筑安装工程费和基础设施费均按预算造价法进行分摊。

住宅区的建筑安装工程费 =1 000×9 000÷15 000=600（万元）

别墅区的建筑安装工程费 =1 000×6 000÷15 000=400（万元）

住宅区的基础设施费 =700×9 000÷15 000=420（万元）

别墅区的基础设施费 =700×6 000÷15 000=280（万元）

借：生产成本——房屋开发成本——住宅区——建筑安装工程费　　6 000 000

　　生产成本——房屋开发成本——别墅区——建筑安装工程费　　4 000 000

贷：生产成本——房屋开发成本——待分摊成本——建筑安装工程费　10 000 000

借：生产成本——房屋开发成本——住宅区——基础设施费　4 200 000

生产成本——房屋开发成本——别墅区——基础设施费　2 800 000

贷：生产成本——房屋开发成本——待分摊成本——基础设施费　7 000 000

⑤开发间接费用的归集

借：生产成本——房屋开发成本——待分摊成本——开发间接费用　4 000 000

贷：银行存款　4 000 000

⑥开发间接费用的分摊

按照项目公司财务制度确定开发间接费用按建筑面积法进行分摊。

住宅区的开发间接费用 =400×50÷130=153.85（万元）

别墅区的开发间接费用 =400×20÷130=61.54（万元）

商业区的开发间接费用 =400×60÷130=184.61（万元）

借：生产成本——房屋开发成本——住宅区——开发间接费用　1 538 500

生产成本——房屋开发成本——别墅区——开发间接费用　615 400

生产成本——房屋开发成本——商业区——开发间接费用　1 846 100

贷：生产成本——房屋开发成本——待分摊成本——开发间接费用　4 000 000

⑦营利性公共配套设施费的归集

借：生产成本——房屋开发成本——待分摊成本——营利性公共配套设施费　5 000 000

贷：银行存款　5 000 000

⑧营利性公共配套设施费的分摊

按照项目公司财务制度，确定营利性公共配套设施费按建筑面积法进行分摊。

住宅区的营利性公共配套设施费 =500×50÷130=192.31（万元）

别墅区的营利性公共配套设施费 =500×20÷130=76.92（万元）

商业区的营利性公共配套设施费 =500×60÷130=230.77（万元）

借：生产成本——房屋开发成本——住宅区——营利性公共配套设施费　1 923 100

生产成本——房屋开发成本——别墅区——营利性公共配套设施费　769 200

生产成本——房屋开发成本——商业区——营利性公共配套设施费 2 307 700

贷：生产成本——房屋开发成本——待分摊成本——营利性公共配套设施费 5 000 000

11.3 房地产开发公司12月完工楼盘开发产品成本核算

尚领房地产公司华南区域某项目于2017年2月通过竞拍取得了A地块。A地块地价款总额为5亿元，尚领公司已支付3亿元，并已实际取得了该地块。其中该地块占地面积13万平方米，总建筑面积130万平方米。整体项目分为商业区、住宅区和别墅区3个区域，规划指标如下。

◆ **商业区**：总占地面积3万平方米，开发产品为3层裙房和20层写字楼，总建筑面积60万平方米，其中，裙房建筑面积10万平方米，写字楼建筑面积50万平方米。

◆ **住宅区**：占地面积4万平方米，建筑面积50万平方米。

◆ **别墅区**：占地面积6万平方米，建筑面积20万平方米。

截至2018年12月，各成本项目共发生如表11-1所示的房屋开发支出。

表11-1

成本项目	住宅区	别墅区	裙楼	写字楼
土地征用及拆迁补偿费	150 000 000	250 000 000	33 330 000	66 670 000
前期工程费	–	–	660 000	1 340 000
建筑安装工程费	30 000 000	20 000 000	10 500 000	–
基础设施费	18 000 000	12 000 000	–	–
开发间接费用	9 000 000	6 000 000	–	–
营利性公共配套设施	900 000	600 000	–	–
非营利性公共配套设施	3 600 000	2 400 000	–	–
合计	211 500 000	291 000 000	44 490 000	68 010 000

尚领房地产公司 2018 年 12 月，A 地块的住宅区和别墅区的商品房已完成验收，依据以上开发产品结转明细表，应将已完工验收的住宅区和别墅区的商品房的开发成本结转至“开发产品”账户的借方。

相关会计分录如下。

借：开发产品——住宅商品房　　211 500 000

　　开发产品——别墅房　　291 000 000

　　贷：开发成本——房屋开发成本——住宅　　211 500 000

　　　　开发成本——房屋开发成本——别墅　　291 000 000

11.4　房地产开发公司 12 月完工楼盘开发产品销售收入、成本核算

尚领房地产公司 A 地块的住宅区和别墅区自 2017 年 10 月开始预售，到 2018 年 12 月住宅区和别墅区所建商品房竣工交付时，共收得销售银行回款 3 亿元，尚有 2 亿元未取得回款，这部分款项均要按销售合同规定在 2018 年 12 月房屋交付后 3 年之内结清。

除此之外，在 12 月之前还预收了 3 亿元的销售款。尚领房地产企业是一般纳税人，适用 10% 的增值税税率（新规定实施前后税率）。

2018 年 12 月，尚领公司根据有关原始凭证结转销售收入和销售成本，会计分录如下。

①确认销售收入时

应缴纳的增值税销项税额 =（300 000 000+300 000 000+200 000 000）÷（1+10%）× 10%=72 727 272.73（元）

应确认为主营业务收入的金额 =800 000 000−72 727 272.73=727 272 727.27（元）

借：预收账款　　300 000 000

　银行存款　　300 000 000

　应收账款　　200 000 000

　贷：主营业务收入　　727 272 727.27

　　应交税费——应交增值税（销项税）　　72 727 272.73

②结转销售成本时

确认为主营业务成本的金额 =21 150+29 100=50 250（万元）

借：主营业务成本　　502 500 000

　贷：开发产品——住宅商品房　　211 500 000

　　开发产品——别墅房　　291 000 000

11.5 房地产开发公司 12 月利润核算、结转和分配

尚领房地产公司采用账结法进行利润结转核算。公司 2018 年年末，科目余额表中部分科目的期末余额如表 11-2 所示。根据表格内容，计算尚领房地产公司 2018 年的营业利润。

另外，尚领房地产公司按 2018 年实现的净利润的 10% 计提法定盈余公积，经股东大会批准，按 5% 计提任意盈余公积，按净利润的 10% 向投资者分配现金股利，另以净利润的 10% 作为股票股利。当年的所得税按 25% 计算。

表 11-2

会计科目	期末余额（万元）
主营业务收入	300 000
其他业务收入	8 000
主营业务成本	218 000

续表

会计科目	期末余额（万元）
其他业务成本	10 000
税金及附加	3 567
管理费用	7 000
销售费用	12 000
财务费用	3 000
资产减值损失	0
公允价值变动收益	100
投资收益	10 000
资产处置收益	0

由尚领房地产公司的有关原始凭证和最终数据统计结果可知，2018 年的营业利润 = 营业收入 − 营业成本 − 税金及附加 − 销售费用 − 管理费用 − 财务费用 − 资产减值损失 + 公允价值变动收益 + 投资收益 + 资产处置收益 =（300 000+8 000）−（218 000+10 000）−3567−12 000−7 000−3 000+100+10 000=64 533（万元）。

12 月底编制会计分录如下。

①结转费用和成本

借：本年利润　　2 535 670 000

　　贷：主营业务成本　　2 180 000 000

　　　　其他业务成本　　100 000 000

　　　　税金及附加　　35 670 000

　　　　管理费用　　70 000 000

　　　　销售费用　　120 000 000

　　　　财务费用　　30 000 000

②结转收入

借：主营业务收入　　3 000 000 000
　其他业务收入　　80 000 000
　公允价值变动收益　　1 000 000
　投资收益　　100 000 000
　贷：本年利润　　3 181 000 000

③计算 2018 年应交企业所得税

应缴纳的企业所得税 =(3 181 000 000−2 535 670 000) × 25%=161 332 500(元)

借：本年利润　　161 332 500
　贷：所得税费用　　161 332 500
借：所得税费用　　161 332 500
　贷：应交税费——应交企业所得税　　161 332 500

④本年利润结转

本年利润贷方余额 =3 181 000 000−2 535 670 000−161 332 500=483 997 500(元)

借：本年利润　　483 997 500
　贷：利润分配——未分配利润　　483 997 500

⑤计提盈余公积和分配股利

计提的法定盈余公积金 =483 997 500 × 10%=48 399 750（元）

计提的任意盈余公积金 =483 997 500 × 5%=24 199 875（元）

分配的现金股利 =483 997 500 × 10%=48 399 750（元）

股票股利 =483 997 500 × 10%=48 399 750（元）

借：利润分配——提取法定盈余公积　　48 399 750
　——提取任意盈余公积　　24 199 875
　——应付现金股利　　48 399 750
　——转作股本股利　　48 399 750

贷：盈余公积——法定盈余公积　　48 399 750

　　　　　　——任意盈余公积　　24 199 875

　　应付股利　　48 399 750

　　股本　　48 399 750

⑥利润分配结转。

借：利润分配——未分配利润　　169 399 125

　贷：利润分配——提取法定盈余公积　　48 399 750

　　　　　　——提取任意盈余公积　　24 199 875

　　　　　　——应付现金股利　　48 399 750

　　　　　　——转作股本股利　　48 399 750